U0584009

权威·前沿·原创

皮书系列为
"十二五""十三五""十四五"时期国家重点出版物出版专项规划项目

BLUE BOOK

智库成果出版与传播平台

江苏蓝皮书
BLUE BOOK OF JIANGSU

2023年江苏发展分析与展望

ANALYSIS AND PROSPECT ON DEVELOPMENT OF JIANGSU (2023)

主　编／夏锦文

社会科学文献出版社
SOCIAL SCIENCES ACADEMIC PRESS (CHINA)

图书在版编目（CIP）数据

2023 年江苏发展分析与展望／夏锦文主编 . --北京：
社会科学文献出版社，2023.1
（江苏蓝皮书）
ISBN 978-7-5228-1398-1

Ⅰ.①2… Ⅱ.①夏… Ⅲ.①区域经济发展-研究报
告-江苏-2023 Ⅳ.①F127.53

中国国家版本馆 CIP 数据核字（2023）第 005163 号

江苏蓝皮书
2023 年江苏发展分析与展望

主　　编／夏锦文

出 版 人／王利民
组稿编辑／任文武
责任编辑／高振华
文稿编辑／陈　冲
责任印制／王京美

出　　版／社会科学文献出版社·城市和绿色发展分社　（010）59367143
　　　　　地址：北京市北三环中路甲 29 号院华龙大厦　邮编：100029
　　　　　网址：www.ssap.com.cn
发　　行／社会科学文献出版社（010）59367028
印　　装／天津千鹤文化传播有限公司

规　　格／开　本：787mm×1092mm　1/16
　　　　　印　张：22.5　字　数：385 千字
版　　次／2023 年 1 月第 1 版　2023 年 1 月第 1 次印刷
书　　号／ISBN 978-7-5228-1398-1
定　　价／98.00 元

读者服务电话：4008918866

主编简介

夏锦文 现任江苏省社会科学院党委书记、院长，十三届、十四届江苏省委委员、省十二届人大代表。1997 年被评为江苏省"333 工程"跨世纪学术带头人第三层次培养人选，1999 年获第二届"中国十大杰出中青年法学家"提名奖，2000 年被评为首届"江苏省十大优秀中青年法学家"，2006 年被人事部等 7 部门评为"新世纪百千万人才工程"国家级人选，2007 年被评为江苏省"333 高层次人才培养工程"首批中青年科技领军人才，2008 年获第四届全国高等学校"教学名师奖"，2010 年享受国务院政府特殊津贴，2019 年被评为中宣部文化名家暨"四个一批"人才。先后兼任教育部高等学校法学类专业教学指导委员会副主任委员、中国法学会法律史研究会常务理事、中国法学会法学教育研究会常务理事、中国法学会比较法学研究会常务理事、中国法学会法理学研究会常务理事、中国儒学与法律文化研究会执行会长，江苏省哲学社会科学界联合会副主席、江苏省法学会副会长、江苏省法学会法学教育研究会会长、江苏省人大常委会立法专家咨询组组长等。

主要研究领域为法学理论、法律文化的传统与现代化、现代司法理论、区域法治发展、法治理念与社会治理现代化。先后主持国家社科基金重大项目和国家级、省部级课题 20 余项。在国内外期刊发表学术论文 160 余篇；在《人民日报》《光明日报》等报纸上发表理论文章 30 余篇；公开出版《传承与创新：中国传统法律的现代价值》《法哲学关键词》《法治思维》等著作和教材 30 余部。多次获得国家级和省部级教学科研成果奖励。

摘　要

《2023 年江苏发展分析与展望》的出版与发行是江苏省社会科学院加强决策咨询服务的一项重要的制度化工作。本书收录报告 14 篇，分为总报告 1 篇、经济篇 7 篇、社会与文化篇 6 篇。本书以 2022 年度江苏各领域的发展为主线，内容涵盖经济、社会、文化等领域，采取理论研究和数据分析相结合的方式，对江苏重大社会现实问题进行高度概括与深入分析，内容全面、视角多元、数据翔实。它既是对江苏经济、社会、文化工作的总结与展望，又能为相关部门提升治理水平提供科学依据。

关键词： 经济　社会　文化　江苏

目 录 ⟍⟋

Ⅰ 总报告

Ⅱ 经济篇

Ⅲ 社会与文化篇

皮书数据库阅读**使用指南**

总 报 告

General Report

B.1

2022~2023年江苏经济社会发展
形势分析与预测

夏锦文 等*

摘　要：　2022年，面对复杂的国际形势与经济下行的巨大压力，以及国内疫情多发散发的冲击，江苏省高效统筹疫情防控和经济社会发展，有效实施稳经济政策措施，推动生产生活秩序加快恢复。2023年，建议抓好以下重点工作：提质增效稳增长，推进城乡区域协调发展，推动开放型经济发展谋大局，持续增进民生福祉、守住安全发展底线。为此，江苏应优化营商环境，激发主体活力；推进高水平对外开放，服务构建新发展格局；打造重大创新平台，提升创新体系效能；加大财政金融支持力度，防范财政金融风险；更大力度保障和改善民生，推动共同富裕取得更为明显的实质性进展。

* 夏锦文，江苏省社会科学院党委书记、院长，教授；张立冬，江苏省社会科学院财贸研究所所长、研究员；范玮，江苏省社会科学院财贸研究所助理研究员；焦文婷，江苏省社会科学院财贸研究所助理研究员；眭强，江苏省社会科学院财贸研究所助理研究员。

关键词： 江苏 经济社会 高质量发展 民生福祉

党的二十大已经胜利召开，2022年是全面实施"十四五"规划、开启全面建设社会主义现代化国家新征程的关键一年。面对复杂多变的外部环境和疫情点状散发的新形势，江苏全面贯彻党中央决策部署，坚持稳字当头、稳中求进，坚决担起"勇挑大梁"的重大责任，沉着应对各种困难挑战，高效统筹疫情防控和经济社会发展，统筹发展和安全，坚定不移推动高质量发展，稳住经济社会发展基本盘，全省经济承压前行、持续恢复、回稳向好，为整个"十四五"时期经济社会发展主要预期目标的实现打下了良好基础。2023年应该说是全面贯彻落实党的二十大精神的开局之年，正确认识当前经济社会发展形势，对于完整、准确、全面贯彻新发展理念，加快服务构建新发展格局，着力推动高质量发展，全面落实"疫情要防住、经济要稳住、发展要安全"的重大要求，推动经济社会高质量发展，高水平展现中国式现代化的现实图景具有重要意义。

一 2022年江苏经济社会运行情况分析

（一）经济发展

2022年，面对复杂的国际形势与经济下行的巨大压力，以及国内疫情多发散发的冲击，江苏省在以习近平同志为核心的党中央坚强领导下，高效统筹疫情防控和经济社会发展，有效实施稳经济政策措施，推动生产生活秩序加快恢复。前三季度全省经济供需两端双向回升，主要经济指标呈现持续恢复和加快回稳向好态势。

一是宏观经济企稳回升，新兴产业表现亮眼。前三季度全省实现生产总值88652.7亿元，在全国各省份中排名第二（见图1），同比增长2.3%，但低于全国3.0%的增速。全省毫不放松确保粮食和重要农产品稳产保供，强化农业重要基础地位，稳住"三农"基本盘，夏粮生产实现丰收，畜牧业生产稳定发展。第一产业增加值为2692.1亿元，同比增长3.5%。前三季度全省高技术制造业增长强劲，数字经济发展迅速。第二产业增加值为40088.5亿元，同比增长2.8%；同期，全省规模以上工业增加值同比增长4.5%，其中高技术制造业增加值同比增长10.9%，增速高于规上工业6.4个百分点。① 数字经济有关行业表现突出，前三季度，规上工业中电子及通信设备制造业增加值同比增长15.1%；上半年，智能消费设备制造业增加值增长10.6%，其中智能手机、服务器、工业机器人产量分别增长60%、13%、11.6%；限额以上智能设备类商品零售额增长迅速，较为亮眼的例如智能家用电器和音像器材、智能手机零售额同比分别增长136.7%、100.9%。② 前三季度第三产业增加值为45872.1亿元，同比增长1.7%，服务业发展加快恢复。其中，金融业增加值同比增长7.5%，信息传输、软件和信息技术服务业同比增长10.3%。③

二是消费需求逐步改善，线上消费增速不减。江苏省出台《关于进一步释放消费潜力促进消费加快恢复和高质量发展的实施意见》，其中包括5个方面共23条政策措施（简称"促消费23条"），开展"苏新消费"四季主题购物节、发放消费券和数字人民币红包等系列促消费活动，促进消费市场加快复苏，进一步释放消费潜力、增强消费动力，打造品质消费新高地。④ 前三季度，全省实现社会消费品零售总额31635亿元，同比下降0.3%，降幅比上半年收窄3.4个百分点；其中限额以上消费品零售额同比增长0.9%，比上半年回升5.6个百分点。⑤ 前三季度，新能源汽车零售额

---

① 《全省经济回稳向好基础更加稳固》，江苏省统计局网站，http：//tj. jiangsu. gov. cn/art/2022/10/29/art_ 85275_ 10643160. html。

② 《上半年江苏经济运行企稳向好》，微讯江苏百度百家号，https：//baijiahao. baidu. com/s？id =1739139869667330328&wfr = spider&for = pc。

③ 《全省经济回稳向好基础更加稳固》，江苏省统计局网站，http：//tj. jiangsu. gov. cn/art/2022/10/29/art_ 85275_ 10643160. html。

④ 《江苏省出台促消费23条综合施策释放消费潜力——进一步释放消费潜力促进消费持续恢复典型经验做法之二》，国家发展改革委网站，https：//baijiahao. baidu. com/s？id =1739044942594316286&wfr = spider&for = pc。

⑤ 《全省经济回稳向好基础更加稳固》，江苏省统计局网站，http：//tj. jiangsu. gov. cn/art/2022/10/29/art_ 85275_ 10643160. html。

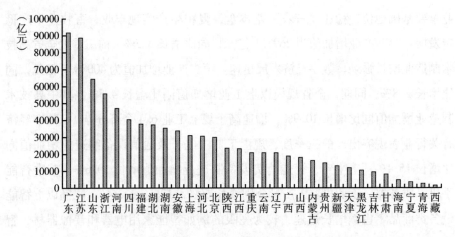

图1　2022年前三季度全国各省份GDP累计值

资料来源：Wind数据库。

同比增长1.8倍，[①] 这主要归功于上海汽车产业复工复产以及国家出台的支持汽车消费有关政策。线上消费持续快速增长，上半年，全省限额以上单位通过公共网络实现商品零售额2305亿元，占限额以上零售额比重达19.5%，同比增长20.3%。[②]

三是固定资产投资小幅回升，对外贸易稳定向好。2022年前三季度，全省固定资产投资同比增长3.5%，较上半年回升0.2个百分点。分领域看，基础设施投资同比增长4.9%，比上半年提高3.6个百分点，已连续5个月增速回升；全省制造业投资增速较快，同比增长11.2%，其中高技术制造业投资同比增长14.9%，贡献程度较大。[③] 受疫情反复冲击、市场预期转弱、需求结构转变等因素的综合影响，房地产开发投资较为低迷，同比下降6.9%。2022年前三季度，随着疫情防控形势总体向好，各项稳增长政策效应逐步显现，外贸企业复工复产有序推进，进出口快速恢复，全省进出口总

① 李晞、吉强、漆致远：《上半年江苏经济运行企稳向好》，《新华日报》2022年7月23日。
② 《全省经济回稳向好基础更加稳固》，江苏省统计局网站，http：//tj. jiangsu. gov. cn/art/ 2022/10/29/art_ 85275_ 10643160. html。
③ 《全省经济回稳向好基础更加稳固》，江苏省统计局网站，http：//tj. jiangsu. gov. cn/art/ 2022/10/29/art_ 85275_ 10643160. html。

额达 4.11 万亿元，同比增长 9.8%，占全国进出口总额的比重为 13.2%。其中，出口 2.61 万亿元，同比增长 12.9%；进口 1.5 万亿元，同比增长 4.9%。① 这一方面彰显了江苏省外贸的较强韧性，为稳定宏观经济大盘做出了贡献；另一方面为 2022 年以及 2023 年外贸保稳提质打下了扎实基础。

四是区域协调发展，城乡差距进一步缩小。江苏坚持做好区域互补、跨江融合、南北联动大文章，统筹推进国家重大区域发展战略，结合自身区域发展实际，坚持苏南引领、苏中崛起、苏北赶超分类指导，积极推进"1+3"重点功能区建设，为各重点功能区量身定制政策，推动扬子江城市群全面转型升级和沿海地区高质量发展，建设淮海经济区中心城市和江淮生态经济区，着力解决区域间发展不平衡不充分问题，全力服务构建新发展格局。② 区域发展差距进一步缩小，2022 年前三季度苏中苏北经济总量占全省比重达到 43.7%，较上半年提高 0.4 个百分点；③ 苏南、苏中、苏北规上工业增加值同比分别增长 3.7%、6.8%、7.1%，继续呈现苏北快于苏中、苏中快于苏南的发展格局。④ 全面实施乡村振兴战略，在巩固拓展脱贫攻坚成果的基础上扎实推进农民农村共同富裕，深入推进新型城镇化建设，有力促进了农民收入的较快增长，城乡居民收入差距持续缩小。2022 年前三季度，全省城镇居民人均可支配收入为 46250 元，同比增长 4.5%；农村居民人均可支配收入为 21605 元，同比增长 6.6%，快于城镇居民 2.1 个百分点。⑤ 城乡居民人均可支配收入比值为 2.14，比上年同期缩小 0.04。

五是通胀水平温和上升。2022 年前三季度，江苏省居民消费价格同比上涨 2.2%，涨幅比上半年扩大 0.3 个百分点。其中，城市上涨 2.2%，农

---

① 《前三季度江苏省外贸进出口超 4 万亿元，同比增长 9.8%》，微视江苏百度百家号，https://baijiahao.baidu.com/s? id=1747789565899 492316&wfr=spider&for=pc。

② 《区域协调发展迈向更高质量》，人民资讯百度百家号，https://baijiahao.baidu.com/s? id=1738187820931192416&wfr=spider&for=pc。

③ 数据来源：江苏省统计局，课题组整理。

④ 《汪雪敏：工业生产持续回升 压舱石作用显现》，江苏省统计局网站，http://tj.jiangsu.gov.cn/art/2022/10/29/art_85276_10643164.html。

⑤ 《全省经济回稳向好基础更加稳固》，江苏省统计局网站，http://tj.jiangsu.gov.cn/art/2022/10/29/art_85275_10643160.html。

村上涨 2.2%。同期，全省工业生产者出厂价格同比上涨 4.3%，涨幅比上半年收窄 1.4 个百分点；其中 7 月、8 月、9 月同比分别上涨 3.4%、1.9%、0.9%，随着保供稳价政策效果逐步显现，涨幅持续回落。①

（二）人民生活

一是居民收入平稳增长，居民消费结构不断优化。近年来，全省居民人均可支配收入呈逐年上升态势（见图 2），2022 年前三季度全省居民人均可支配收入 38114 元，同比增长 5.2%，比上半年提高 0.4 个百分点。收入结构不断优化，前三季度，全省居民人均工资性收入 21389 元，同比增长 5.6%，人均经营净收入 5069 元，同比增长 4.4%；人均财产净收入 4133 元，同比下降 0.3%；人均转移净收入 7523 元，同比增长 7.8%。② 其中，工资性收入对居民收入的贡献率为 56%（见图 3），仍是居民增收的主要来源。居民消费支出较快增长。2022 年上半年全省居民人均消费支出为 15296 元，同比名义增长 2.6%，相较上一年同期增加了 393 元。其中城镇居民人均消费支出 17818 元，同比名义增长 1.9%；农村居民人均消费支出 10180 元，同比名义增长 4.3%，高于城镇居民 2.4 个百分点。③ 居民恩格尔系数由 2012 年的 30% 下降至 2021 年的 27.5%，按照联合国标准，江苏居民生活总体上进入殷实富足阶段。④ 从支出结构来看，随着居民收入水平提高和服务消费市场供给的增加，居民服务性消费增长较快，发展享受型消费比重提高。2021 年，全省居民人均服务性消费支出 14008 元，占居民消费支出比重达 56.1%。

① 《全省经济回稳向好基础更加稳固》，江苏省统计局网站，http：//tj. jiangsu. gov. cn/art/2022/10/29/art_ 85275_ 10643160. html。
② 《全省经济回稳向好基础更加稳固》，江苏省统计局网站，http：//tj. jiangsu. gov. cn/art/2022/10/29/art_ 85275_ 10643160. html。
③ 《2022 年上半年江苏省居民人均可支配收入和消费支出情况统计》，CSDN 网站，https：//bbs. csdn. net/topics/608639290。
④ 《从数据看十年来江苏人民生活新变化》，江苏省统计局网站，http：//tj. jiangsu. gov. cn/art/2022/9/1/art_ 85275_ 10593975. html。

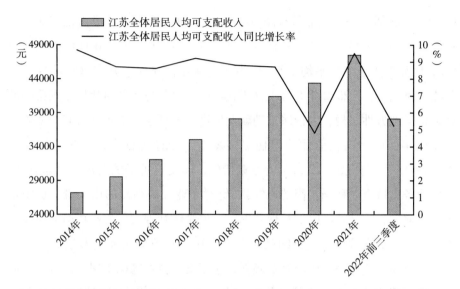

图2 江苏省全体居民人均可支配收入及同比增长率（2014年至2022年前三季度）

资料来源：Wind 数据库、江苏省统计局。

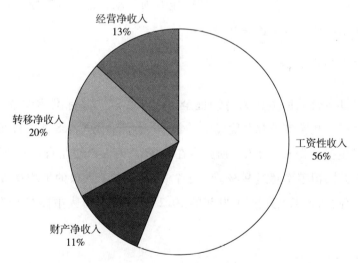

图3 江苏全体居民人均可支配收入结构（2022年前三季度）

资料来源：Wind 数据库。

二是就业形势稳定向好。上半年，全省城镇新增就业69.67万人，居全国首位，其中高校毕业生、农民工是就业重点群体，江苏应届高校毕业生超

66 万人，全省农民工就业规模超 2400 万人，涉及人数多，成为稳就业工作的关键一环。上半年全省城镇调查失业率平均值为 5.3%，6 月该指标降至 5%，明显低于上半年平均水平。① 为促进就业，江苏省颁布《江苏省就业促进条例》，并于 2022 年 5 月 1 日正式实施。这是进入新时代后全国第一部就业促进地方性法规，为依法推动就业促进的各项重大决策部署有效实施提供了坚实保障。稳企业才能保住更多就业，为稳企稳岗，江苏陆续出台"苏政 40 条""苏政办 22 条"等政策措施，印发《关于试点开展"苏岗贷"融资业务支持企业稳岗扩岗的通知》。针对企业反映强烈的用工难、负担重等突出问题，推出持续降低社保费率、允许缓缴社保费、提高稳岗返还额度等举措；对稳岗效果好、吸纳就业多并且用工规范的企业精准投放信用贷款，重点向实体经济和中小企业倾斜，用于支持企业稳岗扩岗。而且，江苏充分发挥职业技能培训稳就业作用，出台《关于积极应对疫情实施职业技能培训赋能专项行动的通知》《关于实施数字技能提升行动服务数字经济强省战略的指导意见》等，实施培训赋能专项行动，把市场紧缺岗位需要具备的技能素质送到劳动者手里。②

（三）社会发展

一是社会公共服务体系持续健全。江苏省以"高标准建设教育强省"为战略目标，扎实推进教育现代化。全省共有普通高校 168 所，普通高等教育本专科生在校 211.1 万人、研究生在校 27.2 万人；幼儿园 8116 所，全省普惠性幼儿园覆盖率超过 90%。③ 全省 15 岁及以上人口的平均受教育年限由 2010 年的 9.3 年上升至 2020 年的 10.2 年，每 10 万人中拥有大学文化程

---

① 《上半年江苏稳就业稳物价兜牢民生基本盘》，江苏省人民政府网站，http：//www. js. gov. cn/art/2022/8/7/art_ 84322_ 10566019. html。

② 《江苏写好"就业答卷"回答"稳从何来"》，新华社客户端百度百家号，https：//baijia hao. baidu. com/s? id=1738219385938813038&wfr=spider&for=pc。

③ 《成绩单，来了！江苏最新公布》，光明网，https：//m. gmw. cn/baijia/2022-05-24/13029 61168. html。

度人口由 10820 人增加到 18663 人。^① 公共服务水平不断提升，社会保障更加健全。医疗服务体系更趋完善。持续推进健康江苏建设，公共卫生服务体系全面加强，应对突发公共卫生事件的能力大幅提高，有力保障了人民群众的身体健康。2021 年末，全省卫生机构达 3.6 万个，每万人拥有医师数由 2012 年的 19.5 人增加到 2021 年末的 32.1 人，增长 64.6%。全省共建成在业养老机构 2240 家，养老床位 74.3 万张，每千名老年人拥有养老床位近 40 张。建成居家社区养老服务中心（站）近 2 万个，已有 290 万名老年人享受居家养老上门服务。社会保障网织密扎牢，实施全民参保计划。2021 年末，参加城乡基本养老保险 5965 万人，参加基本医疗保险 8063.8 万人，参加生育保险 2095 万人。^② 社会保障兜底网更加牢固有力，全省城乡低保统一标准从 2012 年的每人每月不低于 240 元提高到 2021 年的 803 元，年均增速达到 14.4%。

二是社会治理现代化取得新成效。江苏始终以市域社会治理现代化走在全国前列为目标，把推进社会治理现代化作为推进省域治理体系和治理能力现代化的支柱性工程。江苏在全国首创网格化社会治理，率先推广建立市域社会治理现代化综合指挥中心，深化网格化社会治理机制创新，全面施行首部网格化省级政府规章《江苏省城乡网格化服务管理办法》，打造共建共治共享的社会治理格局。全省市县乡三级全面建成实体化运行的社会治理现代化指挥中心（综治中心、网格化服务管理中心），同时，各地还推进社会治理大数据中心建设，网格化社会治理智能应用平台建设越发规范，政法综治专业数据、政府部门管理数据、公共服务机构业务数据、互联网数据集成应用初步实现。截至 2022 年 9 月，全省共规范设立网格 10.5 万个、微网格 41.7 万个，配备专职和兼职网格员共 50.3 万人，所有设区市全面建成网格学院；2021 年底，群众对网格工作满意率达到 97.68%，创历史新高。^③ 全

---

① 《从数据看十年来江苏人民生活新变化》，江苏省统计局网站，http：//tj.jiangsu.gov.cn/art/2022/9/1/art_85275_10593975.html。

② 《从数据看十年来江苏人民生活新变化》，江苏省统计局网站，http：//tj.jiangsu.gov.cn/art/2022/9/1/art_85275_10593975.html。

③ 《千帆竞发，勾画现代化新模样》，江苏省交通运输厅网站，http：//jtyst.jiangsu.gov.cn/art/2022/10/17/art_41651_10632056.html。

省群众安全感从 2012 年的 94% 提高到 2022 年上半年的 99.14%。尤其是在疫情常态化防控时期，网格化社会治理在疫情精准防控、应急处置、流调溯源、核酸检测以及人民基本生活保障等方面起到了非常重要的作用。

（四）生态环境

2022 年，江苏深入践行习近平生态文明思想，把碳达峰碳中和纳入经济社会发展整体布局，切实推动江苏省经济社会发展全面绿色转型，坚持生态优先绿色发展，深入打好污染防治攻坚战，着力推进美丽江苏建设。[①]

一是美丽江苏建设政策体系初步形成。2022 年江苏省密集出台《关于加快建立健全绿色低碳循环发展经济体系的实施意见》《关于深入打好污染防治攻坚战的实施意见》《关于推动高质量发展做好碳达峰碳中和的实施意见》等政策性文件，明确了未来全省在推动减污降碳协同控制、推进碳排放权市场建设、健全绿色低碳循环发展体系、加强绿色低碳创新研究、加大资金支持力度、如期实现碳达峰碳中和等方面的总体目标任务。此外，江苏省密切关注"双碳"目标并持续加大支持力度，整合设立全省碳达峰碳中和专项资金，成立了碳达峰碳中和省级投资基金[②]和碳达峰碳中和科技创新专项资金，重点支持绿色低碳创新突破[③]。

二是美丽江苏建设成效明显，人居环境越发优美。2022 年，全省持续推动节能减排，大气、水质等生态环境质量持续改善，坚持打好污染防治攻坚战。2022 年上半年，全省 PM2.5 浓度 36.9 微克/米^3，同比基本持平；6月当月 PM2.5 浓度 20.7 微克/米^3，同比下降 15.2%，为有监测记录以来同期最优。[④] 受臭氧影响，优良天数比例为 72.3%，同比下降 7.1 个百分点，

---

① 李侃桢：《稳字当头 稳中求进 扎实推进经济持续平稳发展》，《群众》2022 年第 1 期。

② 季鸣：《把碳达峰碳中和纳入经济社会发展全局》，《群众》2022 年第 6 期。

③ 《注重绿色低碳发展，江苏打好蓝天、碧水、净土保卫战》，人民资讯百度百家号，https：//baijiahao. baidu. com/s？ id=1739494648192586784&wfr=spider&for=pc。

④ 《同期记录最优！上月江苏 PM2.5 浓度下降 15.2%》，《扬子晚报》百度百家号，https：//baijiahao. baidu. com/s？ id=1739571627346938117&wfr=spider&for=pc。

全省 13 个设区市环境空气质量优良天数比例在 63.0%~79.0%。[①] 2022 年上半年，全省地表水环境质量持续改善，国考断面水质达到或好于Ⅲ类比例同比上升，主要流域、重点河湖总体水质处于优良状态。

截至 2022 年 3 月，江苏省拥有 9 个国家生态园林城市，数量居全国第一位，占全国总数（19 个）的 47%；拥有国家园林城市（县城）44 个、省生态园林城市 16 个[②]。截至 2021 年，全省建成区绿地面积共 2248.41 平方公里，绿地率达 40.33%，绿化覆盖率达 43.58%；城市人均公园绿地面积达 15.55 平方米；[③] 全省林木覆盖率达 24%，国家生态文明建设示范区增至 27 个，获中国人居环境奖城市数量居全国第一位。[④]《2021 年江苏省公众生态环境满意度调查报告》显示，居民对环境绿化满意率再创新高，达 92.8%，比 2020 年上升 1.9 个百分点。如今，江苏省碳排放强度、能耗强度显著下降，生态环境质量达到有监测记录以来的最好水平。

（五）文化与法治

一是持续推动文化强省建设实现新跃升。江苏大力构筑思想文化引领高地、道德风尚建设高地、文艺精品创作高地。[⑤] 2022 年前三季度，全省规模以上文化及相关产业企业实现营业收入 9088.5 亿元，比上年同期增长 3.7%，增速高于全国平均水平 2.3 个百分点。[⑥] 江苏大力推动中华优秀传统

① 《江苏省生态环境质量状况（2022 年上半年）》，江苏省生态环境厅网站，http：//sthjt. jiangsu. gov. cn/art/2022/7/22/art_ 83856_ 10550040. html。
② 《我省新添 3 个省级生态园林城市》，江苏省人民政府网站，http：//www. jiangsu. gov. cn/art/2022/3/5/art_ 60096_ 10365998. html。
③ 《城市更美更宜居！江苏 2021 年公众环境绿化满意率再创新高》，人民资讯百度百家号，https：//baijiahao. baidu. com/s？ id = 1737615802781117814&wfr = spider&for = pc。
④ 《绿色发展》，江苏省人民政府网站，http：//www. jiangsu. gov. cn/art/2022/5/19/art_ 31380_ 2424589. html。
⑤ 《让文化"软实力"成为江苏"强实力"，江苏文化强省建设亮出十年"答卷"》，荔枝新闻百度百家号，https：//baijiahao. baidu. com/s？ id = 1741304690753065538&wfr = spider&for = pc。
⑥ 《2022 年前三季度江苏规模以上文化及相关企业营业收入增长 3.7%》，江苏省统计局网站，http：//tj. jiangsu. gov. cn/art/2022/11/7/art_ 85276_ 10654938. html。

文化保护传承和江苏地域文化研究传播，努力培育大运河文化、长江文化、江南文化等品牌。① 制定大运河文化带建设"1+1+6+11"规划体系，出台全国首部促进大运河文化带建设地方性法规，举办大运河文化发展论坛、世界运河城市论坛等重大活动；② 出台长江国家文化公园江苏段建设推进方案，举办长江文化节，建设长江文化研究基地，推动长江国家文化公园江苏段建设。③ 江苏提前实现基层综合文化服务中心全覆盖，基本形成城市社区"15分钟文化圈"、乡村"十里文化圈"；2021年，江苏居民综合阅读率达90.23%，比全国平均水平高8.63个百分点；江苏文化产业增加值从2012年的2330亿元增加到2021年的5800亿元左右，连续多年稳居全国第二位。④

二是持续加强法治建设。江苏省深入学习贯彻习近平法治思想，坚持走中国特色社会主义法治道路，坚持依法治省、依法执政、依法行政共同推进。⑤ 在顶层制度设计方面，2022年，江苏省先后制定实施《法治江苏建设规划（2021—2025年）》《江苏省法治社会建设实施方案（2021—2025年）》，⑥ 配套出台相应重要举措分工方案，推进法治江苏、法治政府、法治社会一体建设。在公正司法方面，深入推进以司法责任制为重点的司法体制改革，制定深化司法责任制综合配套改革的实施意见，积极推动解决影响司法公正、制约司法能力的深层次问题，"谁办案、谁负责"司法责任制进一步落实。目前，全省现行有效省级地方性法规267部、政府规章134部，行政程序条例、土地管理条例、生态文明教育促进办法等多个地方性法规和

① 《江苏：以文化人，文化强省建设实现新跃升》，人民网江苏频道百度百家号，https：//baijiahao. baidu. com/s？id=1741389593457991145&wfr=spider&for=pc。

② 《建设文化强省，江苏用行动"苏"写诗合远方》，新浪网，http：//k. sina. com. cn/article_ 3233134660_ c0b5b844020012yp5. html。

③ 《建设文化强省，江苏用行动"苏"写诗合远方》，新浪网，http：//k. sina. com. cn/article_ 3233134660_ c0b5b844020012yp5. html。

④ 《江苏这十年：持续推动文化强省建设实现新跃升》，光明网，https：//m. gmw. cn/baijia/ 2022-08/17/1303095061. html。

⑤ 顾敏：《法治江苏建设蹄疾步稳成效明显》，《新华日报》2022年9月7日。

⑥ 《江苏提升社会治理效能 护航高质量发展》，江苏省人民政府网站，http：//www. jiangsu. gov. cn/art/2021/12/19/art_ 60096_ 10218859. html。

政府规章在全国领先，以法律促进社会发展、依法保障人民生活的法治格局基本形成。①

二 江苏经济社会发展面临的国内外形势及挑战

（一）国际形势及基本走势

2022年是国际超预期事件高发的一年。新冠肺炎疫情和俄乌冲突持续扰动经济修复节奏。除了疫苗分配导致的"免疫鸿沟"加剧国家、区域之间经济发展的不平衡，加剧全球复苏的脆弱性之外，世界经济还将面临各种非疫情因素的掣肘，包括各国结构性改革迟缓、人口老龄化趋势日益加剧、科技进步对全要素生产率的提升作用减弱、经济民族主义特别是资源民族主义抬头等一系列问题。世界经济在曲折中艰难前行。②

1. 全球经济的脆弱性依旧存在

从2022年的全球经济表现看，受高通胀、高利率、供应限制及美联储等央行激进加息收紧政策影响，欧美经济陷入滞胀的风险在上升，高物价伴随就业和经济衰退的风险上升。2022年上半年美国经济增长连续两个季度收缩，欧美等主要经济体指标整体延续放缓态势，欧元区面临欧元贬值、能源危机、滞胀风险持续升温，日韩经济继续低迷，增速可能进一步下滑。新兴市场国家经济增长也将被拖累而下行。少数经济体面临本币剧烈波动、债务警报、通胀飙升等。可以看出，全球面临复杂的环境，公共卫生危机、地缘冲突、能源和食品危机、极端气候、全球通胀"高烧不退"，经济增长放缓、债务危机、欧美央行引领全球激进收紧政策等导致全球经济脆弱性的因素依旧存在。

2022年，国际货币基金组织（IMF）、经济合作与发展组织（OECD）

---

① 《成绩斐然，法治江苏建设这十年！》，《扬子晚报》百度百家号，https：//baijiahao. baidu. com/s? id=1743286103543786820&wfr=spider&for=pc。

② 谢伏瞻主编《中国社会科学院国际形势报告（2022）》，社会科学文献出版社，2022。

等一些国际机构先后下调了今明两年全球经济增长预期，世界银行更是发出全球经济衰退的"警告"。其发布的研报认为，全球多国央行同步加息应对高通胀，可能导致全球经济陷入衰退，并给新兴市场和发展中国家带来金融危机和持久性伤害。《全球经济展望》同样预计全球经济增长将显著放缓，它所预测的2022年经济增长率为4.1%，2023年为3.2%。经济合作与发展组织在9月发布的经济展望中期报告中，对2022年全球经济增长率的预期仍为3.0%，但2023年将进一步放缓至2.2%，低于此前预期的2.8%。

2. 产业链供应链重塑加快，通胀水平再创新高

国际格局剧变、新冠肺炎疫情冲击、气候政治发力三者叠加，全球产业链发生大重组，大国及跨国巨头更多注重产业安全，更多考虑效率和安全的平衡。美欧日等发达地区大力推动产业回流或回到周边"放心"地区，强调供应链自主性和可控性。全球疫情导致产业链和供应链受阻甚至断裂，不可避免地持续推升了全球的通货膨胀，全球通胀水平不断创新高。美联储收紧货币政策带来全球"加息潮"，威胁世界经济增长。2022年3月，美联储进行首次25BP加息，5月加码至50BP，6月再度加码至75BP，并开始缩表，计划于2022年末加息至3.4%。① 全球主要经济体加息潮为世界经济复苏增添了更大阻碍。美联储加息正在加速新兴市场经济体资本流动，使得这些国家汇率和金融市场承受较大压力，再考虑到美国经济衰退下这些国家的贸易盈余和外债偿还能力下降，由此可能触发金融风险。碳关税箭在弦上。2021年欧盟出台"碳边境调节机制"，计划于2023年1月开始，对从碳排放相对宽松的国家和地区进口商品开征"碳关税"，美国等其他国家有意跟进。

3. 大国战略竞争升级，国际环境复杂

中美战略博弈处于相持阶段。中美是全球最强的两大经济体、全球最强的两大军事力量，也是世界上最重要的双边关系，一旦出现任何情况的变

---

① 郝亚娟、张荣旺：《全球迎战通胀灰犀牛》，《中国经营报》2022年7月4日。

化，都会直接影响全球的经济和政治格局的发展。2022年，在经贸、军事、科技、政治、文化等诸多领域，美国延续对华施压路线，其核心目标是确保美国实力优势。与此同时，在应对气候变化、抗击疫情、维护全球战略稳定等国际公共产品领域，中美有望开展合作，这符合客观形势需要和国际社会期待。同时，在中美贸易摩擦和新冠肺炎疫情影响下，关键矿产的地缘政治因素开始凸显。

俄乌冲突难解。美欧将俄罗斯视为长期"安全威胁"，在俄乌问题上，俄罗斯与乌克兰的冲突自2022年2月开始，仍未见缓和迹象，2022年9月21日，俄罗斯总统普京进行了俄乌冲突以来的第一次全国性电视讲话，宣布进行部分动员。持续半年的冲突导致全球产业链和供应链的安全稳定运行受到重大冲击，大宗商品价格高企将拖累全球经济复苏。国际能源价格飙升，使得全球各主要经济发达体通货膨胀急剧上升。世界银行2022年10月预测，受俄乌冲突影响，预计欧洲和中亚地区经济在2022年收缩0.2%、2023年增长0.3%，而俄罗斯GDP会出现负增长。

新兴市场国家经济增长下行。受能源和金属价格节节攀升、供应链被干扰以及俄乌冲突持续等因素影响，东南亚国家纷纷下调经济增长预测。为防止资本外流，不少国家将被动跟随美联储加息，从而抑制国内经济增长。不少发展中国家因能源价格高涨和粮食进口短缺，已经爆发了经济社会金融等各种危机。下半年，乌克兰危机造成的粮食供应缺口可能导致一些发展中国家发生大面积饥荒，引发这些国家的经济衰退。

总体而言，世界进入新的动荡变革期，百年未有之大变局加速演进。疫情的不确定性、乌克兰危机持续、通胀高位徘徊和美联储紧缩加码，都给2022年下半年乃至2023年世界经济带来巨大的下行压力。美欧经济持续走弱、新兴市场国家经济下行、发展中国家经济社会风险爆发，全球金融市场风险释放，世界经济很可能走到衰退边缘。尤其是乌克兰危机对通胀的火上浇油效应和供应链混乱，美联储紧缩加码产生的连锁恶性反应，将对全球经济造成更深远、更复杂的冲击。"灰犀牛"正在进入世界经济。

（二）国内形势及基本走势

2022 年，在全球主要经济体中，欧美等主要经济体增长趋势放缓，而中国经济呈现稳步复苏态势，不仅是全球经济亮点，而且是全球经济增长的"压舱石"，在全球经济稳定中发挥着越来越重要的作用。

1. 经济处于温和修复期，通胀整体可控

2022 年，国内出现不同幅度的疫情反弹，我国采取分区管控措施，实现了精准防控，已经积累了应对奥密克戎等变异株的经验，防疫政策选择更加快速、精准、灵活，最大限度地避免了对经济的强干扰。虽然疫情断续反复，消费会受到扰动，但国家层面和地方辅助的促进消费政策在持续加力。《关于抓好促进餐饮业恢复发展扶持政策贯彻落实工作的通知》、《关于搞活汽车流通扩大汽车消费若干措施的通知》、《关于促进绿色智能家电消费若干措施的通知》、"延续免征新能源汽车购置税政策"、"推动降低企业融资成本和个人消费信贷成本的措施"等陆续出台。根据国家统计局公布的数据，2022 年 8 月，我国社会消费品零售总额同比增长 5.4%，带动 1~8 月社会消费品零售总额同比增速由负转正；其中，8 月汽车销售同比增长 32.1%，餐饮收入同比增长 8.4%，反映了国内消费活动恢复有所加快，消费市场正在回稳。

尽管受俄乌冲突以及印度、马来西亚等主要粮食出口国限制粮食出口影响，国际粮价出现较大涨幅，但对我国影响不大。主要因为我国粮食自给率较高，除大豆对外依存度相对较高外，其余三大主粮对外依存度均未超过 10%，因此国际粮价上涨对于国内影响相对有限。同时，国家采取储备调节、供需调节等有效措施，防范猪肉价格快速上涨。随着国内疫情被有效控制，居民出行、消费将逐步恢复，服务业价格有望逐步回升。

从趋势看，国内疫情防控常态化，物流、产业链供应链基本恢复正常，经济活动逐步恢复，国内此前出台一系列纾困助企、保供稳价、稳增长政策效果在后续有望逐步释放，加之外贸韧性足，我国经济延续稳健复苏态势。随着国内有效需求稳步恢复，国内就业市场将稳步改善，同时从国内粮食连

年丰收、生猪产能恢复、国内保供稳价持续发力以及工业基础较好等角度看，我国物价整体温和可控。

2. 投资外贸持续增长，但出口因海外经济原因可能边际走弱

2022年以来，我国基建投资延续高增长态势，基建投资项目储备充足。从目前的数据看，2022年1~8月我国固定资产投资同比增长5.8%，其中制造业、基础设施投资分别增长10%和8.3%，均有所加快；第一批3000亿元政策性开发性金融工具已完成投放，上半年国内密集审批核准固定资产投资项目，随着这些项目加快落地，有效投资将进一步扩大。1~7月，财政支出中与基建相关的四类领域（节能环保、城乡社区事务、农林水事务、交通运输）均取得同比正增长，增速较上年明显提升。[①] 其中，农林水事务和交通运输支出增速分别达到8.7%和13.1%。我国已出台多项政策如《关于做好疫情防控和经济社会发展金融服务的通知》《关于做好跨周期调节进一步稳外贸的意见》《关于进一步加大出口退税支持力度促进外贸平稳发展的通知》《关于开展内外贸一体化试点的通知》《关于推动外贸保稳提质的意见》等以稳外贸、保出口。2022年1~8月全国货物进出口总额27.3万亿元，同比增长10.1%；其中出口总额15.5万亿元，同比增长14.2%，进口总额11.8万亿元，同比增长5.2%，贸易顺差3.7万亿元，外贸表现出韧性。但未来受疫情以及国际环境影响，出口可能会边际走弱。

3. 房地产市场供需未明显恢复，活跃度延续低迷态势

在"房住不炒"的政策底线下，中央继续支持地方优化房地产政策，并提出"因城施策用足用好工具箱，压实地方政府责任，保交楼、稳民生"，"一城一策"的信贷政策出台持续为市场释放利好。进入2022年9月，各地因城施策节奏有所加快，部分重点一、二线城市政策跟进，进一步稳定市场预期。第三季度已有约200个城市出台政策超300条，但受传统销售淡季、"断供"事件发酵和高温天气等因素的影响，房地产市场供需两端

---

① 汪文正：《前7月各地发行新增专项债3.47万亿元》，《人民日报》（海外版）2022年8月20日。

均未明显恢复，传统"金九"表现不及预期，整体政策效果尚不明显。

在购房者预期偏弱及传统销售淡季等因素综合影响下，全国房地产市场活跃度延续低迷态势。根据中国房地产指数系统，2022年前三季度百城新建住宅价格累计上涨0.12%，房价走势疲弱。从涨跌城市数量看，2022年以来，二手住宅价格月度环比下跌城市数量整体呈上升态势。分区域来看，三季度，长三角、珠三角地区住宅成交规模整体保持低位，其中长三角代表城市商品住宅成交面积同比降幅近三成，绝对规模居近几年同期低位。

4. 就业市场总体趋势向好，但青年群体的就业压力依然较大

受疫情影响，劳动力市场表现疲软，4月我国城镇调查失业率达到了6.1%的历史次高值。在随后政策的支撑下，企业复工复产有序展开，此前出现的摩擦性失业得到显著改善，8月回落至5.3%。31个大城市城镇调查失业率为5.4%。其中，16~24岁、25~59岁人口调查失业率分别为18.7%、4.3%。可以看到，当前就业市场总体趋势向好。值得注意的是，青年群体的就业压力依然较大，16~24岁调查失业率在6月走高至19.3%，为历史最高值。由于2022年我国高校毕业生首次突破1000万人，叠加当前国内疫情反复、国际环境复杂多变，随着7~8月高校毕业生进入社会，未来一段时间乃至2023年，国内就业市场尤其是青年群体的就业仍面临挑战。

5. 财政收入增速呈现"V"形复苏势头，但地方财政脆弱性依然存在

2022年以来，国内外形势错综复杂，疫情阴霾笼罩，房地产市场加速下行，叠加增值税留抵退税政策等影响，地方财政收支两端压力明显。1~8月，地方一般公共预算收入、支出分别为7.4万亿元、14.4万亿元，扣除留抵退税因素后，收入同比增长4.5%，支出同比增长6.3%。1~8月，地方政府性基金预算本级收入、支出分别为3.7万亿元、7万亿元，同比增速分别为-26.8%、21.5%。收入端方面，大规模留抵退税已近尾声，全国一般公共预算收入降幅缩窄，非税收入对财政收入贡献最大，地产筑底，土地出让收入减少拖累政府性基金预算收入，但降幅小幅收缩。支出端方面，财政支出增幅增大。

目前，财政收入降幅随着退税节奏放缓已有所收窄，在重振消费内需后，财政收入有望恢复增长。财政支出是拉动经济的重要抓手，预计2022年下半年至2023年财政支出仍会走在高速增长的通道上。2022年一批支持重大基础设施的新政策陆续出台，如发行地方政府债券、新增金融工具等，一些支持企业设备改造和研发的老政策也在持续，如贴息、税费减免等，都会促进经济修复，增强发展韧性，同时也会带动财政收入恢复增长。[①]

（三）江苏未来发展战略以及当下关注重点

江苏省是中国经济最发达的省份之一，经济体量较大。江苏做好2023年经济社会发展工作，既要着眼长远，也要兼顾当下。在发展战略上，应贯彻落实党的二十大精神，扛起习近平总书记赋予江苏省"在改革创新、推动高质量发展上争当表率，在服务全国构建新发展格局上争做示范，在率先实现社会主义现代化上走在前列"的光荣使命，认真抓好江苏省第十四次党代会的各项战略部署。具体而言：

——实施科教兴省、创新驱动发展战略，加快科技自立自强，更大力度建设自主可控的现代产业体系；

——实施数字江苏、智慧江苏战略，着力打造全国数字经济创新发展新高地，以全面数字化引领经济社会转型升级；

——实施城乡融合发展、乡村振兴战略，更富成效地推进农业农村现代化，加快建设农业强农村美农民富的新时代鱼米之乡；

——实施以人为核心的新型城镇化、区域协调联动战略，更大力度推进全省区域协调发展，助推长三角更高质量一体化发展；

——实施生态优先、绿色低碳发展战略，把碳达峰碳中和纳入经济社会发展整体布局，更加有力地推进美丽江苏建设；

——实施改革开放、国内国际双循环战略，打造市场化、法治化、国际

---

① 陈益刊：《前8个月财政收入增速呈"V"形 税收和非税收入有何变化》，《第一财经日报》2022年9月23日。

化一流营商环境，推进高水平对外开放，在服务全国构建新发展格局中争取更大发展主动，拓展更大空间；

——实施增进民生福祉、共同富裕战略，把满足人民群众对美好生活的向往作为一切工作的出发点和落脚点，扎实推动共同富裕取得更为明显成效；

——实施文旅文创融合、文化强省战略，更好地满足人民群众精神文化需求，增强奋力谱写"强富美高"新江苏现代化建设新篇章的精神力量。

在疫情得到有效控制并做好常态化疫情防控的前提下，江苏积极出台稳增长系列政策措施，经济社会发展加速复苏，三次产业结构持续优化，服务业蓬勃发展。同时，江苏省财税来源优质且稳定，为财政收入提供了良好保障。上述优势对区域长久稳定健康发展仍将持续发挥正向作用，当下需持续关注如下几个方面。

1. 持续关注出口环境

目前在外需走弱的环境下，南京海关积极指导企业用足用好各项惠企纾困政策红利，做到报关单证"应结尽结"、通关时效"能快则快"、企业疑难"问题清零"，进一步激发企业发展内生动力，全力以赴促进外贸保稳提质。为助力企业抢滩东盟市场，南京海关积极宣讲中国–东盟自贸协定、《区域全面经济伙伴关系协定》（RCEP）等政策，2022 年 1~8 月，江苏省对东盟国家合计进出口 5324.4 亿元，同比增长 13.2%。① 对"一带一路"沿线国家进出口 8223.5 亿元，占比较上年同期提升 0.9 个百分点。② 但因国外环境的不确定风险，未来还要积极持续做好对应出口政策的有效实施。

2. 持续关注债务规模

虽然江苏财政实力强，且增速回升，自给能力较强，但 2022 年江苏显

---

① 丁茜茜：《前 8 月我省对东盟国家进出口同比增长 13.2%》，《新华日报》2022 年 9 月 21 日。

② 《1—7 月江苏省进出口 3.14 万亿元，同比增长 11.5%》，微讯江苏百度百家号，https：// baijiahao. baidu. com/s? id = 1741283645716647645&wfr = spider&for = pc。

性债务持续增长，债务规模居全国首位；地方债存量及新发行规模均处于全国前列，发行利率较低，且2022~2024年系偿债高峰期。隐性债务规模居全国首位，同时从全国各个省区市的负债表来看，江苏负债率及债务率处于全国较高水平。江苏省的城市债务结合人口老龄化，或成为江苏赶超广东的阻碍。各地区债务分化明显，南京显性债务规模居全省首位，苏州、无锡、南通、常州债务规模紧跟其后。且江苏各地区发展不均衡，呈现南强北弱的梯级格局。有的地方债务规模和增长速度超出还款能力。债务结构不合理，非银行金融机构债务占比高。融资成本高，实际利率远高于名义利率。需要特别关注部分经济实力相对较弱的区域或存在一定债务风险的区域。

3. 持续关注就业压力

就业是最大的民生，就业稳则民心安。受复杂市场环境影响，不少市场主体经营出现困难，这并非缺乏市场竞争力或经营不善所致，如果放任企业自救，则可能造成企业倒闭，而短期内大量市场主体非正常倒闭，不仅会影响到相关人员就业，还会造成社会恐慌情绪，带来一系列负面社会影响。保市场主体，就是保就业保民生，是稳增长的根本前提。2022年，江苏省人民政府用"真金白银"的政策换来企业的发展信心和创新活力，上半年江苏城镇新增就业居全国首位，失业率低于全国0.5个百分点，成效斐然。就业结构方面也呈现新的亮点。前三季度，新增就业的近1/3来自数字经济及其关联领域，尤其是数字经济核心产业拉动就业增长作用明显，科学研究和技术服务业、信息传输和软件服务业用工分别比上年末增加21.48万人和2.38万人，但仍然要看到江苏就业压力依旧存在，还需要全力攻坚。如在《江苏省"十四五"高质量就业促进规划》的指引下，做好政策适配，协同市场主体以及人力资源机构，激发就业活力，推进返乡入乡创业和就业帮扶，开展高校毕业生就业攻坚，建成覆盖城乡、五级贯通的公共就业服务体系。①

4. 持续关注房地产市场活跃度

随着宏观经济稳定恢复、"保交楼"持续推进以及降低房贷利率、减免税费

① 黄红芳：《敢为善为，勇担稳就业惠民生重任》，《新华日报》2022年8月23日。

等相关举措持续落地，购房者置业情绪将会有所恢复，房地产市场亦有望底部企稳，但预期偏弱以及疫情的不确定性仍是影响市场修复的关键因素，房企投资拿地预计将继续保持谨慎，土地市场或将延续低迷态势。目前江苏新房销售大幅下滑，江苏多城降低二套首付比例。南京、常州、无锡等地大幅下调二套商贷首付比例，下半年可能还有政策放松空间。对企业来说，应主动把握政策和市场窗口期，积极营销回款，同时把握"保交楼"时机，夯实自身品牌。

苏州、南京、无锡、常州等城市受新兴产业强烈支撑影响，未来还将继续吸引外来人口，房地产业将随着新兴产业和城市发展呈现稳定发展态势。南通、扬州、徐州、连云港等地房地产或因未来交通区位、新兴产业、城市发展的改善有望呈稳定健康态势。而泰州、盐城、淮安、宿迁、镇江五市，由于新兴产业发展不足，同时随着交通发展导致的虹吸现象，人口不太可能出现大幅增加趋势，这对房地产发展产生的影响需更多关注。

三 2023年江苏经济社会发展态势与预测

（一）2023年江苏经济社会发展态势

2023年，江苏将持续全面贯彻习近平新时代中国特色社会主义思想，始终坚持以推动经济社会高质量发展为主题，以"六个显著提升"为目标，把实施扩大内需的国家战略同深化供给侧结构性改革有机结合起来，进一步巩固经济、恢复发展基础，推进城乡融合和区域协调发展，提高人民生活水平，坚持生态优先绿色发展等。预计2023年，江苏经济社会发展向好态势不变，经济稳步增长，社会安全稳定，人民安居乐业。

1.经济延续恢复发展态势，增速仍有较大不确定性

2023年，江苏省经济发展面临的形势依然复杂严峻。从国际看，2022年全球疫情持续，产业链供应链不畅，俄乌战争等多重因素导致国际能源、粮食供应紧张，大宗商品价格高位运行。为应对通胀压力，美联储于2022年内多次加息，美国经济衰退风险大增。出于遏制通胀、稳定本币汇率等多重考虑，世界多国央行纷纷宣布加息，全球范围的"加息潮"将导致世界经济的下行压力进一步加大。随着全球滞胀风险上升，不稳定不确定因素明显增多。与全球的"加息潮"不同，我国逆势降息，主要为了刺激国内消费需求以及降低中小企业融资成本，也是为了维护国内经济稳定增长。与此同时，我国常态化疫情防控形势趋于好转，对经济的干扰不会太大。

江苏作为全国经济大省，经济基础雄厚，工业经济占比较大，有较完备的供应链和较强的产业配套能力，先进制造业产业集群和战略性新兴产业发展迅猛，自主可控的现代产业体系正在加快建设，这决定了江苏经济增长潜力大、发展后劲足，具有较强的韧性。[①] 从 2022 年下半年全省经济指标来看，多数指标趋于好转，彰显了江苏省经济发展的强大韧性。未来江苏省制造业发展向数字化、绿色化转型是必然趋势，高技术制造业增长将继续保持强势，对经济支撑作用明显。预计 2023 年江苏省本土疫情总体可控，稳增长政策发力效果逐步显现，经济增速将继续修复回升。

2. 需求恢复虽有不确定性，但总体向好

中国人民银行南京分行公布的 2022 年第三季度江苏省城镇储户问卷调查结果显示，在消费、储蓄和投资意愿上，倾向于"更多储蓄"的居民占 54.4%，比上季度下降 0.2 个百分点；倾向于"更多投资"的居民占 28.6%，较上季度提升 1.5 个百分点。第三季度消费情绪指数为 63.1%，收入感受指数为 51.4%，均比上季度有所提升。受当前经济形势不确定性影响，居民消费意愿总体偏低。但随着国家层面以及江苏省层面均出台促进消费的相关政策措施，叠加居民收入平稳增长和就业形势稳定，预计 2022 年和 2023 年消费复苏将加快。尤其随着国内疫情防控形势向好，预计餐饮旅游住宿等服务型消费所受影响将会减弱，其他线下消费场景将逐步恢复，消费需求将进一步得到释放。预计 2022 年全省实现社会消费品零售总额降幅逐步收窄，2023 年将由降转升。但鉴于疫情的不确定性，复苏程度难以回到疫情前的水平。

3. 房地产投资低迷，基建与制造业投资保持增长

从投资端来看，一是以往对拉动经济起重要作用的房地产投资如今较为

---

① 盛华根、曹燕宇：《扛起稳定宏观经济大盘的责任担当》，《群众》2022 年第 15 期。

低迷。虽然中长期贷款利率下降以及江苏多地楼市利好政策频出，但受需求不足、预期转弱等综合因素的影响，预计未来房地产投资增速仍呈下降趋势，随着需求恢复和前期房地产新政发力，2023 年江苏房地产投资下降幅度可能收窄。二是全省基建投资明显提升。截至 2022 年 7 月，江苏已完成 2022 年新增地方政府债券发行，其中地方政府新增专项债券发行 1545 亿元①，主要用于项目建设如市政建设和产业园区基础设施、社会事业、交通基础设施、保障性安居工程、农林水利等重点领域。预计 2023 年基建投资将呈增长态势，尤其是数字经济发展所依托的新型基础设施建设（以下简称"新基建"），新基建投资将会是江苏省未来稳经济增长的重要抓手之一。三是江苏省制造业投资将保持稳定增长。2022 年，江苏省着力推进产业基础再造和产业链提升，持续加大高技术产业投资力度，注重科学技术创新融合，促进产业结构转型升级。预计制造业数字化、绿色化转型，将为2023 年传统制造业带来新的增长点。

4. 外贸进出口继续呈增长态势

2022 年江苏省一般贸易进出口增速较快、比重提升。对主要贸易伙伴进出口增长，前 7 个月，江苏省对欧盟、东盟、美国、韩国分别进出口4780 亿元、4598.7 亿元、4127.6 亿元和 3437.6 亿元，分别同比增长13.1%、13.5%、9.8%和19.3%。同期，江苏省对"一带一路"沿线国家进出口 8223.5 亿元，同比增长 15.1%，占江苏省进出口总值的 26.2%，占比较上年同期提升 0.9 个百分点。② 此外，江苏出台一系列外贸利好政策，先后印发《关于加快发展外贸新业态新模式的若干措施》《关于做好跨周期调节进一步稳外贸的若干措施》《关于推动外贸保稳提质的若干措施》等文件，对促进传统产业转型升级、减税降费、扩大出口信贷支持等做出要求，为进出口企业纾困、促进江苏外贸经济发展提供了有效的政策支撑。预计

① 《江苏省完成 2022 年新增地方政府债券发行》，新浪网，http://finance.sina.com.cn/money/bond/2022-07-19/doc-imizirav4393152.shtml。

② 《1—7 月江苏省进出口 3.14 万亿元，同比增长 11.5%》，微讯江苏百度百家号，https://baijiahao.baidu.com/s? id＝1741283645716647645&wfr＝spider&for＝pc。

2023年江苏与"一带一路"沿线国家贸易往来将更加密切，进出口总额会继续保持增长态势。与此同时，海外主要经济体增速放缓，人民币汇率走弱，叠加地缘政治因素，以及国内疫情的不确定性，以上因素对江苏省进出口影响的不确定性仍然存在。

5. 通胀较为温和，总体可控

2022年前三季度，受食品、原材料、大宗商品价格上升影响，江苏居民消费价格指数（CPI）同比上涨2.3%，涨幅较上半年扩大0.3个百分点。江苏工业生产者出厂价格同比上涨4.3%，涨幅较上半年收窄1.4个百分点；工业生产者出厂价格指数（PPI）同比上涨8.2%，涨幅比上半年收窄2.5个百分点，其中7月、8月、9月同比分别上涨5.7%、3.1%、1.3%。[①] CPI和PPI剪刀差缩小，预计2022年CPI涨幅将在合理可控区间。此外，世界主要经济体增速会放缓，部分能源和原材料价格回落，中下游企业生产成本压力有所缓解；我国粮食自给率较高，国际粮价上涨对我国影响不大。预计2022年和2023年，全省通胀较为温和，总体可控。

6. 共同富裕水平稳步提升

2023年，江苏将在推进全体人民共同富裕方面持续发力。

一是持续推动公共服务均等化，引导教育、住房、医疗、社会保障等基本公共服务资源向基层、农村和困难群众倾斜。增加对欠发达地区的教育投入，推进教育资源优质均衡，通过校际交流，实现资源共享，促进教学教研交流和师资培训提升，促进优质教育资源共享和均衡发展。加大保障型住房建设力度，保障住房供给，规范住房租赁市场。加强城市大医院对基层医院的对口支援，促进省市级优质资源覆盖全省所有县（市），县级医疗资源下沉覆盖所有乡镇，均衡优质医疗资源，改善群众就医体验。持续推进全员参保计划，预计2023年全省实现城乡基本养老、失业、工伤保险参保人数新的提升，更加重视孤寡老人、贫困老人

---

① 《全省经济回稳向好基础更加稳固》，江苏省统计局网站，http：//tj. jiangsu. gov. cn/art/ 2022/10/29/art_ 85275_ 10643160. html。

的养老援助等。

二是城乡区域差距持续缩小，人民生活水平不断提升。2023年，江苏省将持续推进乡村振兴战略，加大对农业农村现代化的支持和投入力度，加快基本公共服务向乡镇、村落延伸，推动数字技术与农业农村基础设施融合发展。由此，一方面，增加农村就业机会，吸引部分农村人口返乡就业；另一方面，农村居民收入水平会继续增长，城乡收入差距进一步缩小。中等收入群体规模持续扩大，居民收入水平普遍提高。此外，2023年，江苏省将持续完善先富带动后富的机制，促进区域协调联动，直面苏南、苏中和苏北的区域发展差距，发挥比较优势，进一步加强合作对接，使全体江苏人民能够向着共同富裕的目标扎实迈进。

7. 社会发展安全稳定有序

2023年，江苏省将更好统筹发展与安全，继续向社会治理能力显著提高、安全发展的底线更加牢固、经济发展行稳致远、社会大局安全稳定的目标迈进，社会发展稳定有序。

一是疫情防控精准有效。2022年疫情反弹得到有效控制，防控措施不断优化，国家卫健委发布的第九版防控方案中，对风险人员的隔离管理期限和方式均进行了大幅调整，我国经济和社会应对疫情冲击所表现出的韧性正在增强。预计2023年疫情对全省经济社会发展的负面影响将持续减弱，就业环境持续改善，就业形势稳定向好，社会公共服务和保障体系逐步健全，人民生活品质与幸福感不断提高。

二是重大风险防范化解工作持续推进。2023年全省将持续全面贯彻落实总体国家安全观，坚持底线思维，增强忧患意识，坚决防范化解政治、意识形态、经济金融、政府性债务、粮食能源、安全生产和社会稳定等各领域重大风险，努力把风险隐患化解在萌芽状态、解决在未发之时，警惕防范"黑天鹅""灰犀牛"事件，确保社会大局安全稳定。[1]

---

[1] 《江苏：防范化解重大风险 全力守牢发展底线》，中共江苏省委新闻网，http：//zgjssw.jschina.com.cn/yaowen/202208/t20220827_7674724.shtml。

三是社会治理现代化水平稳步提升。社会治理是国家现代化建设的重要内容，同时为其他方面现代化建设提供保障和基础。2023年，江苏省将持续推进社会治理体系和治理能力现代化，创新社会治理机制，社会治理效能进一步提升；深入推进全面依法治省工作，全面提升法治江苏建设水平。

8. "双碳"目标下生态环境治理将突出重点

2021~2022年，江苏先后印发《江苏省"十四五"生态保护规划》《江苏省"十四五"海洋生态环境保护规划》，以及全国首个省级生态环境领域基础设施"十四五"专项规划《江苏省"十四五"生态环境基础设施建设规划》等系列文件。不仅为"十四五"时期全省生态环境治理和保护明确了总体思路、目标任务和保障措施，也能够为生态环境高水平保护提供坚实支撑，更能为经济社会高质量发展提供有力保障。预计"十四五"时期，江苏将加快补齐生态环境基础设施短板，建成布局合理、功能完备、安全高效、绿色低碳的现代化生态环境基础设施体系；建立健全"双碳"政策体系，绿色发展动力持续增强、生态环境质量持续改善，进一步推动长江经济带高质量发展，为履行好"争当表率、争做示范、走在前列"重大使命、谱写"强富美高"新江苏建设现代化篇章奠定坚实的生态环境基础。

（二）2023年江苏经济社会主要指标预测

2022~2023年江苏经济社会主要指标预测如表1所示。

表1　2022~2023年江苏经济社会主要指标预测

单位：%

	2021年	2022年（预测区间）	2023年（预测区间）
GDP实际增长率	8.6	3.9~4.8	5.1~6.7
第一产业增加值实际增长率	3.1	3.6~3.9	2.8~3.9
第二产业增加值实际增长率	10.1	4.2~5.3	5.5~6.8
第三产业增加值实际增长率	7.7	2.4~3.0	3.8~4.6

续表

	2021 年	2022 年（预测区间）	2023 年（预测区间）
固定资产投资增长率	5.8	3.8~4.3	4.1~5.0
社会消费品零售总额增长率	15.1	0.7~1.9	2.7~3.3
出口总额增长率	18.6	12.4~15.1	18.3~20.5
进口总额增长率	14.8	8.3~9.9	10.7~13.9
居民消费价格上涨率	1.6	2.3~2.9	1.9~2.8
生产者出厂价格上涨率	6.3	4.0~4.8	4.3~5.7
居民人均可支配收入增长率	9.5	6.5~7.6	8.0~9.5
居民人均消费支出增长率	19.9	3.6~4.7	5.2~7.3

资料来源：江苏省统计局、课题组预测。

四　2023年江苏经济社会发展的重点领域

2023 年是江苏推进"十四五"规划承上启下的一年，也是谱写"强富美高"新江苏现代化建设新篇章的重要一年，在继续做好疫情防控、优化疫情防控策略的同时，进一步巩固经济恢复态势，确保经济运行在合理区间的同时兼顾长远，同时，要扎实做好民生保障工作，警惕和防范对经济社会发展造成影响的"灰犀牛"和"黑天鹅"事件，建议重点抓好以下工作。

（一）提质增效稳增长

1. 推进产业强链计划

江苏作为制造业大省，坚持塑造产业链整体竞争优势，推动产业强链走在前列，加快建设制造强省。2023 年是江苏省"产业强链"三年行动计划实施的关键一年，也是夯实江苏制造业基础、提升制造业质量的关键一年。一是持续推进"产业强链"三年行动计划的实施。按照《江苏省"产业强链"三年行动计划（2021—2023 年）》，以培育 50 条重点产业链、做强其中 30 条优势产业链、提升 10 条产业链为目标，以六大任务举措为工作抓手，加强组织领导、加大政策支持力度和强化宣传推广等，着重要加强省级部门协同、条线上下协作、各类机构协力，持续推进江苏产业强链的计划。二是深化集群培育。推动产业链创新链深度融合，建立高水平的科技孵化器、加速器等"双创"基地，扶持风险投资等生产性服务业发展，以建设国内领先的现代服务业高地为目标，加快促进总部经济集聚发展，积极培育省级现代服务业集聚发展示范区。

2. 加快数字经济发展

江苏作为经济大省与数字强省，数字经济已经进入深化应用、规范发展、红利释放的新阶段，如何进一步加快数字经济发展，使其成为江苏转型发展的关键增量，成为2023年的重要工作重点。一是加快企业数字化转型，壮大数字产业企业主体。聚焦"专精特新"及优质中小企业，继续开展"一对一"高质量发展巡诊活动。精准实施"一业一策，一企一策"，针对重点行业的数字化转型制定相关方案、评价体系，并开展"产业大脑"建设等应用试点，加速企业数字化转型。二是完善数字基础设施建设，拓展"网络江苏"辐射空间。围绕5G通信、物联网、人工智能、大数据等数字技术重点领域，深化创新平台建设；建设布局科学、协同高效的存算基础设施；打造高速泛在、融合智能的网络基础设施；加快传统基础设施数字化、智能化升级。三是激活数据生产要素活力，释放数据红利。加快建设完善数据要素市场，创新数据要素开发利用机制，着力实施数据质量提升、数据要素市场培育试点等工程，力争通过数据要素市场化配置改革，完善数据治理规则和体制机制，进一步激活数据要素潜能。

3. 激发消费活力

消费是经济发展过程中的"稳定器"和"压舱石"，坚持把扩大内需作为江苏发展的重要牵引。一是增强消费潜动能。全面贯彻落实"苏政50条""惠企20条"等新政，助企纾困，稳市场预期；打好援企稳岗、扩岗增容、重点群体就业"组合拳"。二是促进消费市场加快复苏。持续落实疫情防控规定，做好精准防疫工作，有序恢复商场、文旅、健身、住宿、餐饮等场所的开放，保障企业正常经营，稳定增加汽车、家电等大宗消费，积极发展数字消费，鼓励发放惠民券、免费券、现金补贴等，进一步活跃消费市

场，积极应对疫情对消费的影响。三是打造品质消费新高地。加快数字技术的应用，促进消费模式的创新，积极培育数字电商企业，加快产业互联网在文旅产业的运用，激活消费新市场。

（二）推进城乡区域协调发展

1. 更大力度推进区域协调发展

促进区域协调发展是新时代国家重大战略之一，是推进共同富裕的内在要求和构建新发展格局的重要途径。一是加快融入国家重大战略。江苏应主动对接上海自贸区建设，加强与长三角其余地区、珠三角以及其他城市群的交流和合作，积极参与长江经济带建设，学习借鉴改革的理念，创新体制机制，加强沿江港口资源整合，完善综合交通运输体系，加强技术交流合作，利用城市群板块比较优势，延长产业链的纵向深度与厚度。二是深入推动"1+3"重点功能区建设。强化南京作为中心城市的引领作用，提升宁镇扬一体化发展能级，推进建成一批合作示范项目；增强苏锡常都市圈国际竞争力，支持苏州建设区域产业创新中心，鼓励共建太湖湾科技创新圈，进一步推动苏锡常三市错位发展、一体联动。推动沿海地区高质量发展，打造南通江海联动节点门户、连云港陆海通道战略枢纽，促进盐城进一步接轨上海，强化产业链深度合作对接，支持探索飞地经济创新发展落地模式。推进建设江淮生态经济区，增强生态绿色发展动能，积极培育优势主导产业。加快徐州淮海经济区中心城市建设，推进老工业基地和资源型城市全面振兴转型，探索打造国家陆桥通道双向开放改革试验平台。三是促进南北联动跨江融合。推进新一轮南北结对帮扶合作，加快出台实施意见和专项实施方案，建立人才、项目、资金交流合作机制，开展产业、科技创新、教育等6个领域全方位帮扶合作，打造南北共建园区和"科创飞地"等平台，助推苏北赶超。

2. 深入实施新型城镇化战略

推进以人为核心的新型城镇化，是实现高质量发展、创造高品质生活的重要路径。一是构建包容关怀的城市环境。全面深化户籍制度改革，统筹推进多样性就业空间拓展、多层次公共服务供给和多元化消费需求满足，增强农村转移人口的认同感和归属感。二是优化以都市圈城市群为主体的城镇化格局。优化"一群两轴三圈"城镇化空间形态，进一步健全现代城镇体系，构筑区域协调均衡发展的空间动力机制、治理机制和效率机制。三是建设面向未来的现代城市。全面转变城市发展方式，持续优化功能品质、提升开放能级、彰显现代特征，着力培育有温度、有气韵、有魅力的城市气质。四是推动城市治理体系和治理能力现代化。创新城市规划、建设、管理和运营机制，率先构建空间治理、社会治理、风险治理统筹衔接的现代治理体系。五是推进城乡深度融合发展。进一步健全开放、包容、可持续的城乡深度融合发展制度体系，加快城乡要素配置合理化、城乡公共服务均等化、城乡产业发展协同化、城乡居民收入均衡化，在缩小城乡差距、共享城乡品质生活上进一步走在全国前列。六是建立健全城镇化高质量发展体制机制。加强改革整体设计、系统集成与重点突破，全面深化人口服务管理、土地、投融资、生态环境治理、城市建设管理等领域改革，激发支撑服务社会主义现代化建设的强劲动能。

3. 全面推进乡村振兴

一是保障重要农产品有效供给。严守耕地红线，突出粮食主产区和产粮大县作用，坚决遏制耕地"非农化"、基本农田"非粮化"；树立大食物观，更好地满足人民群众日益多元化的食物消费需求。不断提高农业产出率，提升土地节约集约利用水平，持续推进高标准农田建设，着力培育新型经营主体和服务主体。二是加快农业全产业链培育发展。实施农产品加工业转型升级行动，重点围绕苏米、苏鱼、苏菜、苏猪、苏禽五大主导产业，加快构建具有江苏特色的农产品加工业产业体系。鼓励农产品加工业集群集聚发展，支持县域发展农产品精深加工，支持主产区农产品就地加工转化增值，不断推进农产品就地产后净化、分类分级、干燥、预冷、冷藏、保鲜、包装等环节，建成一批农产品专业村镇和加工强县。因地制宜地培育农业新业态，实施休闲农业和乡村旅游精品工程，打造一批特色突出、环境优美、活力十足的乡村休闲旅游精品；大力发展农业生产性服务业、农业生产租赁、众筹合作等互助共享经济，持续推动农产品电商发展，实现"电商进村，特产出乡"，积极建设乡镇全覆盖的快递物流体系。着力培育一批成长性好、带动力强的新型农业经营主体，完善紧密型利益联结机制，让小农户有机融入农业全产业链，形成新型农业经营主体和农户产业链上优势互补、分工合作的良好格局。三是强化农业科技创新，围绕动植物新品种选育、优质高效安全生产技术等重点领域，突破一批关键性技术难题，推广一批重大农业技术，全面提升农业科技创新能力、转化应用能力和推广服务能力。四是提升乡村宜居宜业水平。强化规划引领，继续加强农村重点领域基础设施建设。以生态美、环境美、人文美、管护水平高的"三美一高"生态宜居美丽乡村建设为统领和工作抓手，分阶段推进农村人居环境整治提升、农村住房条件改善、特色田园乡村建设、基础设施和公共服务一体化等重点任务落实；提升农业绿色发展水平，推进化肥农药减量增效，强化养殖污染治理，加强废旧农膜和化肥农药包装废弃物回收利用等。五是提升乡村治理现代化水平。加快现代信息技术在乡村治理中的应用，注重智能化手段与自治、法治、德治融合互促；提升乡村文明水平，开展移风易俗重点领域突出问题专项整治，创建一批省级、县级文明村庄。六是持续深化农村改革。积极稳慎推进农村承包地、集体产权、宅基地改革；完善农业企业、农民合作社、家庭农场等新型农业经营主体与农民之间利益联结机制；完善农业支持保护制度，健全农村金融服务体系。

（三）推动开放型经济发展谋大局

1.积极融入国家扩大开放战略布局

一是加强区域协作。聚焦"省外协作"，江苏作为长三角地区重要省份，又处于长江经济带，应主动对接上海自贸区建设，加强与长三角其他地区、珠三角地区等城市群的交流和合作，积极参与长江经济带建设，学习借鉴先进地区改革的理念，创新体制机制，加强沿江港口资源整合，完善综合交通运输体系，加强技术交流合作，利用城市群板块比较优势，扩大产业链的纵向深度与厚度；聚焦"省内协作"，认真找准苏南、苏中、苏北的城市功能定位，深入挖掘其比较优势，加快推进区域帮扶，促进省内区域互补。二是提高开放能级。积极融入"一带一路"国家倡议，深入与"一带一路"沿线国家开展交流合作，努力拓展合作领域、提升合作层次，持续优化落实国际综合交通、产能合作、丝路贸易、合作园区、人文交流"五大计划"。紧紧抓住江苏自贸区建设、江苏沿海开发等重大战略机遇，以中阿产能合作示范园、苏锡通科技产业园区、昆山深化两岸产业合作试验区为主要载体，不断推进两岸、中新、中阿等合作升级。充分利用《区域全面经济伙伴关系协定》生效为江苏开放型经济发展带来的"乘数效应"，提升对外投资水平，拓展合作空间，增强江苏开放型经济运行韧性。

2. 优化开放环境

一是拓宽对外开放领域。积极扩大教育、金融、医疗等服务业领域，有序放开养老、商贸流通、电子商务等服务业领域。二是推进投资贸易便利化。深入推进"放管服"改革，坚决实施市场准入负面清单管理模式。三是营造对外开放环境。打造政府、中介机构和企业"三位一体"、具有江苏特色的开放型经济综合服务体系；积极创新财政、税收、金融相关制度和政策，加强财税金融支持；依托大学培养与开放型经济发展相适应的国际化人才，加快开放型党政干部队伍、高素质企业家队伍、高端专业人才队伍等的组建工作；通过构建合理的评价体系来激发科研人员创新活力，积极建立健全各类体系以及评议机制等，完善科研评价体系。

（四）持续增进民生福祉

1. 稳就业

第一，强化就业优先导向。一是督察考核。将稳就业纳入高质量发展考核、年度民生实事范围，细化重点工作和任务，确保稳就业部署、政策落地落实。二是资金保障。虽然有经济下行的压力以及财政收支紧张等问题存在，但仍需通过调整财政支出等方法，确保稳就业的资金需求。第二，聚焦重点群体。一是开拓高校毕业生就业渠道。积极出台促进高校毕业生就业、创业的措施，加大教育、卫生岗位等事业单位招聘力度，扩大政策性岗位供给，通过对吸纳高校毕业生就业的中小微企业给予社保补贴、税费减免等扩大就业岗位，向自主创业的高校毕业生提供场地支持、创业担保贷款等，提升大学生创业积极性。二是稳定农民工就业总量。建立农民工返岗复工"点对点"服务保障工作机制，加强对口帮扶和劳务协作，实施职业技能提升专项行动、农民工返乡创业培训。第三，用好用足纾困政策。一是更大力度减税降费。持续落实针对中小企业的"降、减、免、缓"政策，全面落实各项税收优惠和金融支持政策，帮助中小企业渡过难关，保证企业能够提供一定的工作岗位。二是更有针对性地援企稳岗。针对疫情影响较大的旅游、物流、商业超市、住宿、餐饮等行业，不裁员少裁员的，给予失业保险费返还。三是更加便捷地给予金融支持。完善富民创业担保贷款和财政贴息政策，提升个人企业贷款额度，降低融资成本，积极发展数字普惠金融，加快融资效率。

2. 推进基本公共服务均等化优质化

第一，健全多元参与共建共享投入机制。强化政府基本公共服务供给主体责任，建立稳定的财政资金保障机制，合理降低个人承担的服务费用，同时支持鼓励各类经济主体和社会组织参与基本公共服务补充供给，放宽市场准入，建立健全政府引导、市场运作、社会参与的基本公共服务多元化资金投入机制。第二，数字化增效。积极推进物联网、大数据、区块链、人工智能等技术在基本公共服务中的运用，推进农村公共服务体系数字化改造，重构农村基本公共服务流程，打破信息数据孤岛，实现基本公共服务数据共建共享、互联互通，推动线上线下融合互动及数字化服务普惠应用，提高农村基本公共服务供给的精准度。

3. 统筹解决"一老一小"问题

第一，落实各级政府主体责任。敦促各级政府将养老托育服务纳入发展计划，编制专项规划，且定期报告成效；将养老托育工作纳入地方考核体系，推动各项任务落地；深化养老托育服务"放管服"改革，完善机构设立办理指南，优化办事流程，实施并联服务，明确办理时限，实现"最多跑一次"。第二，优化养老托育制度。完善基本养老制度，对困难老年人家庭进行无障碍改造，提升社区养老服务能力和健康支撑能力，构建社区、医院、家庭等相结合的医养康养的养老服务体系；健全普惠托育服务体系，加快发展公办和普惠性幼儿园，推动新的生育政策更好落实，让年轻夫妇少一些生育养育负担，促进人口长期均衡发展。

（五）守住安全发展底线

1. 保证产业链供应链稳定安全

产业链供应链是工业经济平稳运行的关键，而近年来受疫情影响，叠加我国内外发展环境的深刻变化，江苏防范化解产业链供应链重大风险仍然面临较大挑战。江苏应突出关键节点、确保重点行业，保证产业链供应链安全畅通、现代化水平不断提升。第一，要不断提高产业链自主可控能力。持续开展揭榜挂帅技术攻关和企业创新能力提升行动，全面缓解重点领域卡脖子和产业基础薄弱矛盾；重点聚焦未来技术更新快、产业爆发力强的产业，打造一批具有影响力、竞争力和控制力的龙头企业；深化集群培育，集中资源从更高标准建设若干全球产业链集群。第二，要在科学防疫中畅通经济循环。坚持外防输入、内防反弹，坚持科学精准、动态清零，坚决守住不发生规模性疫情的底线，最大限度地减少疫情对经济社会发展的不利影响；全力保障重点医疗物资、重要生活物资、农资化肥和基础工业产品等的生产供应，加强物流运输和要素保障协调，着力打通堵点卡点，保障关键材料、重要产品运输通畅。第三，要推进产业链智能化数字化绿色化转型。加快江苏"智改数转"三年行动计划的推进进程，使全省制造业的数字化、网络化、智能化水平得到较大提升；聚焦石化、建材、纺织等重点行业，推进传统产业绿色化转型升级，支持企业开展绿色产品认证，打造一批特色鲜明的绿色产品生产企业集聚区，创建一批绿色认证示范区。

2. 积极防范化解金融风险

防范化解金融风险是创造良好经济发展环境的先决条件，是强化金融服务实体经济的有力抓手。江苏应坚持底线思维，提高防控能力，聚焦重

点领域，积极防范化解金融风险，保证经济健康运行。第一，要保证地方债务风险可控。规范政府融资平台公司的投融资行为，压降融资平台公司数量，制定融资平台公司市场化转型及整合、撤并方案，对融资平台公司实行债务总量和资产负债率"双管控"，同时加强监管，坚决整治平台融资背后的腐败问题和行业乱象；聚焦政府隐性债务防范化解情况，重点解决融资成本过高、盲目投资和虚假化债等问题。第二，要加大对大型企业债务风险的排查化解力度。建立民营企业债务风险预判机制，提前制定接续融资和债务重组预案，妥善应对不良资产反弹。第三，要促进房地产市场平稳健康发展。在坚持"房住不炒"的基础上，满足和调动居民合理购房需求，扭转悲观预期；创造相对宽松的金融环境，缓释房企现金流和债务压力，稳妥化解债务风险；建立因地制宜、动态调整的房地产金融风险监测体系。

3. 持续抓紧抓好安全生产

安全生产是促进社会生产力发展的基本保证，江苏应树牢安全理念，压实各方责任，深化排查整治，重点整治突出问题隐患，全力防范重大安全风险，坚决遏制生产安全事故发生。第一，要压实重点行业领域安全管理责任。党政领导责任要层层落实到基层一线，各级领导要增强责任感；各部门要强化执行力，不留监管盲区；各企业要提升凝聚力，建立全员安全责任制，实行严格的安全管理制度，从源头上守好安全底线。第二，要巩固提升督导检查工作实效。督导推进基层安全生产和消防监管机构建设，推动配备与地方经济社会发展相匹配的监管力量；更多运用"四不两直"方式开展督导检查，深入企业、深入一线，督促问题隐患整改闭环；督导企业健全落实从主要负责人到一线员工的"全员安全责任制"，确保第一时间发现问题、处置到位。第三，要推广运用先进安全技术手段与装备。促进信息技术与安全生产的融合，合理运用大数据、物联网等科技手段，提升监测预警与隐患排查能力；全面深化建筑施工、矿山等高危行业领域安全技术革新与设备升级改造，提高全流程自动化控制程度；着力推广安全生产与应急管理先进经验、技术创新成果及应用。

五 2023年江苏经济社会高质量发展的对策建议

（一）优化营商环境，激发主体活力

营商环境是投资"风向标"、发展"晴雨表"，是推动高质量发展的重要支点。江苏要一如既往地把优化营商环境作为稳增长促发展的可靠基础，处理好政府与市场关系，厘清政府与市场的边界，使政府与市场成为优势互补的"黄金搭档"。因此，江苏要持续打造市场化法治化国际化一流营商环境，让国企敢干、民企敢闯、外企敢投。

政府"强而有道"，提供好公共服务。要继续深化"放管服"改革，按照"审批事项最少、办事效率最高、创业创新活力最强"的目标，以问题导向，规范各项政务服务，提升政策执行统一性，明确服务边界和层级分工，保障政策实施的系统性和协同性，为产业结构调整营造良好环境。全面推进市场准入负面清单制度，不插手、不干预企业的发展与经营，确保政府"定好位""不越位"。推进"审批+服务"全生命周期服务体系，降低企业的税费负担、融资成本、其他经营成本。在做好服务的同时，善待民营企业，积极打造江苏品牌，弘扬江苏企业精神，营造向上的营商氛围。以"容错机制"稳定民营企业的心理预期。以政策的透明性、稳定性给予市场主体清晰稳定预期，着力打造稳定公平透明、可预期的法治化营商环境标杆省份。

优化决策，完善政策的科学性、包容性和可操作性。提高政府决策的稳定性和针对性，每一个决策都要经过多部门磋商、多领域论证，努力征求多方意见并最小化可能出现的负面影响。从高质量角度出发，防止出现政策碎片化，克制使用产业政策，尽可能维护公平的市场竞争环境。消除信息孤岛，实现信息共建共享，建立多部门联动机制，提高信息流通效率，强化信息互联互通。加快政府服务数字化治理转型，推进公共数据资源治理，提升治理能力。加强知识产权执法维权，完善法律制度，创新监管方式，通过法

治化的手段稳固营商环境优化的成果，加大对市场垄断、制假售假以及不正当竞争行为的惩治力度。① 规范涉企政策制定程序，落实公平竞争审查制度；打通政策落实"最后一公里"，建立健全政策评估制度；完善涉企政策制定落实机制；持续推进贯彻优化营商环境条例，完善营商环境法规配套制度。

（二）推进高水平对外开放，服务构建新发展格局

以制度型开放为重点，建设高水平开放型经济新体制。率先形成既接轨国际新规则新标准，又与国内生产要素流动对接的制度型开放新优势。更多地发挥江苏经济韧性强、结构优化、产业齐全的优势，把更多的关注点放在减轻企业负担、降低税费、改善营商环境、帮扶外贸企业短期应对冲击、稳定供应链、增强外资企业的发展信心上。② 优化开放经济管理政策，强化开放载体的制度创新。完善投资管理制度，以扩大市场准入为契机，持续推进外资管理制度改革，切实增强外资企业获得感。高水平建设中国（江苏）自由贸易试验区，学习借鉴兄弟省份的先进政策经验做法，以企业需求为导向，突出全产业链开放创新，加强与长三角区域其他自贸试验区的互联互通与合作，增强自贸区制度创新设计对省内其他开放载体的示范性。

加强对接，留住供应链。加快打造市场化、法治化、国际化营商环境，全力做好为外资企业服务和招商引资工作，以世界一流的营商环境吸引更多外资企业在江苏进行全球价值链战略布局，增强外商在江苏长期投资经营的坚定信心，巩固江苏在全国的地位不动摇。出台支持政策促进外贸企业向数字化、智能化转型升级，推动跨境电商创新发展，增强企业抗风险能力。加快促进知识密集型服务贸易进出口，加大对其业务及相关企业的奖励支持力度，以对冲因疫情带来的对外服务贸易整体受损风险。

有序有效开展对外经济合作。培育竞争新优势，实现营销网络的搭建，

---

① 李晓林：《创优江苏营商环境的调查与建议》，《唯实》2018 年第 9 期。
② 张二震等：《新冠肺炎疫情对江苏开放型经济发展的影响及对策》，《唯实》2020 年第 3 期。

提高高新技术产品比重，加快电子商务、网络贸易以及新商业结算模式的普及。[①] 鼓励各类贸易业态的创新，加快发展跨境电商零售，鼓励海外仓的设立，推动内贸升级，以及内外贸一体化发展。灵活调整信贷服务与政策，增加信贷供给，对疫情常态化防控时期受到影响的企业，不能随意中断贷款。通过转贷、降低利率等方式予以支持。加大融资支持力度。支持国家开发银行、中国农业发展银行、中国进出口银行与江苏省内各市分支机构加大服务对接力度，全力满足疫情防控融资需求，支持政策性银行与江苏省各市辖区内的城市商业银行、农村商业银行和股份制商业银行开展政策性信贷资金转贷款业务。

（三）打造重大创新平台，提升创新体系效能

完善创新驱动顶层设计，激发创新的管理效能。积极推动科技创新立法，强化基础研究和应用基础研究财政投入比重的硬约束。科学构建有利于激发创新主体积极性主动性创造性和加速科技创新成果市场化的创新平台运行机制，实施"以科研人员为核心"的市场化用人机制和人才"共享模式"，建立平台间人才流动机制。强化创新平台孵化科研成果和解决未来生产中技术难点的功能，完善依托创新平台实现创新资源有效整合与合作共赢的机制。促进人才环境建设，完善人才激励机制，引进创业人才，结合江苏高校特色做好先行先试，赋予科创人员更大的经费支配权，激发人才创新动能。[②]

全力打造重大创新平台，提高创新的驱动效能。一方面，瞄准国家战略需求，积极建成若干个国家级实验中心、研究技术中心。充分挖掘和整合既有科技平台的资源，以"鲜明特色"和"高端功能"为导向，努力升级为人才团队高端、股权投资多元、体制运行灵活的载体平台。另一方面，强化重大创新平台的原创型前沿性研究，依托江苏高校的"双一流"学科，在

---

① 霍建国：《"十四五"外向型经济发展：形势和任务》，《开放导报》2020年第4期。
② 许露：《江苏优化营商环境的问题与对策研究》，《江苏商论》2021年第4期。

优势特色领域超前布局，以增强科技创新策源功能的"动力源"。

鼓励多方主体协同创新，提升创新的凝聚效能。加强与大院大所、高等学府、龙头企业的交流合作、同频互动，积极参与长三角协同创新体系的建设，继续布局海外协同创新中心，加强与深圳等国内外城市进行科研合作攻关，通过机制性互动推动江苏创新能力实现"质"的飞跃。

优化创新要素空间布局，增强创新的协同效能。继续推动中心城区（负责基础创新）、开发区（承担应用创新）、工业园（完成增值创新）之间的业务协同与优势互补，通过各个创新板块的衍生效应、溢出效应与乘数效应，带动整个地区的科技创新。实现创新引领区、众创集聚区、产业承载区的联动效应，推动科、产、城、教的融合发展。

聚焦国家科技宏观战略，实现创新的融合效能。从国家重大任务中找准建设目标和研究方向，加强中央和地方创新协同，以此获得国家层面的支持。发挥政府资金的杠杆作用，引导更多的社会资金投入。坚持问题导向，"一事一议"重大科技项目。①

（四）加大财政金融支持力度，防范财政金融风险

合理优化财政支出结构。加强基础研究，加快关键核心技术攻关，加大数字经济基础设施的投入力度，支持良好产业生态的形成。加强直接的税收激励，降低实体经济的税收负担，激发企业生产创新的积极性，激励企业加速改造、更新和创新。加强间接的政府采购激励，以订单为采购内容，锁定优秀、市场前景好的政府合作商。同时要积极防范化解地方债风险，促进财政健康运行。坚决遏制隐形债务增量，拓宽政府融资渠道。积极尝试创新金融工具，拓宽项目建设融资渠道，依托多层次资本市场关系，加强地方政府、金融机构、企业之间的投融资合作，鼓励信贷、证券、保险和基金等机构资金通过认购基金份额参与项目建设。

---

① 方维慰：《江苏加强重大科技创新平台建设的对策研究》，《金陵科技学院学报》（社会科学版）2022 年第 2 期。

加大金融支持江苏高质量发展的力度。一是积极推动绿色金融高质量发展，鼓励南京、苏州等地率先探索绿色金融地方立法，尽快在省级层面制定绿色金融地方标准。以绿色金融江苏样板促进绿色金融和普惠金融、科创金融的融合发展。鼓励苏南现代化建设示范区协同推进绿色金融改革创新。二是增强对科技创新平台的金融支持，引导企业精准对接多层次资本市场。支持苏中崛起、苏北赶超。鼓励金融机构积极探索与省内南北结对帮扶合作、富民强村重点帮促行动等相适应的金融服务模式，针对苏北地区开展"一县一策"金融精准帮扶。三是加快金融业数字化转型，为数字经济建立包容性的金融获得机制和风险管理工具，强化数字经济与普惠金融、供应链金融、科技金融等有机结合。创新普惠金融服务模式，助力缩小收入差距。持续开展首贷户拓展专项行动，推进小微企业、新型农业经营主体和重点群体信用建档评级。探索"农户家庭资产池融资"模式等农村金融产品创新，强化金融与农村交易市场联动盘活农村资产。推广新型农业经营主体相关保险；提高健康保险对医保目录外医疗费用的保障程度，提高城乡居民基础养老金最低标准；探索第三次分配，对城乡低收入群体采取捐助保险形式。

完善金融风险防控机制，守牢金融安全底线。一是增强金融风险防控能力。建立适应数字金融混业经营趋势的监管模式，统筹数字金融的发展与监管，建立严格的数字金融行业市场准入和退出机制。注重对绿色金融创新的监管。理顺规范农村金融机构股权结构，常态化整治村镇银行股东违规行为。二是加强对金融消费者的权益保护，加大宣传力度，提高防范风险能力。强化对金融产品销售中介机构的监管。畅通金融消费者投诉受理渠道，强化数据安全和个人信息保护。

（五）更大力度保障和改善民生，推动共同富裕取得更为明显的实质性进展

强化基本民生保障。一是推动人的全生命周期公共服务优质共享。增加财政对民生领域的投入，进一步完善转移支付机制，提高公共服务的远程供给水平和覆盖水平，实现区域、城乡、群体之间医疗、养老等资源的均等化

配置。完善江苏基层卫生服务体系，建立居家养老与社区养老、医养与康养相结合的养老服务体系。二是筑牢筑密社会保障网。落实医疗保险制度，加大对弱势群体的救助力度，防止因病返贫，基于数字化赋能提升社会保障的便捷程度和帮扶力度。探索更加符合新产业、新业态和灵活就业人员多样化需求的保险保障机制。全面建立新时代社会救助体系，加大对弱势群体救助力度。

缩小城乡区域差距。一是推进乡村全面振兴。加强和完善党对"三农"工作的领导，落实好农业农村优先发展政策。加快建立城乡融合发展体制机制和政策体系，更大力度促进城市资源要素下乡，拓展"万企联万村"做法，完善返乡入乡创业激励机制，加大对农村基本公共服务的财政投入力度，强化土地、金融等促进资源要素下乡的政策保障。健全常态化农村帮扶机制，加大对农业农村的财政投入和金融支持力度，推动更多低收入群体进入收入上升通道，扩大农民在中等收入群体中的比例；加大对苏北粮食主产区乡村的扶持力度。推动村集体联合抱团发展，鼓励苏南经济强村、有条件的企业与苏北薄弱村集体对口合作；着力提升集体经济带富、致富、服务能力，更加注重发挥其在扶"弱"助"小"、惠农兴村等方面的作用。丰富乡村文化产品的供给与服务。充分总结江苏省"三农"改革试验区的典型经验，加快改革试验成功经验的集成推广，为农业农村现代化提供强大动力。二是深化区域合作。用好苏南经济发展优势，增强苏南地区在实现共同富裕中的示范效应。进一步放大苏宿挂钩合作新机制做法，推动苏南县（市）在苏北对口县（市）设立更多共建园区，探索产业发展、集体经济、公共服务等领域的南北挂钩带动。促进大运河文化带各功能区之间的连接，发挥扬子江城市群的龙头带动作用，推动沿海经济带、江淮生态经济区、徐州淮海经济区中心城市分工协作、特色发展、优势互补。[①]

推动物质富裕和精神富裕协同发展。一是推动信用与文明实践深度融

---

① 张卫等：《"十四五"江苏推进共同富裕的目标、重点及思路》，《江南论坛》2021年第11期。

合。创新守信激励场景、守信激励项目和信用载体。探索文明信用积分制度，并构建相应奖惩机制，打造一批以诚信建设等为内容的基层特色窗口，给守信者提供更多优质服务，增强不同维度守信者体验感、获得感。二是做优做强文化产业，讲好"江苏故事"。创造性转化、创新性发展高品质文化产品和服务供给，不断增强江苏文化影响力，促进文化事业日益繁荣。三是推动精神富有先行区建设。推动以人为核心的高质量公共文化服务现代化体系建设，推进全域文明城市群创建。[①] 探索物质富裕和精神富裕的转化通道。鼓励部分城市在精神富有方面先行先试，探索从理想信念、道德品行、文化生活、社会风尚等多个维度构建精神富有评价标准体系，让精神富有发展成果可量化、可衡量。

[①] 张立冬等：《江苏扎实推动共同富裕的路径研究》，《江南论坛》2022 年第 8 期。

经济篇
Economic Topics

B.2
江苏当好全国宏观经济大盘重要
"压舱石"的分析与展望

吕永刚 李慧 沈于*

摘　要： 江苏落实中央要求，树立当好全国经济重要"压舱石"的战略
自觉，构筑"勇挑大梁"的责任体系和动力矩阵，靶向精准施
策为市场主体纾困解难，发挥稳投资在稳经济中的关键作用，强
化科技创新对经济大盘的支撑引领作用，建设制造强省做强产业
主引擎，把数字经济作为转型发展的关键增量，把优化营商环境
作为稳增长可靠基础，全省经济实现稳健增长。面对2022年的
超预期挑战，江苏经济增速快速修复彰显发展韧性，高新技术产
业成为稳增长强力依托，先进制造业集群成为稳经济大盘可靠基
础，稳投资在稳经济中的关键作用凸显，保市场主体夯实稳经济
发展根基。展望未来，江苏建设科教强省、制造强省、数字经济

* 吕永刚，江苏省社会科学院经济研究所副所长、副研究员；李慧，江苏省社会科学院经济研
究所副研究员；沈于，江苏省社会科学院经济研究所助理研究员。

强省，持续扩大内需，将为当好全国宏观经济大盘重要"压舱石"注入更强劲动能。

关键词： 宏观经济 实体经济 "压舱石" 勇挑大梁

江苏是以实体经济见长的经济大省，在全国宏观经济大盘中地位稳重，多年来以其发展之稳、态势之进，成为中国经济大船劈波斩浪、行稳致远可资倚重的"压舱石"。2022 年以来，受国内外超预期因素叠加影响，我国宏观经济遭遇严峻挑战，5 月下旬国务院召开全国稳住经济大盘电视电话会议，明确要求江苏等经济大省在稳经济大盘中"勇挑大梁"。江苏坚决贯彻落实党中央、国务院决策部署，采取强力举措，高效统筹疫情防控和经济社会发展，坚决预防经济陷入螺旋式紧缩状态，主要经济指标在短期下行后强劲反弹，展现出强大韧性，在全国宏观经济大盘中重要"压舱石"作用更加彰显。

一 江苏当好全国宏观经济大盘重要
"压舱石"的基础优势

（一）经济总量跃上十万亿元台阶，规模效应加速显现

2002 年，江苏地区生产总值首次突破 1 万亿元，达 10636.3 亿元，标志着江苏经济跻身"万亿元俱乐部"，经济规模效应初显。其后，江苏经济越过"万亿元"台阶的进程开始加速。党的十八大以来，江苏经济总量持续高位跨越，继 2014 年突破 6 万亿元之后，2015 年、2017 年、2018 年连续跨越 7 万亿元、8 万亿元、9 万亿元三道门槛，2020 年历史性地突破 10 万亿元，达 10.28 万亿元，2021 年跨入 11 万亿元门槛。数字变化所折射出的是江苏的实力之变、地位之变。其一，江苏成为全国经济增长的重要贡献

者。2013~2021年，江苏地区生产总值年均增长7.4%，增速高于全国平均增速0.9个百分点，对全国经济增长的贡献超过10%，彰显出大省经济的独特贡献，表明江苏经济"外溢性"强，是全国宏观经济可靠的增长之源、稳定之基。其二，江苏成为富有吸引力的"区域市场"。巨大的经济体量得益于供给能力之强，而完整的产业配套力、庞大的居民消费力，让江苏在供需两端相互激荡，成为虹吸优质要素和吸引各类投资的强磁场。2021年，江苏人均GDP达13.7万元，突破2万美元，居全国各省区市之首，已达国际公认的高收入水平线；同期无锡市人均GDP达18.74万元，居全国大中城市之首。江苏所处的长三角地区是全国经济总量最大、最发达的区域之一，进一步放大江苏供需协同优势和双向开放优势，产生迭代进化的强劲外推力与内驱力。其三，江苏成为涵养多元动力的创新创业热土。从城市群、都市圈、中心城市，到产业园区、科创平台，再到城乡融合区、县域经济体、乡村田园，江苏拥有结构多元、差异互补的产业空间，巨大经济体量背后蕴藏着丰富多元、富有弹性的结构效应，形成可适应不同环境的差异化增长空间。这意味着，在遭遇外部风险挑战的情况下，多元动力格局可产生巨大的风险对冲效应。例如，在疫情冲击和海外供应链受阻的情况下，不少实体店和线下消费场景陷入困境，但线上经济强势增长。2021年，江苏全省限额以上商品网上零售额突破2600亿元，占限上零售额比重达16.5%，比上年增长26.9%，增势迅猛，形成客观的增长效果。同时，海外供应链受阻，为江苏制造创造了特殊商机，拓展了江苏产业成长的战略空间。

（二）率先调整释放转型升级红利，新旧动能平稳接续

改革开放后，江苏经济实现"农转工"和"内转外"两次转型，乡镇企业和国际代工带动经济快速发展，但生产环节的技术水平较低，粗放型增长特征明显。在有了一定的资本、人才、技术、管理经验等积累之后，江苏经济转型升级开始具备内生条件。江苏在全国率先制定实施创新驱动发展战略，先人一步进行经济结构调整，以破解创新与产业化"两张皮"为突破口，着力推动科教资源优势转化为产业创新发展优势。2008年国际金融危机后，江

苏外向型经济受到严重影响,这进一步推动了全省经济转型升级步伐。苏州工业园区、昆山等外资高地主动谋划电子信息、精密机械制造等高端产业转型,并发力纳米科技、生物医药等战略性新兴产业,逐步从加工制造基点升级为产业创新高地;无锡市是传统制造业重镇,在乡镇企业加速转型的同时,积极导入创新要素,高起点建设国家传感网创新示范区,物联网产业走在全国前列。南京市对标印度班加罗尔,发挥科技人才优势大力发展软件服务业,建成千亿级软件产业基地。以新能源、新材料、电子信息、智能电网、高端装备制造等为代表,江苏建成一批优势产业集群,到2010年,全省新兴产业实现销售收入突破2万亿元,规模全国领先。进入经济新常态后,全国部分地区因既有动能失速、新动能无法接续,经济出现断崖式下跌。比较而言,江苏因转型起步早,一方面低端落后产能加速出清,转型升级的包袱逐步缩小;另一方面,高新技术产业和战略性新兴产业等新产业、新业态加速涌现,并逐步形成规模优势,成为支撑新增长的重要动能,有力保障了江苏经济实现稳健增长。2021年,全省以新产业、新业态、新模式为主要内容的"三新"经济实现增加值28920亿元,占全省GDP的24.9%,对经济增长的贡献率达27.6%,拉动GDP增长3.6个百分点,成为具有引领性的战略引擎。在制造业领域,2021年全省工业战略性新兴产业产值比上年增长21.9%,占规上工业产值比重达39.8%,比2014年提高11.4个百分点,其中新能源汽车、新材料等产业增速高达55.4%、28.7%,表明江苏制造业转型升级已达到较高水平,战略性新兴产业已从产业生力军变为产业主力军。

（三）坚守实业传统做强实体经济,发展韧性稳步增强

江苏拥有百年不坠的实业传统。从明清江南手工业的兴盛,到近代工商业的发展,涌现出张謇、荣氏兄弟等一批兴办实业的先贤。新中国成立后,在党的坚强领导下,江苏一代代建设者继承实业传统,从改造农业到发展工业,从发展社队经济到兴办乡镇企业,从发展国际代工到推进产业科技创新,始终未偏离实体轨道,形成了底蕴深厚的实业传统。进入新时代,江苏坚持守好实体经济的家底子,坚定不移发展实体经济,靠实体经济赢得当

下、开拓未来。其一，持续增强制造业生存力、竞争力。江苏制造业起步早，但在长时期内竞争力不强。清末的江南棉纺织业不敌西方现代工厂的机器加工品，计划经济时期大量的本土化品牌在市场开放条件下因缺乏核心竞争力走向衰败，国际代工模式容易陷入"低端锁定风险"。江苏坚持向科技创新要核心竞争力，创建国家级制造业创新中心，2021年高新技术产业产值占规上工业总产值比重达47.5%，比"十二五"末提高7.4个百分点；全省高新技术企业超过3.7万家，是2012年的7倍多。科技竞争力的提升，推进江苏制造迈向江苏创造，有了来自核心竞争力的"护城河"，江苏制造得以更从容地应对各类风险挑战。其二，积极培育"拆不散、搬不走、压不垮"的先进制造业集群。党的十九大报告提出培育若干世界级先进制造业集群的战略目标。作为制造业大省，江苏于2018年在全国率先出台《关于加快培育先进制造业集群的指导意见》，推出"产业强链"行动计划，构建"领导挂钩+强链专班"机制，强力推动政策、资源、要素汇聚，及时化解制造业集群建设面临的突出问题，着力打造一批产业航空母舰。制造业规模、产业配套完整性全国领先，叠加政策先发效应，让江苏制造业逐步摆脱"低、散、小"状态，集中度、竞争力快速攀升，2021年16个先进制造业集群占规上工业比重达70%，抗风险能力显著增强，成为江苏在全国大局中发挥"压舱石"作用的可靠依托。其三，塑造体系完整的整体优势。江苏拥有全国最为完整的制造业体系，全省制造业覆盖31个大类、179个中类、609个小类，机械、电子、石化、冶金、轻工、纺织、医药七大行业中，包括5个万亿级行业。在产业链供应链"断链"风险不断累积的情况下，产业链的多样性以及产业体系的完整性，本身就会形成强大的链式集聚效应，提升抵御风险能力，并增强对外部投资的吸引力。

（四）深入打造政府市场"双强"引擎，市场动能活跃强劲

江苏拥有"强政府"的历史传统，在市场经济不发达、市场主体不成熟的早期发展过程中，政府在招商引资、发展园区经济等过程中扮演特殊角色有其历史合理性。新形势下，江苏"强政府"之"强"已具备全新内涵，

更多体现在"强规划""强服务""强环境"上。例如,通过制定实施具有前瞻性、引领性的专门规划,达到集思广益、凝聚共识、指导发展的作用;在全国率先开展"放管服"改革,推动政府职能从管理向服务转变。就"强市场"而言,市场主体是市场活动的基本单元,是市场经济最基础、最具创新活力的微观主体。在向创新型经济的转型进程中,江苏市场主体构成发生深刻变化,创新型企业占比持续提升。2021 年,江苏全省当年认定国家高新技术企业超过 1.2 万家,高新技术企业累积超过 3.7 万家,通过科技部评价入库的科技型中小企业数量超过 7.2 万家;推进企业研发机构"百企示范、千企试点、万企行动",建有国家级企业研发机构 163 家、居全国前列;国家级孵化器数量、面积及在孵企业数持续保持全国第一;全省80%以上的专利申请授权、研发人员和研发投入由企业完成,80%省科技成果转化项目和 60%的省重点研发计划项目交由高新技术企业来承担。科技企业群体式、爆发式发展带动全省企业质态显著优化,让江苏守住经济基本盘的基座更牢、动力更足。改革开放后,江苏大地上诞生了一大批勇于开拓的创业者,形成了具有超越价值的"四千四万"精神,并在新时代创新发展,新一代创业者积极适应时代的"千变万化",主动经受创新的"千锤万炼",在发展的前沿展现"千姿万态",在新的征程上奔腾"千军万马"。政府与市场双向发力,为市场发挥配置资源决定性作用创造条件,有效激活市场主体内生动力,成为江苏经济富有韧性活力的有力支撑。

二 江苏当好全国宏观经济大盘重要
"压舱石"的重点举措

(一)树立当好全国经济重要"压舱石"的战略自觉

中央一贯高度重视江苏发展,明确要求江苏要为"全国发展探路",在全国发展大局中发挥重要作用。江苏牢固树立"中央有要求、江苏有行动、落实见成效"的鲜明工作基调,知重负重,把中央对江苏发展的肯定

与信任转化为当好重要"压舱石"的强大动力。江苏省委十四次党代会报告提出,江苏要加快建成具有全球影响力的产业科技创新中心、具有国际竞争力的先进制造业基地,勇当我国科技与产业创新的开路先锋,争当全国高质量发展的表率,当好全国发展的重要"压舱石"。其一,坚决稳住经济基本盘。江苏经济外向度高,受国际不确定因素影响大,传统粗放型经济增长方式积累形成的矛盾多,一些制约高质量发展的深层次问题短期内难以消除,受"三期叠加"影响经济下行压力居高不下,更需要守牢经济基本盘,确保不发生重大经济民生风险。其二,坚持高质量导向不动摇。江苏经济总量大、存量多,在新发展格局下,靠"守摊子"守不住已有发展成果,反而会错失结构调整的宝贵机会窗口,唯有坚定不移向结构调整要空间、要动能;同时,经济结构调整任务繁重,不可能毕其功于一役,必须立足长远,久久为功,积小胜为大胜,才能逐步打开高质量发展新天地。其三,奋力在国家战略中积极作为。江苏把握"一带一路"建设、长江经济带发展、长三角一体化发展等重大机遇,在对接、融合和承接好国家战略中用好国家机遇、拓展发展空间,让江苏成为国家战略有效实施始终可信赖的力量。

（二）构筑"勇挑大梁"的责任体系和动力矩阵

江苏当好全国宏观经济大盘重要"压舱石",不是经济大省自身发展的自然结果,而是必须主动作为、积极争取才能实现的重大责任,其战略价值在经济面临严峻形势下越发彰显。在2022年全国经济遭遇超预期挑战的情形下,"经济大省要勇挑大梁"成为中央要求、形势亟须。经济大省必须把经济增长、财政收入、就业等主要宏观指标稳住了,全国经济才能真正稳住。新形势下,江苏明确把"勇挑大梁"作为当好全国宏观经济大盘重要"压舱石"的核心内容,系统谋划,压实责任,确保各项政策举措快速落地见效。其一,切实增强"勇挑大梁"的使命感。江苏省委工作会明确提出,挑大梁,就要发挥关键作用、起到支柱作用。要不断提高政治判断力、政治领悟力、政治执行力,以强烈的答卷意识知责于心、担责于身、履责于行,自觉担负起稳经济、促发展的重大责任。① 其二，要在高质量发展的轨道上奋勇争先，绝不走高污染、高耗能、低附加值的"回头路"，把握智能经济、数字经济、生物经济、海洋经济等发展趋势，在更高水平上拓展增长空间、厚植增长动能，推动增长与转型、质量与效益、当前与长远的辩证统一，奋力当好全国经济发展的重要"压舱石"。其三，经济大市要挑重担、扛重责，其他各市要主动扛起责任。苏州、南京、无锡、南通四市 CDP 超万亿元，其中苏州 GDP 超 2 万亿元，常州市 GDP 距离万亿元门槛仅一步之遥。这些经济大市经济规模居全国前列，如能保持较高增速，则会形成客观的增长效应和带动效应，反之则成为稳增长的拖累和制约因素。因此，江苏经济勇挑大梁，经济大市要当仁不让，发挥稳定器、增长源的关键作用。其他各市各具优势，且经济总量均居全国百强之列，在全省稳增长的大局中发挥不可替代作用。例如，作为江苏省传统经济洼地的沿海城市，经过多年力量积蓄，项目建设进入集聚爆发期，打造高能级的经济隆起带其时已至、其势已起，临港经济、海洋经济增势强劲，在全省经济大盘中发挥更加重要作用。

（三）靶向精准施策为市场主体纾困解难

受复杂市场环境影响，不少市场主体经营出现困难，但这并非缺乏市场竞争力或经营不善所致，只要渡过当下难关，多数市场主体仍具有发展活力。如果放任企业自救，则可能造成企业倒闭，而短期内大量市场主体非正常倒闭，不仅会影响到相关人员就业，还可能造成社会恐慌情绪，造成难以预料的负面社会影响。保市场主体，就是保就业保民生，是稳增长的根本前提。2022 年 2 月，江苏省人民政府发布《关于进一步帮助市场主体纾困解难着力稳定经济增长的若干政策措施》（以下简称"苏政 40 条"），出台40 条纾困政策，对生产经营暂时面临困难但产品有市场、项目有前景、技术有竞争力的中小微企业，以及劳动力密集、社会效益高的民生领域服务型中小微企业给予专项资金支持；对符合条件的困难企业、灵活就业人员等进

---

① 吴政隆：《敢为善为，勇挑大梁》，《人民日报》2022 年 8 月 16 日。

行精准财税金融支持，加大清费减负力度，用"真金白银"的政策换来企业的发展信心和创新活力；针对受疫情防控、市场需求减弱等不利因素影响较大的消费市场，实施精准帮扶促进餐饮、文旅、交通等行业市场恢复；同时加强外贸企业帮扶，着力缓解价格上涨压力，加强政府采购支持，持续优化提升服务。在出台"苏政40条"不久，针对三四月疫情影响升级、市场主体困难陡增的特殊情况，江苏迅速加码政策支持力度，出台《关于有效应对疫情新变化新冲击进一步助企纾困的政策措施》，明确落实增值税小规模纳税人、小型微利企业和个体工商户减征"六税两费"政策，从22个方面强化政策支持，并明确各地各部门抓紧制定实施细则，确保政策直达，切实提升政策措施的知晓度、获取政策的便利度和企业的获得感。在落实省政府为市场主体纾困解难政策的基础上，相关部门和各地进一步出台帮扶政策，例如省人社厅出台阶段性降低失业、工伤保险费率，允许困难企业缓缴养老、失业和工伤保险费等措施，形成强大的政策合力，产生了立竿见影的效果。在增加市场主体方面，江苏省持续深化商事制度改革，出台歇业登记、受益所有人备案等创新性制度，深化"一照多址""一址多照"改革，催生新的市场主体。2022年前三季度全省新登记企业42.3万户，新登记个体工商户87.3万户，保持稳步增长态势。

（四）发挥稳投资在稳经济中的关键作用

保持投资特别是固定资产投资稳定增长是稳住经济大盘的重要手段。2020年年初，受疫情因素影响，全省固定资产投资大幅度下滑，随后逐步好转，全省实现正增长，增长0.3%；2021年全省固定资产投资增长5.8%，两年平均增长3.0%。在投资结构中，高技术制造业增势良好，2020年全省高技术制造业投资增长4.5%，2021年全省高技术产业投资增长21.6%，高于全部投资15.8个百分点。江苏一直高度重视项目建设，发挥好重大项目的标杆效应和示范引领效应。2020年，全省列统的计划总投资10亿元以上的项目2157个，比上年同期多出447个；项目计划总投资达5.6万亿元，同比增长23.9%；2021年，全省十亿元以上列统项目2643个，比上年增长22.5%，完成投资比上年增长 13.3%，拉动全部投资增长 2.9 个百分点，对全省投资增长贡献率达到 51.1%。从实际产出看，"十三五"期间投产的 219 个省重大产业项目，在 2021 年实现销售 6496 亿元，同比增长 36.6%；入库税收 165 亿元，同比增长 18.1%[①]，形成可观实际产出并显现出显著的成长性。2022 年，江苏省重大项目包括实施项目 220 个、储备项目 27 个，既包括南京综合性科学中心、中国东部（南京）农业科技创新港、无锡大型深海装备研发基地等一批重大创新载体项目，包括战略性新兴产业、先进制造业、现代服务业、现代农业领域一批重大产业项目，还包括一批民生保障、生态环保、基础设施重大项目。从重大项目推进情况看，一季度，全省 138 个计划新开工项目中已开工 69 个，开工率 50%；148 个在建项目完成投资 1150 亿元，投资完成率 20.6%，均克服疫情影响，与上年同期基本持平。截至 9 月底，全省重大项目实现应开尽开，预计完成投资 4900 亿元，完成率约 87%。

（五）强化科技创新对经济大盘的支撑引领

江苏深入实施创新驱动发展战略，充分发挥全省高等院校、科研院所的集聚优势，着力增强基础研究和原始创新的支撑能力，打好关键核心技术攻坚战。战略科技力量是科技自立自强的关键支撑。江苏聚焦自身优势领域和产业发展需求，加强战略科技力量布局，成为引领制造业集群升级的战略力量。高水平实验室建设取得积极进展，网络通信与安全紫金山实验室牵头承担国家 6G 总体技术研究任务、实现无线传输通信试验系统前沿突破，为全省信息通信、物联网、集成电路和新型显示等产业集群创新升级注入强大动能；深海技术科学太湖实验室初步建成世界集成规模最大的船舶与海洋装备总体性能试验设施群，成为全省高技术船舶和海洋工程装备集群占据行业前沿的重大支撑。高水平技术创新中心、科创平台持续涌现，国家生物药技术创新中心、国家第三代半导体技术创新中心成功获批，省部共建有机电子与

---

① 《2021 年省重大项目建设情况》，江苏省发展和改革委员会网站，http：//fzggw. jiangsu. gov. cn/art/2022/2/10/art_ 69935_ 10344818. html。

信息显示国家重点实验室成功获批，有力推动全省生物医药、信息通信等产业集群创新攀高。持续加大科技创新投入，2021 年全省全社会研究与试验发展（R&D）活动经费支出占地区生产总值比重达 2.95%，达到创新型国家和地区中等水平。聚焦产业关键技术瓶颈，集成组织重大科技攻关，江苏每年集成实施 100 多项关键技术研发项目，高功率半导体激光芯片、高端DSP 芯片等打破国外封锁垄断，高质量大尺寸氮化镓单晶衬底、微球生产底层技术等处于国际一流水平；推进重大科技成果转化，支持行业骨干企业牵头联合高校实施重大科技成果转化项目，超大容量海底通信、航空航天用精准激光焊接装备等一批战略产品填补国内空白。科技与产业融合的巨大能量在战略性新兴产业领域得到充分释放，推动江苏高端装备制造、新材料、新一代信息技术、软件和信息服务业跨入万亿级产业"俱乐部"；光伏、节能环保和海洋工程装备产业规模占全国比重分别达 40%、25% 和 30%；2021年全省战略性新兴产业规模总量较 2010 年翻两番，成为引领江苏省未来发展、推动经济高质量发展的重要力量。

（六）建设制造强省做强产业主引擎

制造业是江苏产业的优势所在、潜力所在。守住制造业的基本盘就守住了江苏经济的基本盘。江苏坚持把做强制造业作为当好全国宏观经济重要"压舱石"的最强有力抓手，大力推进全国制造业高质量发展示范区建设，积极布局建设具有国际竞争力的先进制造业基地，引导制造业向分工细化、协作紧密方向发展，促进信息技术向市场、设计、生产环节渗透，推动生产方式向柔性、智能、精细转变。江苏坚持以制造业为重点，实施产业基础再造、卓越产业链打造、重点产业焕新、未来产业培育、自主品牌建设五大重点工程，加快推进技术改造和智能制造，大力培育"链主"企业和"专精特新"中小企业，进一步增强产业链供应链的韧性和竞争力，保持制造业比重基本稳定。实施智能制造试点示范工程，加快培育智能制造模式，搭建智能制造国际合作平台，支持智能制造核心关键技术、智能化装备研发及产业化。持续提升制造业技术创新水平，到 2021 年累计建有国家企业技术中

心 129 家，国家技术创新示范企业 48 家，总数居全国前列；深入推进省级
制造业中心建设，累计试点省级制造业创新中心 13 家，其中 2 家升级为国
家级；以先进制造业集群和重点产业链为主攻方向，持续推进产业链技术评
估，瞄准在技术熟化、中试验证、批量生产等阶段的关键技术瓶颈，持续开
展创新攻关，产业创新水平持续提升。2021 年，全省规上增加值同步增长
12.8%，高于全国 3.2 个百分点；制造业增加值达 4.17 万亿元，占地区生
产总值的 35.8%，绝对值和占比均居全国首位。2022 年前三季度，全省规
上工业增加值同比增长 4.5%，比上半年加快 2.4 个百分点；全省装备制造
业同比增长 7.5%，比上半年快 3.3 个百分点；其中，汽车、电器行业实现
两位数增速，表明江苏制造应对风险冲击有着很强的韧性和复苏力。

（七）把数字经济作为转型发展的关键增量

江苏抢抓数字化、网络化、智能化融合发展的战略机遇，加快建设网络
强省、数字江苏、智慧江苏。坚持把做强做优做大数字经济作为转型发展的
关键增量，推进数字化和制造业深度融合，形成了一批具有鲜明标识度的数
字产业集群。南京软件和信息服务、智能电网入选首批国家先进制造业集
群，电子信息产业是苏州首个万亿级地标产业，"物联网看无锡"品牌效应
彰显。江苏两化融合水平连续七年居全国第一，2021 年新增智能制造示范
车间 332 个、智能工厂试点 10 家、智能制造领军服务机构 31 家，呈现快速
发展态势；工业互联网应用发展位列全国第一方阵，苏州着力打造"工业
互联网看苏州"品牌，常州以"智能电网+特高压电网+清洁能源"为特色
打造能源互联网产业体系已形成优势，南京积极建设全国工业互联网在基础
支撑、融合应用、产业生态等方面的创新先导区和产业示范区，徐工信息汉
云、苏州紫光工业互联网平台入选国际级双创平台，2021 年工业互联网标
识注册量、解析量、接入企业数等主要指标约占全国 50%；数字产业能级
居全国前列，全省软件和信息服务业收入超万亿，物联网、人工智能、云计
算等新兴产业规模和增速领跑全国。数字科技与实体经济深度融合，正有力
提升江苏在战略前沿的创新能级。2022 年 1~8 月，全省规上服务业中互联

网和相关服务业同比增长 17.8%；其中，互联网信息服务、互联网平台分别同比增长 16%、13.9%；集成电路设计、信息系统集成和物联网技术服务分别同比增长 22%、38.4%，数字经济顶住经济下行压力得以维持高增速。

（八）把优化营商环境作为稳增长可靠基础

江苏将行政审批制度改革作为全面深化改革的"先手棋"、转变政府职能的"当头炮"，按照"审批事项最少、办事效率最高、创业创新活力最强"的目标，系统集成推进"简政放权、放管结合、优化服务"，为产业结构调整营造良好环境。"放管服"改革使江苏营商环境不断优化，为企业解开"枷锁"、轻装上阵，释放市场活力和社会创造力，使产业结构调整升级获得更强的体制支撑，持续释放内生动能。新形势下，江苏持续优化营商环境，省委办公厅于 2022 年 2 月印发《江苏省优化营商环境行动计划》，提出打造综合更优的政策环境、完善涉企政策制定落实机制、完善营商环境法规制度，打造高效便利的政务环境、打造公正透明的法治环境、打造亲商安商的人文环境等举措，建设市场化、法治化、国际化的一流营商环境，努力将江苏打造成为具有全球吸引力和竞争力的投资目的地。9 月，江苏省委、省政府召开江苏省优化营商环境工作推进会议，提出坚持问题导向，围绕让国企敢干、民企敢闯、外企敢投，围绕企业发展的急难愁盼，围绕创新所需、发展所需，着力解决优化营商环境工作中的痛点堵点难点，及时为受疫情影响企业"雪中送炭"，让各类市场主体在江苏如鱼得水、如鸟归林，生机勃勃、蒸蒸日上。

三 江苏当好全国宏观经济大盘重要
"压舱石"的实践进展

（一）经济增速快速修复彰显发展韧性

在 2022 年上半年疫情冲击中，江苏是全国受影响最大的省份之一。社会消费特别是线下消费受到的冲击最为直接，1~5 月，全省实现社会消费品零售总额 16967 亿元，同比下降 4.7%；全省限上住宿业、餐饮业营业额同比分别下降 21.8%、15.5%。在做好疫情防控的前提下，江苏出台系列举措，推进政策效力直达，在较短时间内扭转经济快速下滑态势。6 月全省社会消费品零售总额增长 0.6%，增速比上月回升 9.2 个百分点，实现正增长；其中，网络消费持续快增，上半年全省限额以上单位通过公共网络实现商品零售额同比增长 15.5%，增速高于全省限上零售额 20.2 个百分点。从工业指标看，5 月全省规上工业增加值同比下降 1.1%，降幅比 4 月收窄 11.2 个百分点；6 月全省规模以上工业增加值同比增长 6.1%，比上月回升 7.2 个百分点，实现快速反弹，避免经济主要指标持续下行可能造成的连锁反应，在较短时间内稳住了基本大盘，也稳定了经济向好的市场预期，增强了市场信心。随着稳住经济大盘一揽子政策落地见效，全省经济主要指标回暖复苏明显，呈现稳中向好、稳中有进的积极态势。在区域层面，苏州市疫情管控时间长、举措严、波及面广，上半年经济受到严重冲击，通过强有力举措，主要经济指标快速企稳，6 月全市社会消费品零售总额 841.9 亿元，同比增长 3.3%，为 2022 年以来月度首次正增长，增速比 5 月提升 13.1 个百分点；6 月全市实现规模以上工业总产值 4029.7 亿元，月度产值首次突破 4000 亿元，同比增长 9.9%，增速分别比 5 月、4 月提高 5.9 和 37.7 个百分点，反弹强劲。

（二）高新技术产业成为稳增长强力依托

江苏经济转型早，以先进制造业、战略性新兴产业为代表的现代产业进入扩张期，已形成较大规模，且保持较高增速，成为支撑高质量发展、防止经济陷入下行通道的有力支撑。从中长周期走势看，2021 年全省高新技术产业产值占规上工业总产值比重达 47.5%，比 2012 年提高 10 个百分点；战略性新兴产业产值占规上工业比重 39.8%，比 2014 年提高 11.1 个百分点；高新技术产品出口额比 2012 年增加 431.9 亿美元[①]。从短期指标看，2022

①《从数据看十年来江苏经济社会发展成就》，江苏省统计局网站，http：//stats. jiangsu. gov. cn/art/2022/9/1/art_ 85275_ 10593975. html。

年1~4月，全省高技术制造业增加值同比增长6.9%，其中电气机械和器材制造业同比增长7.1%，计算机、通信和其他电子设备制造业同比增长6%，远高于同期全省规模以上工业增加值同比增长1.4%的水平；在产品层，上半年全省层面单晶硅、多晶硅、光纤产量同比分别增长98.1%、35%和21.4%，光学仪器、发电机组、中成药产量同比增长53.2%、15%和14.7%。这些产业及产品，代表行业发展方向，表明高科技产业及产品处于快速增长态势，加之这些领域已具备较大规模，推动全省新动能在高质量轨道上实现量的扩张。此外，数字经济快速发展，成为拉动经济增长的重要力量。2021年，全省电子信息产品制造业实现主营业务收入约3.5万亿元，软件和信息服务业业务收入达1.2万亿元，物联网产业业务收入达6600亿元，人工智能相关产业规模突破1000亿元，全省数字经济核心产业增加值占地区生产总值10.3%左右。由于数字经济增速整体上高于同期GDP增速，其在全省稳经济大盘中的重要性不断提升。2022年上半年，规上工业中智能消费设备制造业增加值增长10.6%，智能手机产量增长60%，服务器、工业机器人产量分别增长13%、11.6%；限上智能家用电器和音像器材、智能手机、可穿戴智能设备类商品零售额同比分别增长136.7%、100.9%、8.4%。

（三）先进制造业集群成为稳经济大盘可靠基础

江苏积极发展壮大生物医药、人工智能、集成电路等战略性新兴产业集群，着力打造物联网、高端装备、智能电网、工程机械、节能环保等世界级先进制造业集群。南京新型电力（智能电网）装备、软件和信息服务，无锡物联网，徐州工程机械，苏州纳米新材料，常州新型碳材料等6个集群在国际先进制造业集群竞赛中胜出。省重点培养的16个先进制造业集群规模占全省规模以上工业比重七成左右。特高压设备及智能电网、晶硅光伏、风电装备等7条产业链基本达到中高端水平。2021年，全省年营业收入超百亿元工业企业（集团）175家，国家制造业单项冠军、国家专精特新小巨人企业、省级专精特新小巨人企业累计分别达138家、285家、1998家，数量均居全国前列。从区域布局看，苏南创新集群不断涌现，苏中苏北制造业集群快速成长，全省优势制造业集群分布更趋均衡。苏南整体进入创新驱动发展阶段，将更多创新因子融入制造业发展，推动传统制造业集群向创新集群迈进。苏南国家自主创新示范区研发投入强度接近创新型国家和地区中等水平，纳米科技、生物医药、物联网、太阳能光伏、超级计算、海工装备等领域的关键核心技术和重大产品创新水平居国际前列。苏中苏北加速补齐创新与产业短板，先进制造业集群建设从力量积蓄阶段进入能量释放阶段。徐州市工程机械集群成为中国工程机械产业千亿俱乐部的两大集群之一。沿海地区经济快速隆起，连云港徐圩新区、盐城黄海新区、南通大通州湾等战略板块进入大规模项目集聚与开发建设阶段，连云港世界一流石化产业基地强势崛起，盐城新能源产业集群形成规模、全市新能源发电量占全社会用电量的60%，南通市船舶制造、海工装备产业规模分别占全国的 1/10、1/4 左右，江苏产业发展的战略新空间业已打开，成为全省稳增长的可靠支撑。从短期态势分析，2022 年上半年，全省列统的 40 个工业行业大类中有 26 个行业实现同比增长，增长面达 65%；6 月累计增加值排名前十位行业中，有 7 个行业实现同比增长，汽车制造业增长 21.6%，医药制造业增长 16.1%，计算机、通信和其他电子设备制造业增长 12.9%，电气机械和器材制造业增长 12%，这些产业均属于江苏优势产业领域，拥有优势产业集群，未来仍有巨大成长空间。

（四）稳投资在稳经济中的关键作用凸显

投资是当下的投入，更是未来的产出。项目投资特别是重大项目投资情况是反映市场景气状况的风向标。全省投资增势稳健，成为江苏经济富有韧性的重要动力。其一，固定资产投资增速较稳。2021 年，江苏固定资产投资完成额同比增长 5.8%，其中民间投资同比增长 6.3%，保持较高活跃度；高新技术投资同比增长 17.3%，处于高速增长态势，高于第二产业投资同比增速 5.6 个百分点，高于第一产业投资同比增速 29.4 个百分点。2022年，虽然受疫情冲击较大，但全省固定资产投资增势较稳，上半年，全省固定资产投资同比增长 3.3%，比 1~5 月回升 0.3 个百分点，增速明显高于同

期 GDP 增速，对经济增长的长期拉动效应将在未来逐步显现。其二，制造业投资保持高位增长。全省制造业投资同比增长 14.5%，增速高于全省投资 11.5 个百分点。2022 年上半年，全省制造业投资同比增长 11.4%，增速高于全部投资 8.1 个百分点。这表明，制造业作为投资重点领域，仍保持高速增长，显示投资者对江苏制造的坚定信心，有助于江苏制造在新的发展基础上持续升级。其三，投资的技术含量较高。2021 年，江苏全年高技术产业投资比上年增长 21.6%，增速高于全部投资 15.8 个百分点，拉动全部投资增长 3.5 个百分点。2022 年上半年，全省高技术产业投资同比增长 11.9%，其中高技术制造业投资同比增长 14.4%，高技术服务业投资同比增长 2.1%；从行业结构分析，电气机械和器材制造业投资同比增长 30.4%，仪器仪表制造业投资同比增长 23.6%，通用设备制造业投资同比增长 18.7%，专用设备制造业投资同比增长 15.2%，计算机、通信和其他电子设备制造业投资同比增长 13.8%。对高技术产业特别是高技术制造业的投资加码，将加速产业转型升级，提升江苏未来产业的核心竞争力。

（五）保市场主体夯实稳经济发展根基

市场主体是经济的力量载体，保市场主体就是保社会生产力。江苏陆续出台减税降费、融资输血、突破供给约束堵点、依法保护各类市场主体产权和合法权益等举措，为大量市场主体纾难解困。江苏之所以能够成为全国宏观经济可以信赖的重要"压舱石"，根本上来自于其拥有千千万万富有活力和竞争力的市场主体。江苏坚持"放水养鱼"，不断激发市场主体活力。截至 2019 年 9 月底，江苏实有市场主体总数超过 1000 万户，全省平均每千人拥有实有市场主体 125 户，远超全国平均水平。截至 2021 年底，全省市场主体期末实有 1358.9 万户，当年新登记 258.5 万户，保持较快增长势头；其中期末实有企业 402.6 万户，当年新增 73.4 万户。截至 2022 年 9 月底，全省市场主体总数达 1393.6 万户，新登记 129.7 万户，增长态势显著，有力筑牢江苏稳经济的微观基础；同期广东省市场主体突破 1600 万户。纵向比较，江苏省、广东省市场主体数量较 2012 年分别增长 2.8 倍、2.1 倍，显示两省市场主体均有快速增长，江苏仍有提升空间。统计显示，2022 年上半年，全省累计实现城镇新增就业人数 69.67 万人，新增就业数量居全国首位，完成年度目标的 58.06%；至 6 月底，全省企业用工量达 2064 万人，比上年末增加 4 万人，就业核心指标回归合理区间。

四　江苏当好全国宏观经济大盘重要"压舱石"的未来展望

（一）建设科教强省提升"压舱石"创新动能

江苏坚定不移实施科技强省战略，致力于打造全国重要的创新高地。经过长期奋斗，江苏创新发展已站上全新起点，未来创新动能将更加澎湃。其一，原始创新和前沿创新水平将显著提升。江苏将发挥战略科技力量的引领作用，强化苏南国家自主创新示范区引领带动作用，坚持"四个面向"，充分发挥全省高等院校、科研院所的集聚优势，着力增强基础研究和原始创新的支撑能力，打好关键核心技术攻坚战，努力在重要科技领域成为领跑者，在新兴前沿交叉领域成为开拓者。其二，产业科技创新水平向国际领先水平迈进。江苏坚持建设具有全球影响力的产业科技创新中心的目标不动摇，突出创新在现代化建设全局中的核心地位，聚焦产业发展需求，着力构建与新发展格局相适应的区域创新体系和产业创新模式，打造关键环节抗冲击能力体系，勇当科技和产业创新的开路先锋。其三，营造区域最优创新生态。江苏具有建设创新型省份的基础条件，将继续发挥科技、人才等核心优势，遵循创新规律，发挥企业在科技创新中的主体作用，加快构建创新联合体，推进科技成果转化和产业化，全面提升知识产权创造、运用、保护、管理和服务水平，不断营造更好创新生态，充分激发全社会创新活力。随着创新潜力的全面激活，其将为江苏当好全国宏观经济大盘重要"压舱石"提供强劲动能。

（二）建设制造强省提升"压舱石"产业动能

从制造大省转向制造强省，是江苏经济结构调整的重要任务，是江苏制胜未来的不二之选。其一，紧扣打造具有国际竞争力的先进制造业基地目标定位。大力推进全国制造业高质量发展示范区建设，坚持空间集聚、创新引领、智能升级、网络协同、开放集成发展导向，强化技术、设计、产业、品牌、服务系统优势，塑造集群优势、国际化竞争优势，持续提高江苏制造业的全球份额和特色竞争力。其二，始终保持制造业比重基本稳定。无论未来产业结构如何变化，在构建现代产业体系和现代化经济体系的过程中，江苏都要坚持实体经济为本，守牢制造业这一产业主阵地和核心优势领域，确保制造业比重保持在合理区间，同时大力发展服务传统制造业转型升级和先进制造业所需的生产性服务业，并赋予其创新、生态、智能化等新内容，不断提升江苏制造在全球产业分工体系中的优势，成为我国参与全球产业竞合的核心产业区。其三，制造业企业质态显著提升。引导制造业企业立足创新、追求卓越，实施壮企强企工程，强化质量意识，瞄准国际竞争对手持续提升产品质量，在练好内功基础上加强品牌运作，引导企业从终端的产品竞争延伸至前端的技术标准竞争，大力培育"链主"企业和"专精特新"中小企业。随着制造业产业链供应链控制力、竞争力的持续提升，彰显创新特质的江苏制造，将为江苏当好全国宏观经济大盘重要"压舱石"提供可靠产业动能。

（三）建设数字经济强省提升"压舱石"数字动能

抢抓数字化、网络化、智能化融合发展的战略机遇，加快建设网络强省、数字江苏、智慧江苏，实施数字经济核心产业加速和制造业数字化转型升级行动，加快推进产业数字化、数字产业化。一是深入实施制造业数字化转型行动，支持企业建立开放型数字化转型促进中心，及时总结提炼具有可复制、可推广价值的数字化模式、方式，推动制造业企业提升两化融合新型管理能力、网络协同能力、数据贯通能力、软件开发能力、智能应用能力和安全防护能力等核心能力。二是构建自主可控的数字化技术体系，重点打造有"芯"有"魂"的工业互联网平台，破除在产品功能、用户体验、稳定性和成熟度等方面落后于国外主流产品的关键"痛点"，打通数字经济与实体经济融合的"最后一米"。三是围绕先进制造业集群发展需求和丰富应用场景，增强企业技术创新、场景创新和普及推广能力，推动数字经济创新要素加快集聚、创新成果加速转化。随着江苏加快数实融合第一省建设纵深推进，江苏数字经济优势和实体经济优势将相互激荡，为江苏当好全国宏观经济大盘重要"压舱石"提供充沛数字动能。

（四）持续扩大内需提升"压舱石"需求动能

江苏坚持把扩大内需作为全省发展的重要牵引，发挥市场规模化优势，促进消费持续恢复。一是推动形成"增长的良性循环"。发挥江苏产业体系健全、居民消费力较强、城乡一体化水平较高等优势，重点推动优化投资结构与服务消费需求相统一、改善收入分配结构与"扩中"相统一、促进产业升级与消费升级相统一、完善社会保障体系与促进城乡消费相统一，探索形成由"高效生产—合理分配—畅通交换—稳健消费"所支撑的"增长的良性循环"。二是积极扩大有效投资，坚持前瞻定位，适度超前，构建面向未来的现代化省域基础设施体系。持续优化营商环境，稳定市场预期，激发各类投资主体积极性，增强投资江苏、投资未来的信心。三是把握消费升级、市场下沉趋势，探索全面促进消费与高质量融合发展的体制机制，推动消费服务技术、服务产品、服务业态和市场结构的转型升级，满足消费者多样化需求。随着扩大内需效应的逐步显现，江苏市场规模优势、消费升级优势将更加显著，有利于带动消费和供给双升级，将为江苏当好全国宏观经济大盘重要"压舱石"提供更强需求动能。

（五）建设双向开放枢纽提升"压舱石"合作动能

江苏坚持建设具有世界聚合力的双向开放枢纽战略目标，更深层次融入区域一体化发展格局，更大力度推进高水平对外开放，增强开放合作发展动

能。一是紧扣"高质量"和"一体化",在更高站位上参与推动长三角一体化发展战略,突出创新引领,打造长三角示范引领创新平台、建设大科学基础设施集群,推进长三角国家技术创新中心高水平建设。二是聚焦产业强链补链固链,以集成电路、外贸创新发展、国际园区合作、本土跨国公司培育等为抓手,加快建设开放强省,增强江苏在复杂国际环境下的供应链保障力、产业链竞争力。三是持续优化营商环境政策供给,推动政策集成创新,将江苏打造成为具有全球吸引力和竞争力的投资目的地,让优质营商环境成为对冲外部风险挑战可信赖的"压舱石"。

B.3
江苏工业运行分析与展望

沈宏婷　胡国良*

摘　要： 江苏是实体经济大省，在全球新一轮科技革命和产业变革迅
猛发展、新冠肺炎疫情持续演变、产业链供应链加快重构的
宏观背景下，江苏工业发展取得了较好的成绩，保持了在全
国领先的位置，国际竞争力也进一步增强，但仍处于全球产
业链中低端，存在核心技术受制于人、基础制造水平落后、
关键零部件和部分资源要素供给不足等困扰。面对全球制造
业格局的重大调整，国内外经济发展环境的重大变化，江苏
要科学把握工业发展的战略机遇和风险挑战。在新的发展时
期，为有效应对诸多不稳定因素，江苏不仅要保持制造业相
对规模优势，有序推动制造业供应链布局多元化，还要全方
位施策锻造产业链长板，着力构建良好的产业生态，不断巩
固江苏制造领先优势，着力突破制约产业基础高级化和产业
链现代化的关键瓶颈。

关键词： 江苏　工业运行　现状分析　未来展望

在全球新一轮科技革命和产业变革迅猛发展、新冠肺炎疫情持续演变、
产业链供应链加快重构的宏观背景下，江苏工业发展取得了较好的成绩，保
持了在全国领先的位置，国际竞争力也进一步增强，但仍处于全球产业链中

---

* 沈宏婷，江苏省社会科学院经济研究所，副研究员；胡国良，江苏省社会科学院经济研究所
所长，研究员。

低端，面临核心技术受制于人、基础制造水平落后、关键零部件和部分资源要素供给不足等困扰。党的二十大报告提出，"坚持把发展经济的着力点放在实体经济上，推进新型工业化"。进入新发展阶段，面对新发展要求，在"稳增长"的同时促进工业提质增效，探索具有江苏特色的新型工业化道路，是稳固江苏国内循环重要地位、增强在国际循环中带动能力的重要基础，是江苏着力在改革创新、推动高质量发展上争当表率的战略抓手。制造业是江苏工业的主体，江苏要紧紧围绕"争当表率、争做示范、走在前列"新要求，全力打造具有国际竞争力的先进制造业基地，不断巩固江苏制造领先优势，着力突破制约产业基础高级化和产业链现代化的关键瓶颈，加快推动制造业高端化、智能化、绿色化发展，率先建成全国制造业高质量发展示范区。

一 江苏工业发展取得的显著成绩

（一）工业经济整体"企稳向好"

江苏作为制造业大省和全国制造业基地，制造业规模多年居全国首位。2022 年上半年，新一轮疫情出现后，江苏产业链、供应链畅通受到较大影响，江苏省聚焦重点地区和重点行业，陆续出台"苏政 40 条""苏政办 22条"等稳经济一揽子政策，各地各部门也纷纷响应落实减税降费的各项惠企纾困措施。江苏工业运行在历经 4 月深度下滑后，5 月触底回升，6 月增速由负转正，7~9 月，回升向好趋势明显增强。前三季度，全省规上工业增加值同比增长 4.5%，比上半年加快 2.4 个百分点，9 月同比增长 10.5%，比 8 月加快 0.6 个百分点。分行业看，电气机械、汽车等行业增长较快，同比分别增长 12.9%、11.8%，比上半年分别加快 4.7 个、6.6 个百分点，两大行业对规上工业增加值增长贡献率为 44.3%，专用设备行业同比增长5.3%，比上半年加快 4.8 个百分点。从投资看，工业投资增长 10.5%，高于全省固定资产投资 7 个百分点，工业技术改造投资增长 6.4%，制造业投资同比增长 11.2%，高技术制造业投资保持较快增势，同比增长 14.9%；从重大项目建设看，全省 10 亿元以上在建项目个数同比增长 15.2%，完成投资额同比增长 18%。

（二）工业运行质效稳步提升

从发展质量来看，江苏制造业的中高端化取得明显进步，先进制造业发展明显提速，工业结构不断优化，新旧动能加快转换。2022 年 1~9 月，全省高新技术产业产值占规上工业比重达 48.9%，比上年同期提高 0.8 个百分点，高技术制造业增加值同比增长 10.9%、装备制造业增加值同比增长 7.5%，分别高于规模以上工业 6.4 个和 3 个百分点，高技术制造业增加值占比由上年同期的 22.3% 提升至 23.8%，对规上工业增长贡献率达 55%，彰显出江苏工业经济的强大韧性。数字经济发展势头强劲，规上电子及通信设备制造业增加值同比增长 15.1%，高于规上工业 10.6 个百分点。新兴产品实现较快增长，多晶硅、太阳能电池、锂离子电池、新能源汽车、充电桩等新能源产业相关产品分别增长 62.2%、31.2%、32.2%、84.4% 和 2.9 倍；工业机器人、智能手机、服务器、移动通信基站设备、光纤等先进装备类产品分别增长 12.9%、54.3%、34.8%、34%、24.3%。电子、电气、通用设备、仪器仪表等重点行业投资保持较快增长，分别增长 14.8%、29.9%、13.9%、22.2%。十年来，江苏坚定不移调结构、转方式，依法依规关停取缔"散乱污"企业 5.7 万家，关闭退出 4739 家安全环保不达标、低端低效的化工生产企业，全省七大高耗能行业规模占规上工业比重由 2012 年的 33.5% 下降至 2021 年的 29.3%。[①]

（三）"智改数转"持续推进

围绕"率先建成全国制造业高质量发展示范区"，江苏持续实施大规模

---

① 付奇：《高质量做好制造业"加减乘除"法》，《新华日报》2022 年 8 月 16 日。

企业技术改造促进产业转型升级，推进集群培育，加快智能制造发展，把企业智能化改造和数字化转型作为推动产业数字化和数字产业化的重要抓手，促进数字经济与实体经济深度融合，在推动经济转型升级的同时不断挖掘新增长点。2021年年底，省政府办公厅印发《江苏省制造业智能化改造和数字化转型三年行动计划（2022—2024年）》，吹响了加速"智改数转"的号角，并明确提出了以工业互联网创新应用为着力点，实施龙头企业、中小企业"智改数转"等10大工程。目前，江苏累计建成国家智能制造示范工厂9家、省级138家，省级智能制造示范车间1639家、工业互联网标杆工厂214家，拥有两化融合贯标达标企业3777家、数量全国第一。① 截至2022年6月底，全省建成5G基站15.9万座，工业互联网标识解析上线二级节点数、服务企业数、标识注册量及解析量均居全国第一，为江苏企业"智改数转"和数字经济发展提供强大的信息基础设施保障。在江苏制造企业转型升级的过程中，绿色发展成为"江苏智造"的重要标识。十年来，江苏单位地区生产总值能耗累计下降38%，规模以上工业单位增加值能耗累计下降50%，累计创建国家级绿色工厂199家、绿色园区17家、绿色供应链管理企业23家，认定省级绿色工厂283家。②

（四）市场主体实力不断增强

大企业是地区工业经济发展的"压舱石"。根据江苏省工信厅的通报数据，2021年江苏年营业收入超百亿元工业企业有172家，较上年净增24家，其中超千亿元企业12家。高新技术企业是推动江苏经济稳增长、调结构、促转型的重要力量。截至2021年，全省高新技术企业超过3.7万家，是2012年的7倍多。2022年1~9月，数量占全省规上工业企业29.5%的规上高新技术企业，实现了全省39.7%的工业产值、68.6%的高新技术产业产

---

① 《访省工业和信息化厅厅长谢志成——夯实实体根基 走新型工业化道路》，《新华日报》2022年10月24日。

② 《江苏：制造强省打造现代产业体系》，新华网，http：//www.news.cn/local/2022-09-18/c_1129012161.htm。

值。2016 年工信部发布《制造业单项冠军企业培育提升专项行动实施方案》。国家制造业单向冠军被誉为制造业皇冠上的明珠，是细分领域的行业制高点，在制造业产业链中具有十分重要的地位。作为关键技术和科技创新的"主力军"，单向冠军是中国制造核心竞争力的体现。专精特新"小巨人"企业也是衡量制造业发展实力的另一重要指标，是专注于细分市场、市场占有率高、创新能力强、质量效益优的排头兵企业。截至 2022 年 11 月，江苏累计创建国家制造业单项冠军企业 138 家、国家级专精特新"小巨人"企业 285 家和省级专精特新中小企业 1998 家，其中 80% 以上集中在先进制造业和战略性新兴产业领域，75% 深耕细分领域 10 年以上，平均每家企业研发投入强度达 7%，产业链"填空白""补短板"企业数和上市企业数均居全国第一。

（五）集群化发展特色鲜明

产业集群发展是江苏制造的鲜明特色。十年来，江苏坚持把先进制造业集群培育作为抓手，率先出台意见打造一批"拆不散、搬不走、压不垮"的万亿元级产业航母，深化实施产业强链三年行动计划，全省先进制造业集群规模占规上工业比重达到 70%，比 2012 年增加 10 个百分点以上，产生巨大"乘数效应"。江苏省工信厅数据显示，目前江苏正培育 16 个先进制造业集群和 50 条重点产业链，实现规模超万亿元行业有 5 个，晶硅光伏、风电装备、品牌服装等 7 条产业链迈入国际中高端水平。在 2021 年工业和信息化部公布的全国"先进制造业集群"名单中，江苏共有 6 个先进制造业集群入围，数量居全国第一，与广东并列。江苏入围的先进制造业集群分别是：无锡市物联网集群、南京市软件和信息服务集群、南京市新型电力（智能电网）装备集群、苏州市纳米新材料集群、徐州市工程机械集群、常州市新型碳材料集群。同时，江苏拥有国家制造业创新中心 2 家、国家新型工业化产业示范基地 30 家。数量众多的先进制造业集群有力支撑了全省实体经济发展，为推动区域经济高质量发展和全球价值链攀升奠定了坚实基础。

二　江苏工业发展面临的突出短板

（一）产业发展层次处于中低端

江苏原材料加工、零部件代工、组装等制造业在全球产业链、价值链分工中仍处于中低端环节，工业增加值率仅为22%左右，远低于发达国家35%左右的平均水平。江苏制造业产业结构的高级化和合理化程度不够，低端过剩与高端短缺的结构性供给矛盾长期并存。具体而言，大部分产品技术含量不高、产品附加值低，只能满足常规参数功能需求，无法满足客户对产品高品质、个性化、强功能等方面的高端需求，高端品牌培育不够，缺失具有行业引领性企业和全球影响力品牌。高端数控机床、高端传感器、高精度机械手等仍大量依赖进口，大型主机、高端芯片、操作系统和工业软件等"瓶颈"制约明显。来自江苏省经信委和中国科技发展战略研究院的材料显示：江苏省新兴产业整体对外技术依存度高达65%，远高于发达国家的水平，新材料领域仅有4.5%的技术处于全球领跑和并跑水平，信息、先进制造、能源领域只有3%的全球并跑技术。集成电路芯片制造设备的80%、工业机器人关键器件的80%、高精密减速器的75%、汽车关键设备的70%依赖进口。

（二）企业科技创新能力不足

与国内外先进地区相比，江苏企业研发比重较低，研发投入超十亿元、百亿元的企业较少。大中型工业企业平均研发投入仅为300万元，仅占主营业务收入的1.07%，而国外大企业可以达到5%甚至超过10%。2018年，江苏全国500强民营企业平均研发强度在全国排第17位，掌握行业关键技术、关键环节、关键设备的创新型企业数量偏少。在研发产出上，2019年，广东企业拥有有效发明专利是江苏的2.08倍，广东全省PCT国际专利申请量是江苏的3.73倍。企业不够重视基础研究，缺乏从"0到1"的原创性成果，底层基础技术薄弱、基础工艺能力不足，在基础软硬件、集成电路、开发平台、核心算法等多方面存在突出瓶颈。特别是在支持产业升级、引领前沿突破的源头技术和底层技术储备方面，美国占80%、欧盟占10%、日本占5%、中国及其他国家仅占5%，而江苏储备更是少之又少，没有产出像华为的5G、阿里的云计算、科大讯飞的语音AI等在全国乃至全球具有引领性和影响力的重大技术成果。[①]

（三）行业领军型企业缺乏

地标型企业是打造区域特色产业集群的主导力量和重要依托。江苏一大突出问题是具有国际影响力的本土领军型企业少、自主品牌少。2022年，江苏只有3家企业入选《财富》世界500强榜单，数量位列全国第9，且均为石化、钢铁企业。而广东有13家世界500强企业，并且涉及科技、互联网、金融、地产等多个领域。江苏汽车产业在全国占有较大份额，但整个江苏却没有一个自主汽车品牌。新一代信息和软件服务业，体量也很大，但却没有华为、阿里这样的龙头企业。从江苏各地特色产业集群的发展实际看，由于普遍缺乏强聚合力和强影响力的核心龙头企业，多数产业集群缺乏市场话语权，影响了特色产业集群市场竞争能力的提升。拥有核心技术的创新型本土企业（机构）数量不足，与江苏集群规模、集群数量不相匹配，基于集群的科技创新效应尚未形成。[②]"链主型"企业或平台的缺乏，不仅会导致在市场、资源等整合中无法获得宝贵的先发优势，也将增加聚焦创新要素引领产业价值链攀升的难度，进而可能陷入产业结构中低端锁定状态。

（四）产业链治理能力不强

影响江苏产业集群引领带动作用的关键在于产业链纵向融合度不高、横

---

① 石晓鹏：《江苏产业创新体系的现状与未来》，《唯实》2020年第9期。
② 《江苏培育世界级先进制造业集群的路径研究》，江苏智库网，http：//www.jsthinktank.com/jujiaoqianyan/201807/t20180709_5510235.shtml。

向协同能力不强。产业链内部上下游之间协同度不高，往往各自为战、无序竞争；产业链与外部企业之间在产品供应、技术标准、资金融通、共性技术平台等领域缺少深度合作。由于产业关键核心技术积累不足，产业链整体盈利能力不强，对全产业链控制力薄弱。经初步梳理，全省有 16 个重点产业领域的 126 项"卡脖子"技术短板亟待攻关突破。以加工制造嵌入全球产业链的发展方式面临着产业链中断、收缩、外移等风险，产业安全问题日益突出。此外，对先进制造业发展具有推动作用的研发设计知识产权、创业孵化、科技金融等行业层次偏低，高端服务环节对外依存度较高，为制造业企业提供高端、专业服务的能力不足，生产性服务业与制造业的关联融合还处于较低水平，一定程度上制约了江苏制造业的转型升级。产业集群内技术、人才、平台、服务有机融合程度不够，高质高效的产业生态尚未形成。

（五）平台影响力有待提升

江苏促进信息化与工业化融合发展、推行智能制造新模式起步较早，但由于缺乏顶尖信息服务企业的支撑，江苏工业互联网平台面临"影响不足"的困境。在工信部对外发布的《2022 年跨行业跨领域工业互联网平台名单》中，江苏有汉云、朗坤苏畅、爱尚（ASUN）3 家工业互联网平台入选，除汉云外其他两家均为 2022 年首次入围榜单，在影响力上逊于青岛海尔卡奥斯、用友精智、树根互联等，且现有平台一般聚焦于工业制造流程的特定环节，尚未形成完整的产业生态。此外，江苏关键共性技术研发和产业化平台布局滞后，人才和技术优势没有得到有效发挥，技术成果产业化成效也不显著，创新成果标准转化亟待加速。江苏在国际上知名的本土创新型跨国企业屈指可数，协调和利用国际创新资源能力有限，"走出去"构建研发载体的能力较弱，主体示范作用不强。[①] 对标京沪皖等地区，江苏省在国家实验室、大科学装置等许多方面也存在着明显的短板。

---

① 刘志彪等：《打造集聚全球创新资源的空间载体》，《群众》2017 年第 18 期。

（六）高端要素供给不足

随着优惠政策的不断弱化和成本要素价格的不断上升，江苏建设自主可控先进制造业体系越来越需要科技、金融、人力资源等高端要素的保障。而实体中小企业、民营企业往往面临成本高、利润薄的压力，投资意愿不足。近年来全国都出现实体经济领域投资不足的问题，主要表现在工业尤其是制造业的新增投资比例持续下降，而江苏这方面的问题更加突出。2020年，江苏财政科技支出占一般公共预算支出的比重为4.27%，明显低于广东（5.48%）和上海（5.01%），也低于安徽（4.95%）和浙江（4.68%）。在人力资源方面，与上海和深圳等地相比，江苏城市对全球创新人才、国内顶尖高校人才的吸引力相对不足，特别缺少战略科学家、创新型科技人才和战略性新兴产业领军人才，企业引才、育才、用才主体作用不够明显，在当前发展较快的移动互联网、云计算、大数据等领域，高端人才缺口较大，无法解决全产业链的人才匹配问题。

三　江苏未来工业发展面临的环境及展望

（一）江苏工业发展面临的国内外环境分析

从国际环境看，"十四五"时期江苏经济发展面临诸多不稳定因素，主要包括：疫情持续带来的不可控性和不确定性因素、中美贸易摩擦增加了江苏经济的外部风险和下行压力、经济逆全球化和贸易保护主义带来全球产业分工调整和产业链供应链的本地化与区域化态势。错综复杂的国际环境不可避免地对江苏工业发展带来诸多影响。与此同时，在中国构建以国内大循环为主体、国内国际双循环相互促进的新发展格局的大背景下，内外开放的互补互促会在一定程度上减少国际环境变化对江苏经济的影响，为江苏经济高质量发展注入新动能，推动江苏经济社会发展持续向好。

（二）江苏工业发展面临的机遇和挑战

全球制造业格局的重大调整，国内经济发展环境的重大变化，使得江苏工业发展既面临前所未有的机遇，也面临巨大的挑战。江苏既要抓住产业转型升级、产业链重构、国家战略转型等机遇，也要积极应对外需不足、外贸不振、金融风险、技术壁垒、要素成本上升等众多挑战。

1. 机遇

产业转型升级的机遇：疫情带来不利影响的同时也倒逼企业加快消费数字化转型和产业数字化升级，新兴动能由此遇上发展"窗口期"。紧紧抓住疫情中经济活动从物理世界走向数字世界的重大机遇，大力发展数字经济，加快发展诸如机器换人、无人机应用等实体经济活动。

政策机遇：紧紧抓住当前党中央国务院出台的各项刺激经济恢复和振兴的政策机遇，甄别行业和企业，结合国家产业发展战略，分企施策，化危为机。随着《区域全面经济伙伴关系协定》（RCEP）正式生效，将有更多企业享受到政策优惠。

产业链重构机遇：疫情后全球产业链重组有其必要性，生产地与流程的"去集中化"和"分散化"将成为接下来几年的重要趋势。这其实也是推动国内产业链、价值链构建的一个机会窗口，也是构建更加和谐包容的中国与世界关系的机会窗口。

2. 挑战

需求不足：受国际环境不确定性和全球疫情影响，江苏面临着外需不振和内需不足的双重风险。

外贸不振：中美贸易摩擦复杂多变，逆全球化和贸易保护主义的上升短期内难以扭转，严重制约全球贸易投资的增长，疫情反复、国际合作受阻、供应链阻滞、美元升值都对江苏外贸发展形成新的压力和挑战。

金融风险：新一轮资本市场震荡和潜在的资产泡沫积累，正在威胁着全球经济，美国推行的量化宽松政策，俄乌战争、西方对于俄罗斯的制裁进一步助长了通货膨胀的趋势，也在不同程度上影响着中国国内的金融市场，美元加息预期带来的全球资本回流，使江苏面临着资本流出的风险。

技术壁垒：为抑制中国在高新技术领域的崛起和国际市场占有率的提升，美国和欧盟已进一步加强了对技术转让和企业兼并收购的限制，这对江苏企业今后在国际市场上获取高新技术形成了新的制约。

人口老龄化：江苏老龄化率在全国排名前列，2021年末，60岁及以上老年人口占户籍人口的22.15%，按国际标准已进入深度老龄化社会。另外，江苏人口增长较为乏力，常住人口增量在全国处于中下水平。在劳动生产率不变的情况下，人口老龄化使劳动效率降低，支撑全省经济高速增长的人口结构优势逐渐减弱，成为影响江苏经济的一个重要因素。

（三）江苏工业发展的未来展望

从长期来看，此次疫情增强了江苏传统产业升级和"智改数转"的必要性和紧迫性，应顺应数字经济的发展趋势，加大智能化改造力度、加快数字化转型，从根本上提升传统产业的韧性和竞争力。要倍加警惕疫情可能引致的连锁效应，如产业链较长或两头在外的产业面临被迫外迁、链条断裂、就业形势严峻等中长期后果，做好预案，未雨绸缪。要按照党的二十大部署大力推动战略性新兴产业融合集群发展，前瞻布局培育区块链、人工智能、云计算、元宇宙等一批未来产业，加快未来产业在制造业中应用拓展，打造一批新的增长引擎。放眼2035年，江苏需要做好如下工作。

1. 要保持制造业相对规模优势

"保持制造业比重基本稳定"就是要从总量上保持产业链对服务业的相对规模。国际经验表明，一国进入工业化中后期，资源会从制造业不断流向服务业，第三产业比重越来越大，产业结构将由"二三一"向"三二一"转变。江苏省目前仍处于由工业化中期向后期过渡阶段，并未完全进入后工业化阶段，工业化区域不平衡性仍然存在。因此制造业占比总体将呈现逐步下降的态势。虽然这符合客观规律，但在全球产业格局深度调整的背景下，现阶段仍需要强调"保持制造业比重基本稳定"，以此强调制造业在新发展阶段的战略地位，防止出现经济泡沫化倾向，稳住实体经济规模。

2. 有序推动制造业供应链布局多元化

受疫情影响，跨国企业出于保障产业链安全的考虑不断调整全球产业分工体系，供应链布局由"效率优先"转向"安全优先"，全球产业链重组呈现"纵向分工缩短、横向区域集聚增加"的基本态势和区域性、本土化的特征。我们必须仔细地分行业做好供应链战略设计和精准施策，加快关键零部件国产化替代，建立必要的产业备份系统，有序推动制造业供应链布局的多元化。一是将产业链管理的"链长制"与产业链"链主"两种治理方式结合起来，创新产业链治理模式，充分发挥有为政府与有效市场的作用；二是在现有区域产业集群的基础上，突破行政区束缚，按照市场化运行规则，向更大区域推进产业集群全链条建设。江苏省应该根据全球产业链重组趋势，充分发挥企业既嵌入产业集群又加入全球价值链这种双重嵌入方式的优势，依托沿江沿海有条件的地区大力发展大区域产业链集群，以应对全球产业格局调整带来的挑战。

3. 全方位施策锻造产业链长板

江苏应该在充分利用比较优势的基础上以创新驱动进一步巩固提升具备规模优势、技术优势、配套优势等产业的国际领先地位，持续增强电子信息、海工装备、新能源、通信设备等领域的全产业链优势，将比较优势转变为竞争优势，成为国际产业链供应链中不可替代的重要一环，提升国际产业链对江苏省产业的依存度，对外方造成的产业链中断、收缩、外移等风险形成强有力的反制。为此，一要从标准、计量、专利等体系和能力建设入手，推进标准领航质量提升工程，逐步升级制造业标准体系。二要鼓励和弘扬工匠精神，出台相关政策并加以落实，切实提高技术工人的经济收入、福利待遇和社会地位，增强工匠人才的获得感和荣誉感。三要利用疫情带来的新的消费方式和消费倾向的变化，在大数据等数字技术的支持下掌握更精准的客户需求，以此促进企业不断改进工艺、提升产品质量以满足消费者对品质的需求。

4. 着力构建良好的产业生态

从全球来看，产业竞争进入新阶段，既是全产业链、价值链的竞争，也是整个产业生态的竞争。一是要以产业链"链主"为主体,推动产业链上下游企业协同进行技术创新。聚力"四基"领域,围绕产业链"做精上游、做强中游、做高下游"。二是要推动重点培育产业集群内部产业链深度融合发展。要通过产业链优化,解决产业"对外转移快、对内转移慢"问题。建立双向跨境产业转移利益共享合作机制,鼓励产业链高端企业和产业关键核心环节留在江苏,培育江苏省的"根植企业"。

四　江苏推动工业高质量发展的战略路径

江苏"十四五"规划纲要在维持原有对制造业目标定位的基础上,进一步提出力争在产业集群建设、市场主体培强、产业创新融合、基础能力夯实等方面形成新的突破。在新发展格局下,面对错综复杂的国内外环境和更高的发展要求,江苏推动工业高质量发展应从以下几个方面重点发力。

(一)以全产业链深度协作为纽带,做大做强优势产业集群

先进制造业集群是产业分工深化和集聚发展的高级形式,也是制造业高质量发展的主要标志。培育先进制造业集群不仅要注重产业的"规模效应",也要注重产业发展的"内生动力"。影响江苏产业集群引领带动作用的关键在于产业链上下游的衔接不足、带动不够。要以省重点先进制造业集群和50条重点产业链为主要领域,深入推进产业强链三年行动计划,加快优势产业链改造提升,针对产业链材料供应方面的薄弱环节,积极引进上下游生产企业或产前产后的服务性企业与之配套,实现企业集聚由"物理相加"转向"化学相融"。

要充分发挥先进产业集群在加快区域协同创新、提升产业链供应链稳定性和竞争力、推进大中小企业融通发展等方面的积极作用。一是支持龙头企业加强产业链垂直整合,推动产业链跨区域协同发展,形成优势互补的区域开放效应,实现由单个企业的规模扩张转向区域范围的结构调整、布局优化、集群发展。二是通过产业链融合、价值链互动、创新链分工等关键环

节，强化区域间空间经济联系，加快创新资源要素合理流动与开放共享，在深化区域分工合作中发展新空间，增强区域与产业发展的内生动力。三是推动产业、企业、技术、人才和品牌在集群内集聚协同融合发展。强化制造业全产业链的协同创新，完善集群生产性服务功能，创新产业发展组织方式，完善产业生态网络，打造一批具有全球影响力的知名品牌。

（二）以制造业数字化转型为动力，重塑工业经济竞争新优势

制造业数字化转型是大数据、云计算、人工智能、工业互联网等多种数字技术的集群式创新突破及其与制造业的深度融合。数据化、自动化、智能化，建设领先的智能工厂是制造业数字化转型的必然选择。

智能制造的发展不仅仅影响生产过程的智能化，更是引导企业在生产方式和发展模式方面寻求创新和突破。以制造业的智能化为动力，加速新一代信息技术与制造业的融合、制造业与服务业的融合、数字经济与实体经济融合。围绕制造业重点行业领域，以智能工厂建设为抓手，推动涵盖研发、工艺规划、生产制造、采购、仓储、营销、服务等环节价值链的企业数字化、智能化提升，加快智能制造价值链整合重构，实现智能制造、网络协同制造、个性化定制和服务型制造。

数字化不仅是信息的数字化，更重要的是业务活动数字化，推动制造企业研、产、销的数字化运营，形成高效数字化的运营新生态。充分发挥数字经济的引领带动作用，从数字经济产业化和传统产业数字化两方面推动新一代信息技术同制造业深度融合，将数据要素全面渗透到生产、分配、流通和消费各环节，在推动传统制造业信息化改造的同时，培育新技术、新产品、新业态、新模式，不断提升制造业能级和水平。

（三）以行业领军型企业为引领，增强对产业链的整合力

建立自主可控的制造产业链，关键在江苏企业和企业家的发育和成长。所谓自主可控的制造产业链，不是违背分工规律搞大而全和小而全，而是在优势的领域形成龙头企业，使之承担"链主"的作用，带动一批制造企业

以及配套和协作企业的快速发展，在产业链各环节打造上，培育发展"专精特新"企业和"隐形冠军"，以产业链链主为主导，推动链主企业与上下游企业的深度融合。强化产业链的水平分工和垂直整合，鼓励支持企业通过并购、引进、参股等方式建立跨区域、跨产业链合作机制和合作模式，有效畅通产业区域循环，促进跨区域融合发展。

引导企业围绕主导产业和产品向两端延伸、向高端发展，以核心环节的高端技术突破和商业模式创新结合的方式，形成产业链全链条上的竞争优势。放大电力装备、工程机械、光纤光缆等产业优势，加强和巩固龙头企业、"链主企业"、"隐形冠军"的全球领先地位，扩大国际比较优势，增强对全球产业链、供应链的把控力。积极融入"一带一路"建设，支持龙头骨干企业全球布局，拓展多元化资源供给渠道。在提升自身竞争力和国际影响力的同时，发挥国内产品的成本、物流、配套、售后等方面的优势，打造由国产产品为主导的供应链。

（四）以平台建设为抓手，筑牢制造业数字化转型基础

平台是汇聚转型资源的重要载体，是制造业数字化转型的重要引擎。依托强大的实体经济优势，发力工业互联网、塑造在产业互联网领域的平台优势，是江苏构建先进制造业体系的重要突破口。在推进制造业与互联网融合发展试点示范建设过程中，着力构建多层次系统化工业互联网平台发展体系，实现企业上下游互联、内外部互联、产业链互联。

要以新一代信息技术应用场景建设为平台，加强物联网与人工智能、大数据、区块链等深度融合，加快新技术产业化步伐，推动工业互联网、车联网、智慧城市、智能家居、智慧医疗等物联网重点领域规模化应用。

鼓励产业链龙头企业联合金融机构共建数字化产融合作平台，打造数字供应链金融，健全完善企业信用信息平台，打通行业、部门和区域间的数字壁垒，以数据互联互通提升金融供需对接效率，支持供应链产业链稳定循环和优化升级，着力提升长期可持续服务实体经济能力。

提高集聚平台承载能力，加大以数据中心等为代表的数字化基础设施

建设投入，夯实高速互联和智能控制的基础能力，筑牢制造业数字化转型基础。

（五）以基础能力培育为根本，突破关键技术瓶颈

基础研究是产业创新的源头活水。越是基础、越是前沿。习近平总书记强调基础研究要勇于探索、突出原创，拓展认识自然的边界，开辟新的认知疆域。建设自主可控的产业体系不能仅从工业应用端发力，而是要着眼长远，重点关注前瞻性技术、基础性技术和共性技术。而这些技术更多依靠基础理论、基础研究等基础能力的培育。

政府要加大对基础科学的规划和投入力度，以实施工业强基工程为抓手，整合各方资源和力量，破解制约江苏省制造业创新发展和质量提升的基础瓶颈。聚焦"四基"领域，加大科技创新力度，通过应用牵引、整体带动、揭榜挂帅等新机制组织攻关，进一步增强江苏产业链和供应链的韧性和弹性，提升江苏基础制造能力。

充分发挥国家实验室、国家科研机构、高水平研究型大学和科技领军企业等国家战略科技力量，提升区域创新体系整体效能。进一步加强技术创新平台建设，以市场为导向，推动企业探索新的组织和运作模式，加快新型研发机构产业链布局，构建多层次技术创新体系。推进产业技术创新联盟建设，整合高校、大院大所和科技领军企业等创新资源，建立共性技术研发平台，加快科技成果转化应用，提升产业创新水平。

五　江苏推动工业高质量发展的政策建议

（一）坚决淘汰低效落后产能，建设绿色制造新体系

要在供给侧改革取得成就的基础上，遵循市场导向，综合运用质量、环保、能耗、安全等标准体系，严格执行相关法规、政策，加快淘汰落后产能，持续化解过剩产能，推动布局调整优化和企业重组整合，引导一批低质

低效企业转型升级。要努力突破产业发展面临的资源、能源、环境等瓶颈，防止低端产能利用疫情防控，恢复发展经济的契机重启。以"双碳"战略为导向，以"双控"调节为契机，建设清洁低碳、安全高效的绿色制造新体系。科学落实碳达峰、碳中和国家重大战略部署，进一步推动重点行业和重点领域节能降碳改造升级，全面推行循环生产方式，加快构建绿色制造体系和新型"产业—环境"关系。要以高端化、智能化、清洁化为方向，重点发展特种装备设备。

（二）开发拓展多元化应用场景，加快新技术产业化步伐

应用场景应能够为新技术新产品带来应用机会，为新技术新产品推广应用产生先行先试的示范效应。构建面向工业、交通、城建、教育、医疗、养老、娱乐、文旅等的多元化应用场景，打造国内领先的新一代信息技术产业应用高地。要针对政府行政管理、城市基础设施建设、产业发展、民生保障等领域中的发展短板，优先采用数据可视化平台、智能照明系统、智能设备设施管理系统、能耗分析监测系统等新技术新产品。加大对应用场景的开放力度，为企业创新提供更多尝试、突破的空间和舞台，助力新技术新产品推广应用；同时，充分发挥政府在数字技术创新应用端的优势，运用新技术新产品改善民生、以数字化治理推动城市精细化管理，全面提升政府管理工作质量、效率和服务水平，推动产业迭代升级。

（三）提振产业链治理能力，推动重点产业链融合发展、配套发展

江苏制造业竞争优势在于以产业集群的形式开展工业中间产品生产加工，以产业链链主为主导，产业链链主企业与上下游企业的深度融合，是夯实江苏制造业产业基础，建设自主可控产业体系的有效路径。通过"链主"培育提升产业链"链主"的内在聚合力，包括对行业订单的下达能力、关键技术的供应能力、强大资金自配和调度能力以及对不适合企业的排除能力。产业链"链主"的内在聚合力还表现在产业链外围合作伙伴之间的信

任力以及和政府平台合作的公信力。

一要以产业链"链主"为主体，推动产业链上下游企业技术创新协同与融合。要从股权投资和技术协同两个层面推动制造业"强链"。纵向上，产业链上下游企业可以通过股权参股、股权战略投资、风险投资、投资优先订货等方式实现对产业链上下游的控制；横向上，可以通过技术标准协同、关键技术共同研发、共享技术研发平台、参股合作等多种途径打造自主可控的产业链安全体系。

二是推进制造业服务化，产业链核心企业通过为制造业提供服务的形式，长期锁定服务对象。包括提供长期特定的服务、提供长期软件更新服务、提供产业链关键节点的核心技术等途径，提高产业链核心企业对上下游企业的黏度和控制力。

（四）主动融入区域协同创新格局，充分利用外部创新资源

第一，要联合长三角区域大院大所，加强科学基础研究。长三角区域拥有发达的科技创新资源，特别是大院大所云集，为提升基础创新能力创造了必要条件。长三角区域重点依托上海、合肥综合性国家科学中心，聚焦能源、信息、生命、材料、环境、物质等交叉前沿领域，开展高水平研究，推动实现基础型、原创性突破，为江苏先进制造业发展提供源头性创新支持。

第二，组建产业技术联盟，开展基础技术、应用技术联合攻关。在具体实施路径上，既可以探索聚焦区域重点产业，开展国际研发交流合作，利用国际研发网络对接本地产业化需求；也可以培育提升本土跨国公司的全球资源配置力，通过构建高水平的全球供应链体系，与全球各类研发设计机构及企业进行创新合作，实施创新外包，以降低成本、控制风险，聚焦核心竞争力的培养与提升。

第三，深化现有园区之间的合作，提高科技合作的质量。重点推进江苏国家级开发区与张江、杭州、合芜蚌三个国际级自主创新示范区的合作。积极创新合作方式，拓展创新领域，提升合作效果，并寻求建立长三角区域的综合性自主创新示范区，不断加大科技合作的深度和广度。范围更广一些的

平台就是各省市的高新产业园区。近年来，苏州、南通、嘉兴等临沪地区已经开展了多种类型的跨界创新合作，取得了积极成效。张江平湖科技园、浙江临沪产业合作园区、江苏和安徽的苏皖合作示范区、浙江和安徽的皖浙泗海工业园以及 G60 科技创新走廊均已成为区域合作创新的典型示范。在上海、江苏、浙江交接处建设的长三角一体化示范区，也着眼于提升区域创新合作水平，促进区域产业发展。

（五）加强高端要素与先进制造业的应用对接，建立适应产业升级的人才体系

从提升价值链角度，合理统筹政策设计及其具体运作，推动中高级生产要素与市场主体的双边匹配，促进创新主体和创新要素在整个区域内有效集聚并扎根，构建以企业为主体的产业创新体系和成果转化体系，推动科技成果与先进制造业有效对接。

建立适应产业升级的人才体系。一方面，结合全球产业技术发展的趋势和江苏制造业创新发展重点领域的需求，着力培养和引进一批具有国际视野、高度专业知识的创新创业领军人才、技术研发领军人才和一批具有高技能和丰富经验的"蓝领"产业工人，建设一批国际人才社区、海外人才飞地、离岸研发中心，集中力量建设 G42 沪宁沿线人才创新走廊，加大人才政策创新力度，健全人才激励机制。另一方面，加强职业教育、专科教育、再培训教育，鼓励校企合作，开展"项目+人才培养""实验室+人才培养"等新型人才培养模式，促进制造企业与相关培训服务机构开展对接合作，建立符合智能制造要求的人才培养体系。

B.4
江苏农业发展形势分析与展望

高 珊 曹明霞*

摘 要： 江苏省牢牢把握农业基本盘推动经济社会稳健前行。根据最新统计数据，江苏省农业发展呈现经济产能增长、生产条件优化、科技水平提高、供需市场平稳、经营体系完善等特征。面对复杂多变的国内外宏观环境，要着力把握贸易格局重构、高质量发展及率先实现农业现代化等重大机遇，积极应对新冠肺炎疫情蔓延及国际冲突、产品结构失衡及市场波动、产业竞争力不强等诸多挑战。运用灰色理论预测模型，展望江苏省2023年和2035年的农业经济产值、粮食及重要农产品产能与农民收入等指标，以提高"两率"、助力"双碳"和加速"双循环"为目标，提出江苏省建设农业强省和实现农业现代化的总体思路及高质量发展的路径建议。

关键词： 农业现代化 高质量发展 粮食安全

党的二十大报告提出"加快建设农业强国"，这是党中央在新的发展阶段对农业农村现代化建设的重大部署。江苏省农业农村系统坚决贯彻落实党中央和省委、省政府决策部署，统筹推进疫情防控与农村经济社会发展，以高度的政治责任感稳住农业"基本盘"，为全省发展大局提供了坚实支撑。报告在回顾2021年和2022年上半年江苏省农业发展总体状况的

---

* 高珊，江苏省社会科学院农村发展研究所副所长、研究员；曹明霞，江苏省社会科学院农村发展研究所副研究员。

基础上，分析 2023 年面临的重要机遇和挑战，合理预判近期及中长期发展趋势，针对现代农业高质量发展需要关注的重点问题提出相关思路及对策建议。报告数据主要来自江苏省统计局网站，除非特殊说明，文中不再标注。

一 江苏省农业发展现状

江苏省以实施乡村振兴战略为总抓手，扎实推进各项工作。在克服新冠肺炎疫情等不利因素影响的同时，农业综合生产能力稳步提升，农产品市场供给得到有效保障，农民收入及生活水平持续改善，农业农村现代化进一步向纵深发展。

（一）经济产能持续增长

农业生产能力呈现稳中提质趋优的发展态势。2022 年上半年，全省农业经济大部分指标与上年同期相比均有不同程度增长。

1. 农业基础地位稳固

2022 年上半年，第一产业增加值为 1652.6 亿元，与上年同期相比增长了 4.9%，占地区生产总值的 2.9%。农林牧渔业总产值为 3134.8 亿元，同比实际增长率为 5.0%。从内部结构看，农业总产值为 1782.3 亿元，同比增长了 5.5%。林业、牧业、渔业和农林牧渔专业及辅助性活动产值分别为 75.1 亿元、454.6 亿元、552.5 亿元和 270.3 亿元。

2. 粮食生产收储与保供有力

夏粮生产再获丰收。2022 年，江苏省夏粮播种面积 3706.2 万亩，总产量 140 亿公斤，单位面积产量 377.8 公斤/亩，播种面积、总产量和单产量实现"三量齐增"，增长幅度均高于全国平均水平。一是夏粮面积稳中略增。全省夏粮播种面积占全国夏粮播种面积的 9.3%，较上年增加 13.7 万亩，增长 0.4%，连续两年实现增长。二是夏粮产量增量占比较大。全省夏粮总产量占全国的 9.5%，较上年增长了 1.4%，占全国增产总量的 13.6%。

三是夏粮单产小幅提高。全省夏粮单产较上年增长了1.0%。四是提前规划秋粮生产。根据2022全年粮食生产规划目标，积极推动秋粮在适播期种足种满，确保秋粮面积小有增长。

强化粮食收储与应急保供能力。储备粮对政府应对突发事件与加强市场调控意义重大。在稳定粮食生产的同时，江苏积极落实省级储备粮增储10亿斤任务，2022年全省地方粮食储备规模将达到46.9亿公斤。各地成品粮库存也稳定在10天以上消费量，南京等大中城市稳定在15天以上。据分析，江苏省粮食储备比较充足，全省居民一年半以上的口粮消费需求均能得到满足。[①]

3."菜篮子"供应充足

重要农产品生产持续恢复。2022年上半年，江苏蔬菜总产量2968.8万吨，同比增长1.7%。生猪出栏量持续增长，累计出栏生猪1155.8万头，同比增长8.5%。猪肉产量91.7万吨，同比增长8.5%。家禽生产持续恢复，家禽存栏31574.5万只，同比增长7.3%，累计出栏31731.4万只，同比增长13.3%。禽蛋产量98.6万吨，同比增长7.2%。牛羊生产总体平稳。牛存栏26.8万头，同比增长2.8%，累计出栏7.5万头，同比下降1.0%。牛肉产量1.4万吨，同比下降了0.1%；羊存栏366.8万只，同比增长2.5%，累计出栏299.0万只，同比增长8.4%。羊肉产量4.0万吨，同比增长8.8%。

重要农产品保供能力不断提升。国际通用标准认为，人均粮食占有量大于400公斤，意味着该地区粮食基本安全。随着江苏省粮食产量逐年攀升，人均粮食产量逐渐提高。2021年，江苏人均粮食产量为440.4公斤，人均蔬菜和肉类产量分别为688.6公斤和35.8公斤。从表1可以看出，与国内发达省份相比，江苏人均粮食、蔬菜和肉类产量均居前列。

---

① 季宇轩：《明确全年粮食总产量超740亿斤！2022年江苏省委一号文件锚定这些目标》，《扬子晚报》网，https://www.yangtse.com/zncontent/1984056.html。

表1　2021年经济发达省份重要农产品人均产量

单位：公斤/人

指标	山东	浙江	广东	江苏	全国
人均粮食产量	540.9	95.0	100.9	440.4	483.4
人均蔬菜产量	865.4	295.7	304.0	688.6	543.0
人均肉类产量	80.1	15.7	35.6	35.8	62.9
人均水产品产量	80.7	95.7	72.7	58.3	47.4

资料来源：根据2021年国家及各省国民经济和社会发展统计公报资料数据计算整理，人均数据按照地区常住人口计算。

（二）生产条件不断优化

江苏深入实施"藏粮于地、藏粮于技"战略，加大农田水利基础设施建设力度，加快农业产业融合载体的推进步伐，农业生产条件不断优化。

1. 物质装备水平大力提升

2021年，江苏省新建高标准农田390万亩，农作物耕种收综合机械化率已经超过83%，比全国平均水平高出近11个百分点，在全国率先基本实现粮食生产全程机械化。全省有效灌溉面积达423.2万公顷，新增有效灌溉面积0.8万公顷。2022年，江苏省财政将统筹安排高标准农田建设资金53亿元，同比增长146%。高标准农田投资标准提高到每亩3000元，亩均财政投入增幅达71.4%，有力保障2022年完成新建高标准农田400万亩、高效节水灌溉20万亩任务。

2. 产业融合载体层次较高

依托现代农业产业园、示范园、科技园和农高区等，打造新产业、新业态融合发展的有效载体。探索形成产业链延伸型、农业多功能拓展型等产业融合模式，农村一二三产业融合程度提升。培育一批产业融合新样板，具有规模集中连片、主导产业突出、模式绿色生态、优势特色明显等特征。截至2022年7月，江苏累计创建国家现代农业产业园14个，10家产业园创建期满后全部通过国家认定，总数居全国前列。[1]

---

[1] 季宇轩：《总数居全国前列！江苏新增两个国家级农业园区》，《扬子晚报》网，https：//www.yangtse.com/zncontent/1984056.html。

（三）科技水平明显提高

随着大数据与物联网等技术在农业生产中的应用，江苏省农业科技支撑引领作用不断提升，传统农业在现代科技的助力下迈向农业现代化。

1. 加快推进种业科技创新

建立健全重大品种协作攻关和种业创新后补助等创新机制。攻关种质资源创新等关键核心技术，积极实施种业科技创新"揭榜挂帅"重大项目，支持以企业为主体的商业化育种能力提升建设，加快南繁硅谷等种业创新平台建设。具有江苏特色和自主知识产权的新品种被集中攻坚，广泛推广南粳46、南粳9108等优良新品种。2021年底江苏省共保存农业动植物资源6.8万份，占全国的11%。建成农作物良繁基地面积达150万亩，年生产加工能力9亿公斤，主粮作物、主要水产和畜禽品种生产种源基本实现省内保障。

2. 深入开展农产品质量安全建设

坚持品种、品质和基地建设相结合的发展思路，筑牢农产品质量安全的根基。深入推进农产品质量安全示范建设，省级以上农产品质量安全县（市）达到80%。利用数字农业技术，将规模生产经营主体全部纳入省级农产品质量追溯平台管理，实现日常巡查、产品质量追溯和生产经营档案电子化管理等全覆盖。[①] 打造优质农产品标准化生产基地，全省已经拥有绿色农资企业20家，国家级绿色食品原料标准化生产基地42个、面积1288万亩，省级绿色优质农产品生产基地1069个、面积3017万亩。

3. 注重农业绿色科技引领

始终坚持科教兴农战略，大力推进农业科技创新，加快农业科技成果推广。2021年，全省农业科技贡献率达到70.9%，比全国平均水平高出10个百分点。农作物耕种收机械化水平达80%，秸秆综合利用率稳定在95%以上。畜禽粪污综合利用率达到97%，废旧农膜回收率达到88%。建成省、市、县、乡、村五

---

① 《品牌强农，江苏打出"四张牌"》，交汇点客户端百度百家号，https://baijiahao. baidu. com/s? id=1739487636396728224&wfr=spider&for=pc。

级农产品质量安全监管体系。2021 年，全省绿色优质农产品比重达到 64.7%，绿色、有机、地标农产品 5383 个，绿色食品总数首次实现全国第一。①

（四）供需市场基本稳定

江苏农产品供需市场趋于稳定，农产品平均价格温和上涨。受生猪生产者价格大幅下跌等影响，农产品生产者价格整体呈下降趋势。

1. 农产品市场价格温和上涨

从表 2 可以看出，农产品平均价格波动中呈温和上涨趋势，蔬菜价格拉高了整个农产品市场的价格水平。江苏农产品批发市场监测数据显示，2022 年 7 月，江苏农产品市场供需基本平衡，各类农产品批发价格与上年同期相比整体上持平。② 农产品 2 月和 7 月环比涨幅较大，分别为 8.57% 和 8.79%，其他月环比涨跌幅度较小。分品种看，蔬菜市场价格波动较大且上涨趋势明显，5 月环比下跌了 16.72%，7 月却环比上涨了 23.34%。针对蔬菜价格大幅上涨，江苏省主抓蔬菜产销对接和调控保障工作，落实蔬菜等鲜活农产品"绿色通道"政策，降低流通成本。果品市场价格波动周期特征明显，连续每两个月为一个涨跌周期，大涨大跌波动中趋于理性回归；畜禽市场价格整体上趋于小幅上升之势；水产品市场价格小幅波动中基本稳定；粮油市场价格波动中总体上呈现小幅下降趋势。

表 2　2022 年 1~7 月江苏农产品批发市场价格环比涨幅

单位：%

指标	1 月	2 月	3 月	4 月	5 月	6 月	7 月
农产品均价	1.52	8.57	-1.64	-0.05	-2.79	-1.91	8.79
蔬菜	-0.69	7.97	0.75	4.00	-16.72	-4.41	23.34
果品	16.72	19.31	-8.77	-19.24	14.73	13.08	-6.67
畜禽	-0.54	3.44	-3.98	4.87	3.63	-3.75	9.24
水产品	-2.43	14.39	-7.69	-0.24	8.90	-3.26	1.84
粮油	-2.13	0.94	6.79	2.62	-1.45	-6.93	-9.55

资料来源：根据江苏农村经济信息网相关数据资料整理。

---

① 《江苏省部署农产品质量安全监管工作》，《中国食品安全报》2022 年 3 月 24 日。

② 沈佳暄：《7 月，江苏蔬菜、畜禽产品价格显著上涨，水果市场价格有所下降》，新华报业网，http://www.xhby.net/js/sh/202208/t20220819_7665710.shtml。

2.农产品生产者价格略有下降

从表3可以看出，2022年第二季度，江苏省农产品生产者价格走势与全国保持一致，与上年同期相比呈下降趋势。全省农产品生产者价格总水平同比下降了1.9%，比全国下降幅度高出1.2个百分点。其中，饲养动物及其产品生产者价格下降幅度较大，在10.0%及以上。江苏生猪生产者价格同比下降了31.2%，生猪价格大幅下降而引起农产品生产者价格总水平下降了3.1个百分点。若剔除生猪价格对价格总水平的影响，其他农产品生产者价格呈现上升趋势。分品种看，江苏小麦生产者价格上涨幅度最大，达到23.8%；大豆、油料、蔬菜和活家禽生产者价格同比都有不同程度的上涨，稻谷生产者价格同比下降2.6%。

表3　2022年第二季度江苏与全国农产品生产者价格同比涨幅

单位：%

地区	农产品	饲养动物及其产品	生猪	小麦	大豆	稻谷	油料	蔬菜	活家禽
江苏	-1.9	-10.0	-31.2	23.8	4.4	-2.6	12.0	3.7	3.8
全国	-0.7	-11.7	-25.9	17.6	5.4	-1.9	6.4	3.5	1.6

资料来源：根据中国经济网相关数据资料整理。

（五）经营体系日趋完善

江苏积极适应农业生产方式新变化，培育各类新型农业生产经营主体，农业社会化服务体系逐步健全，农业新模式、新业态不断涌现。

1.新型农业经营主体多元并存

新型农业经营主体蓬勃发展。农业生产及服务分工精细化助推新型经营主体发展壮大。新型经营主体在应用新技术、推广新品种、开拓新市场等方面作用重大。截至2021年底，全省纳入名录的家庭农场总数由2019年底的5.3万家增加到17万家左右。省级示范家庭农场评定条件不断优化，构建形成了省市县三级联评制度，累计培育各级示范家庭农场超过1.9万家。农民合作社将近8.5万家，其中，国家级示范社484家。省级以上农业龙头企业907家，其中，国家级农业龙头企业99家。积极培育农业产业化联合体，推动龙头企业联农带农发展，目前全省各类农业产业化联合体超过600个，带动家庭农场、合作社抱团发展。

2. 农业社会化服务水平显著提高

创新农业社会化服务模式，服务效率和效益实现双提升。随着农业经营及服务主体多元化发展，农业社会化服务范围、方式等也在拓展延伸。从代耕托管到喷洒农药，从育秧育种到机收机播，农业社会化服务功能不断提升，有力稳定了农业生产。目前，全省农业社会化服务主体稳定在6.8万个左右，年托管服务面积达到6900多万亩次。推进数字农业创新应用，"数字供销"系统围绕农业生产服务及农产品流通等领域，推动线上线下一体化服务。2022年1~5月，供销系统完成农业社会化服务面积964万亩，同比增长20.1%。[①]

（六）城乡居民收入消费持续稳定增长

在城乡居民收入持续稳定增长的情况下，江苏农村居民收入增长速度高于城镇居民收入增长速度，居民消费支出出现恢复性反弹之势。

1. 城乡居民收入差距进一步缩小

农村居民收入增长势头不减。2022年上半年，江苏省农村居民人均可支配收入为15305元，与上年同期相比增长了5.9%，农民收入保持较快增长，且增长速度高于GDP与城镇居民收入增长速度。江苏城乡居民人均可支配收入比降低，从2013年的2.34∶1降低到2022上半年的2.08∶1，城乡居民收入差距进一步缩小。

---

① 宋晓华：《农业社会化服务的数字化，急不得也慢不得——来自全省现场推进会的调查》，交汇点客户端百度百家号，https：//baijiahao.baidu.com/s？id＝1735778129944629763&wfr＝spider&for＝pc。

2. 城乡居民生活消费恢复性反弹

江苏城乡居民人均生活消费支出呈上升趋势。农村居民人均生活消费支出从 2013 年的 10759 元上升到 2021 年的 21130 元，城镇居民人均生活消费支出从 2013 年的 22262 元上升到 2021 年的 36558 元。从图 1 可以看出，2021 年，城乡居民人均生活消费支出相比 2020 年绝对值增长较大，出现恢复性反弹。从生活消费支出占收入的比例来看，农村与城镇居民收入支出比例发展趋势基本一致，但农村居民收入支出比例近十年一直高于城镇居民，这与农村居民收入相对偏低有较为直接的关系。

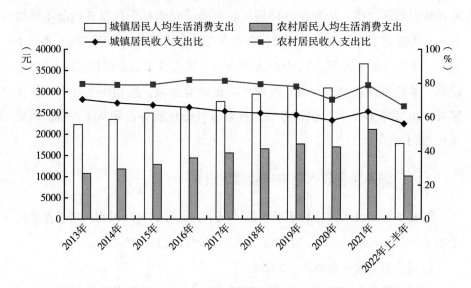

图 1　2013 年至 2022 年上半年江苏城乡居民人均生活消费支出比较

资料来源：根据江苏省统计局网站相关数据资料整理。

二　江苏农业发展面临的机遇挑战

2022 年以来，国内外宏观形势多变，国家经济下行压力大。为落实中央"疫情要防住、经济要稳住、发展要安全"的要求，农业产业保持提质增效的态势，对于稳定全省经济社会安全意义重大。世界百年大变局潜藏危机的同时，也催生新的机遇。江苏省要立足自身实际，扬长避短，主动作为，全力打好农业发展攻坚战，稳步推进乡村全面振兴。

（一）机遇

江苏省农业发展具备了强大的经济技术支撑、迫切的消费转型需求和良好的生产经营基础，为融入国内国外"双循环"以及产业消费"双升级"带来新的机遇。

1.国际贸易格局重塑

全球治理体系进入加速变革期，国际贸易格局正在重构。中国在全球农产品特别是粮食产品中的贸易份额不断增加，在放宽农业准入领域的同时，也参与国外地区的投资、合作与建设。即使在"逆全球化"愈演愈烈的阶段，坚持对外合作、参与国际分工依然是不可阻挡的趋势。构建数字技术赋能和进出口结构优化的合作开放新格局，有利于提高新形势下农业产业链的国际市场抗风险能力。

面对国际贸易市场的新需求，立足江苏省区位条件绝佳、数字技术领先、产品升级较快等优势，可以为江苏省外向型农业带来新的发展契机。

江苏省是外贸大省，"十四五"时期应把握好位于"一带一路"交汇点的空间机遇，与其他各国的资源、技术、市场和能源互补，更好地参与国际竞争。充分利用已有的国家和省级农业对外开放平台，为"走出去"和"引进来"的企业提供优越的政策环境。"十四五"时期，江苏省各部门从上到下出台各类意见，在财税、金融、研发等方面给予大力支持，引领农业投资领域和行业向"高、精、尖"等方向转变。

2.国家高质量发展要求

党的十九大以来，我国乡村振兴与粮食安全、区域协调发展、城乡融合等多重战略相互交融，互为支持。江苏应准确把握我国的农情、粮情以及食情等新动向，推动农业产业高质量发展。而要实现农业大国向农业强国转变，保障国家粮食安全具有极端重要性。需要保持质量和效益优先，提高科技进步贡献率，满足高品质和绿色食品增长的消费结构升级需求。为此，国

家提出了以下应对方向，为江苏从农业大省向农业强省转变提供了新的目标指引。

一是调整农业生产结构。"稳口粮、稳玉米、扩大豆、扩油料"是我国面对国内外市场波动，促进国内粮食稳产保供的重要决策，减少重要农产品的对外依存度。2022年以来江苏省根据自身实际提出了"稳粮稳菜扩油"的方针，推广大豆玉米带状复合种植初见成效。二是提升农业产品质效。以需定产的供给导向逐步明确。促进精深加工和农副产品综合利用，提高"三产"融合程度，完善农业产业链与价值链。打造农民共享产业链增值收益的"三产"融合模式。

3. 省域率先实现农业现代化目标

江苏省农业现代化进程始终走在全国前列，历来是全国城乡收入差距最小的省份之一。江苏省城乡居民恩格尔系数2021年为27.5%，比2012年下降了2.5个百分点，[①] 食品消费结构快速升级。向现代农业转型就是要保障农业农村优先发展，加快资金、技术、土地、劳动力等要素的城乡双向流动。

在农业农村现代化领域率先垂范，是中央对江苏省的一贯要求，也是江苏省自我加压、走在前列的主动行为。

江苏省要始终把握和引领先机，一方面，为满足城乡居民消费的个性化、多样化、高品质化需求，以"大食物观"，加速农业产业结构优化，增强农产品国际国内竞争力；另一方面，为实现绿色可持续发展，在种业研发、数字新基建、生态技术等方面取得突破，健全重要农产品应急预警与农业减排碳汇机制，更好地应对自然与市场风险。适应新形势，释放发展潜能，占领新高地，致力于新旧动能转换。

（二）挑战

农业产业事关经济安全、政治安全与社会的和谐稳定。新冠肺炎疫情及

---

① 沈佳暄：《共谋"百姓富"，描绘"幸福江苏"新画卷》，《新华日报》电子版，http://
xh. xhby. net/pc/con/202208/31/content_ 1104814. html。

俄乌战争的长期影响、国家农产品结构失衡和市场波动以及江苏省农业产业实力不强等挑战依然存在。

1. 国际局势动荡

全球新冠肺炎疫情蔓延、俄乌战争等引发新的国际地缘政治风险，贸易保护主义和单边主义急速强化。各国对农产品海外风险管控提出了更高的要求。国外对我国和江苏省农产品的需求正在减退，外贸形势不容乐观，不确定因素增多。

一是市场主体替代效应明显。周边发展中国家土地和劳动力成本更低，对江苏省同类出口的水、海产品，园艺蔬菜等劳动密集型农产品形成了明显替代效应。"走出去"企业因疫情及投资国家通胀等因素，人流、物流受阻，经营成本增加，生存压力加大，而投资江苏省的国家也受到本国及其他国家更优惠的投资政策和营商环境的影响而选择回流。

二是产品竞争力不强。江苏省农产品原材料出口较多，精深加工、高附加值及具有品牌的农产品出口较少。近年来小麦、玉米、大米等主要原料型出口农产品的价格超过国际市场，国内外农产品价格倒挂的趋势难以缓解，国际竞争力进一步削弱。不少国家为了食品安全设置"绿色壁垒"，检验检疫标准超过国内标准，导致出口受阻。

2. 国内短板约束

我国农业资源短缺，产品和要素市场失衡、科技转化率低、增产不增收等现状不容回避。种粮收益下降、劳动力与土地及农资成本居高不下、数量质量不匹配、地区结构性难题有待解决。江苏省存在同样的发展困境。

一是农资及要素市场不稳。第三次国土调查数据显示，与"二调"时期相比，我国减少了1.13亿亩耕地，近十年持续减少。耕地非农化、非粮化现象仍然存在，水资源在粮食主产区分布失衡的现象有所加剧。农业用地难、用人难、融资难等问题仍未得到根本性解决。农资与劳动力价格居高不下、农产品价格波动较大，市场与自然风险叠加。

二是技术及效益水平不高。我国农业科技进步贡献率达到60.7%，科

技成果转化率仅为30%~40%，对比发达国家70%~80%的水平仍有不小的差距。特别是在种业、装备等重要环节的自主创新能力不强，"卡脖子"技术有待突破。绿色优质农产品不优价、生鲜食品"卖难"与"买贵"现象并存，农业经营者增收不确定性因素增多。

3.省区实力不强

江苏省是农业大省，但还不是农业强省。同时又是人口大省和资源小省。以粮食为代表的食物供需结构不合理，资源环境承载力有限。"吃饭"、"建设"与"生态"之间的矛盾始终存在，农业产业的现代化水平有待提高。

一是粮食及重要农产品保供处于紧平衡状态。江苏省饲料及工业用粮、高品质农产品供需缺口较大，需要通过进口和省外购进的方式解决。生产布局结构持续北移，苏北农产品产量占全省2/3左右。第三次国土调查公报显示，全省耕地面积仅占全国总量的3.2%。水土资源及环境压力加大，尤其是耕地后备资源和生态预留空间紧张。

二是农业全产业链建设和供应水平不高。江苏省农业企业数量多，但体量和类型不足。全省超百亿元的经营主体生产加工类企业较少，主要集中在市场流通类企业，农业类上市企业也较少。全国知名的农产品品牌不多。产业链条较短，仍以原材料供应为主，农产品精深加工不够。特别是智慧农业、旅游农业等新业态仍处于成长阶段。

三　江苏农业发展趋势预测

江苏省坚持把农业农村现代化建设走在前列的要求，分解落实到具体的发展措施和目标上，力争实现农业生产质的稳步提升与量的合理增长。因此，有理由对2023年和未来江苏农业发展趋势持有较为乐观的预期。

遵循"保供给、稳预期、促增收"的总体基调，以近年来江苏农业经济发展指标的时间趋势为基础，结合2022年上半年经济社会运行现实状况以及"十四五"时期农业经济增长速度与发展目标等，设定不同的增长方案情景，运用灰色理论预测模型，采取定性与定量相结合的方式，对江苏2023年农业发展进行预测，并展望2035年前江苏农业发展走势与发展愿景。

（一）经济产值保持增长态势

2023年，江苏农业经济运行情况在一定程度上会好于2022年，短期内向常态化增长回归。预计农林牧渔业总产值稳定在9225亿元以上，第一产业增加值增长速度在4.3%左右，增加值达到5201亿元。

上述结论，主要基于以下判断。一是2022年上半年农业产业增长速度明显高于其他产业。全省第一产业增加值分别比第二产业、第三产业增加值增长率高出3.6个百分点和3.3个百分点。二是农林牧渔业总产值增长速度逐渐放缓。根据近年来农业生产时间序列的演变趋势，"十一五"、"十二五"与"十三五"三个五年期，农业总产值年均实际增长速度分别为4.15%、3.27%和1.47%。三是各级政府"稳增长"的决心和应对措施为农业经济的发展提供了重要支撑。全省坚定"稳字当头"信心不动摇，财政支农力度持续加大，坚持做到"以旬保月、以月保季"，全力打好稳经济大盘攻坚战，确保经济基本运行在合理区间。[①]

展望2035年，江苏农业现代化与新型工业化、信息化、城镇化基本同步，在全国率先基本实现农业农村现代化。长期来看，在农业科技推动下，江苏农业全要素生产率、土地产出率及农业劳动生产率将得到较大提升，农业生产将会呈现平稳中持续小幅增长的态势。从图2可以看出，2035年，江苏农林牧渔业总产值预计将会达到11324.99亿元，第一产业增加值预计保持在6644亿元以上。

---

① 石小磊：《下半年江苏如何加快复苏稳增长？稳字当头稳中求进，奋力完成全年目标任务》，《扬子晚报》百度百家号，https：//baijiahao.baidu.com/s？id=17395146590584018 33&wfr=spider&for=pc。

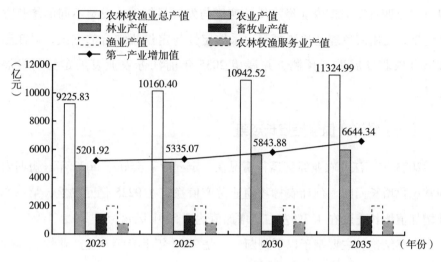

图2　2023～2035年江苏农业各项产值及增加值预测

资料来源：根据江苏省统计局网站现有数据，通过灰色理论模型计算所得。

（二）粮食生产有望再创新高

预计2023年，江苏粮食播种面积将会继续保持稳定，全省粮食生产总量可能达到3805万吨。

以上结论，主要基于以下判断：作为粮食主产省的江苏，粮食生产既是工作任务，更是政治责任。不仅得端稳全省8500多万人的饭碗，尤其是当今疫情形势下更得为国家粮食安全做出应有的贡献。首先，必须确保粮食播种面积绝对稳定。通过种植结构调整、减少轮作休耕面积和土地整治复垦等措施保障粮食播种面积的稳定性。其次，综合施策提升农民种粮积极性。稻谷、小麦、玉米和大豆等农产品市场价格相对高位运行，以及江苏三大粮食作物完全成本保险产粮大县全覆盖等刺激政策，保护和调动了农民种粮积极性。但同时也应看到，粮食等种植业生产依然面临诸多制约，单产水平短期内增长的难度越来越大，加上农业生产投入品价格较高、土地租金走高等因素挤压种粮效益空间。在较高起点上维持粮食稳定生产的任务十分艰巨，短期内保持小幅增长同样困难。

从长期发展趋势看，粮食生产能力还有较大的上升空间。目前江苏稻谷单产水平已达到甚至略超农业发达国家单产水平，小麦和玉米等粮食单产水平还有较大的提升空间。2035 年，预计粮食生产总量有望达到 4288 万吨。

（三）重要农产品生产能力稳定可控

预计 2023 年，江苏蔬菜、肉类和水产品等重要农产品的产量基本保持稳定，分别将会达到 5901.52 万吨、279.22 万吨和 488.71 万吨。

基于《江苏省"十四五"全面推进乡村振兴加快农业农村现代化规划》中提出的 2025 年发展目标，江苏蔬菜播种面积将稳定在 2000 万亩以上，产量保持在 5500 万吨以上；肉类总产量达到 300 万吨，水产品产量保持在 480 万吨以上。对照江苏 2021 年实际生产情况，蔬菜、肉类和水产品的生产量已达到 5856.6 万吨、304.1 万吨和 495.5 万吨。因此，即使未来仍有新冠肺炎疫情隔离与封闭等突发性事件，江苏重要农产品的生产能力也基本稳定可控，完全可以应对区域内的生产与保供压力。

忽略重大疫情等突发事件影响，随着农产品市场价格周期波动，江苏肉类价格波动幅度趋窄，蔬菜产量基本会稳定在目前的生产水平上小幅增加，但肉类和水产品产量会在目前的生产水平上下波动。基于"十三五"以来，江苏省重要农产品生产总量基本走势、未来居民人口规模、膳食结构优化升级以及长江十年禁渔政策等影响因素的综合判断，预计 2035 年，蔬菜、肉类和水产品生产量将会达到 6609.78 万吨、262.54 万吨和 485.81 万吨。

（四）农民收入预期达到既定目标

预计 2023 年，江苏农村居民的工资性收入稳定不减，经营性收入小幅增长，全省农民人均可支配收入将会达到 28400 元。

以上结论，主要基于以下判断：2022 年上半年，江苏农村居民人均可支配收入增长速度，高于城镇居民人均可支配收入增长速度及国民经济增长速度。各级政府不断加大援企稳岗力度，支持农村居民多渠道灵活就业创业，就业形势总体稳定。考虑到目前处于恢复性增长阶段，农村居民外出就业受疫情影响较大，但乡村振兴战略项目实施可能会给农民提供本地就业机会，农村居民工资性收入将会保持不减的趋势。另外，在国际农产品价格普遍上涨的背景下，国内多数农产品价格也会持续呈上涨态势，农产品价格上涨并继续高位波动运行会助推农民经营性收入持续增长。但乡村旅游、休闲农业以及民宿等相关产业市场低迷，农民此类收入将受到较大影响。总的来看，短期内要适当调低农民收入增长预期，未来需要更有针对性的支持政策来保障农民收入增长。

从图3可以看出，"十三五"时期，除2020年受疫情影响农民收入增幅为6.7%以外，其他年份增长幅度均高于8.0%。虽然疫情仍在继续，经济发展面临多重压力，外部环境不确定性增大，但综合考虑乡村全面振兴力度加大、城乡深度融合等措施持续推动，到2030年，江苏农民收入十年倍增计划有信心如期完成，预计人均可支配收入将会达到48649元，2035年，农民人均可支配收入有望达到60302元。

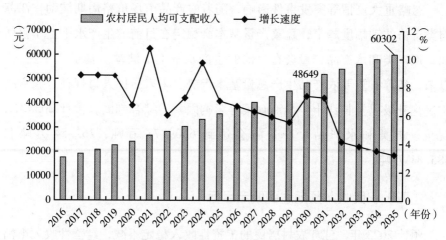

图3 江苏农民人均可支配收入时间序列预测（2016~2035年）

资料来源：根据江苏省统计局网站现有数据，通过灰色理论模型计算所得。

四 江苏省农业高质量发展路径及建议

习近平总书记关于高质量发展的重要论述，为推进农业高质量发展指明了方向。他在党的二十大报告中强调，全面推进农业农村现代化是实现中国式现代化的必然选择。"更快、更高、更强"是江苏省一贯的自我要求。把握工作主线，明确发展目标，找准发展路径，秉持"农业向好则全局主动"的方针，为农业高质量发展和率先实现农业现代化提供宝贵的"江苏方案"。

（一）高质量发展思路

根据国际经验，工业化中后期农业政策的目标转向城乡融合、农民增收与环境保护等方面，农业对国家的作用表现为促进稳定和发展的长期贡献。① 农业高质量发展是建成农业现代化的必由之路。应以长短期结合的思路，梳理分阶段、分时期的重点目标和任务。

1. 发展目标

一是提高"两率"。江苏省率先进入现代化后半程，农业现代化战略重心转移，农业高质量发展的导向也在变化。应确立大幅度提高农业劳动生产率和全要素生产率的目标，实现农业内部的富民增收。通过内涵式、集约化的经营方式，让新型农业经营主体获得与二三产业相当的收益，重视和依赖技术进步、主动推广和应用先进生产力。

二是助力"双碳"。"碳达峰"和"碳中和"目标已经纳入经济社会发展全局，达成全球共识。农业历来是减排固碳的重要领域，也为江苏省"双碳"转型预留了时间和空间。坚持农业生产绿色发展，充分发挥碳汇功能，探索"减污降碳协同增效"的新形态。大力发展低碳农业，增强农业

---

① 全世文：《论农业政策的演进逻辑——兼论中国农业转型的关键问题与潜在风险》，《中国农村经济》2022年第2期。

自身应对气候变化的韧性，是江苏省农业发展的责任和方向。

三是加速"循环"。在促进国际国内双循环的过程中，国内农村市场蕴藏着强大的内需潜力。与其他地区相比，江苏城乡居民收入和消费水平较高，文化素质及接受新事物的能力较强，对于高品质农产品和高质量生活的追求更加迫切。为智慧农业、电商营销等新业态以及旅游休闲等新的生活方式提供了广阔的消费和增值空间。

2. 总体思路

深入贯彻党的"二十大"精神，以建设农业强省为根本目标，大力提升农业现代化水平。把粮食安全作为国家安全的重要基础，以"大食物观"优化调整农业产业布局。立足农业多功能性，推动科技兴农，提供更多优质农产品。加快农业结构的高价值与绿色转型，建成具有国际竞争力的农业产业经济，构筑预警可控的安全保障体系，让广大农业劳动者过上体面的生活。

就近期而言，应着力增加绿色优质农产品供给。关注质量提升，加强科技创新，提高育种、绿色耕种等技术对生产力的促进作用。实现供需有效衔接，稳定民生价格，满足丰富的食物消费需求。建成一体化全产业链发展模式，畅通各类流通销售渠道，大力提高农业效益和附加值。进一步调整区域优质农产品布局，提高特色产品集聚程度。

就中长期而言，率先建成现代化农业产业体系。构建绿色、低碳、可持续的"大农业"发展格局。大力提高农业劳动生产率，促进各类农业经营主体走上共同富裕之路。依托大数据、信息化手段，建成智慧型生态农业，破解资源环境约束难题，规避各类风险。彰显粮食安全、生态安全与能力安全"三位一体"的多功能性。

（二）高质量发展路径

江苏省农业产业站在了新的历史起点，具有崭新的功能定位和前景预期。通过改善农业基础设施、建立重要农产品保障体系、实现三次产业深度融合、促进农业经营主体共同富裕、构筑生态安全防线、探索切实可行的支持体系等路径，推动现代农业高质量发展迈上新台阶。

1. 提高设施水平，促进持续发展

以创新理念提供新的驱动力。用先进技术提高基础设施质量，既要确保短期的实际产能和效益，又要考虑长远的生产潜能与储备。

一是提高高标准农田质量，提升良种自主化、机械完备化水平。深入实施"藏粮于地、藏粮于技"战略。严守耕地红线，提高耕地质量。加大高标准农田投入力度，以建设"吨粮田"标准，完善田间排灌和生态防护工程。江苏省要打造全国一流的重大农业技术研发平台，在高端机械、设施农业、良种培育等方面聚力攻关。充分利用江苏省科技研发力量雄厚的优势，全力实施科技强农，率先在种业自主研发和新型机械装备研发等方面取得突破。保护好本土品种和地区适宜性装备，对现有品种及装备进行改良升级。推进农机、农技、农艺在种植养殖等领域的配套融合，为农产品具有长短期供应储备的转化能力而做足准备。完善产销与城乡对接的物流冷链设施及网络化布局。

二是广泛应用智能化、信息化、数字化技术。建议以"苏农云"大数据平台为载体，加强现代农业全领域的深度融合。推进物联网技术应用，健全以追溯为纽带的各类农产品全程大数据管理模式，强化"以销促管"的农产品质量安全监管。提升农业机械的智能化水平，推广建设"无人化"示范农场。对江苏省农产品电商销售及消费情况进行监测分析，提高对农业电商的宏观指导能力。推动农业社会化服务组织开展"云服务"，实现智能对接与远程监管。

2. 保障产品供给，满足膳食需求

以开放理念提高农业竞争力。以消费需求为引导，提升高质量农产品竞争力，优化农产品进出口结构，满足数量、营养与外贸要求。

一是保障粮食谷物自给，优化其他产品结构。对口粮和生猪、蔬菜等重要农产品，以比较优势和防范风险为原则，划定稳产保供底线，完善应对紧急事件的调控预案。稳定农产品和农资市场价格，保持温和可控的物价水平，让经营者和消费者持有信心及合理预期。调整大豆、油料作物播种面积和比例，稳固生猪的基础性生产能力。建议推动蔬菜鲜果、水产禽畜、蛋奶

苗木等农产品集群集聚发展。

二是提高优质农产品数量，优化农产品贸易结构。顺应消费升级潮流，加速膳食结构升级，促进食物均衡消费。建议尽快形成以需定产，促成高值、高效、个性、特色农业发展的新态势。培育农产品对外贸易新优势，加强跨境进出口冷链建设，依托现有出口农产品基地，打造出口行业标杆。引导龙头企业跨境发展，拓宽对外合作交流领域，提高利用外资质量。

3. 加快产业融合，提高增值收益

以协调理念推动三产融合。推动农业与二三产业交叉重组，促进全产业链的补链和强链，实现价值链的中高端跃升，加快形成现代化产业体系。

一是提高现代农业效益。打造高端"苏"字农产品品牌，使其享誉长三角地区乃至全国。在精深加工及副食品综合利用上集中发力，提高农产品附加值和美誉度。推进农业生产、加工、销售、流通等各环节无障碍联通，实现农产品多种形式的开发与利用。农业全产业链在物流、服务等环节更加健全，建立起区域性更高级别的全产业链综合性服务中心，着力打造完善行业重点产业链。

二是促进新型业态发展。以产业融合先导区示范融合新业态，整合地区资源力量，进行标准化、集约化及绿色化模式探索，带动乡村产业振兴。创新"冷链物流+"模式，突破生鲜食品生产加工与销售的时空地域限制，降低流通损耗，提高产品品质和消费者体验。创新"数字+"模式，实现数字技术的跨界配置，拓宽电商渠道，发展视频电商、内容电商、社交电商等，推广休闲农业的"线上云游"无接触模式。

4. 致力主体增收，推动共同富裕

以共享理念实现共同富裕。注重乡村留守群体与新型经营主体的利益联结及产业带动。让新技术、新理念、新业态赋能广大从业者。

一是加快小农户与现代农业衔接。壮大新型农业经营主体，建成完善的生产性社会化服务体系。多渠道建立各类主体与普通小农的利益联结机制。① 规范

---

① 张合成：《推进新时代农业高质量发展》，《中国党政干部论坛》2022 年第 6 期。

股份分红、溢价分红、打工工资以及项目分红等各种收益权。让小农户与大户、家庭农场、合作社及企业、各种联盟凝聚成风险共担、利益共享的共同体。以"全程机械化+综合农事"服务，减轻小农户人力作业负担，共享现代化的生产生活。

二是注重人力资本提升。广泛开展创新、创业培训，针对新业态、新模式提供系统培训课程。采取"线上+线下""课堂+实践"等灵活有效的方式，普及数字农业知识，在电商营销、智能农机、休闲旅游等方面培养新生代农民的生产经营能力。建议在税收、用地、用电等方面给予实际优惠，吸引有能力、有想法的有识之士返乡创业就业，用新的经营理念和生产经验主动适应各行业的升级换代。

5. 注重生态保护，筑牢安全防线

以绿色理念促进生态功能与经济功能统一。挖掘农业自然再生产和经济再生产的双重属性。[1] 强化底线意识，倒逼农业环境及农产品质量的绿色转型。

一是充分彰显农业生态功能。注重耕地数量、质量、生态"三位一体"保护，摸清江苏土壤质量家底。坚守生态保护红线，探索适合本省节约水土资源的立体农业模式。探索完善生态产品价值实现机制，加强生态资产核算，以生态补偿、排放权交易等制度，切实保护湿地、海洋、森林等在内的"大农业"生态资源。拓展农业生态涵养功能，争取早日在生态循环农业试点示范项目上形成推广经验。

二是全面保障产品质量安全。在减肥控药、有机肥替代、废弃物资源化利用等绿色低碳技术研发方面取得明显进展。以打造农产品质量安全示范省为抓手，探索全程标准化体系与全域农业绿色生产示范区建设。试行绿色种养技术和农业废弃物回收管理在全省范围的推广应用。以市场绿色机制为引导，建立"优质优价"的通行认证机制及消费者信用评价体系，推行食用农产品合格证准入制度。

---

[1]　黄祖辉：《以新发展理念引领农业高质量发展》，《农村工作通讯》2021年第5期。

6. 构建支持体系，进行精准管理

以优先理念保障农业发展。综合运用财政金融、评价考核等政策工具，让政府管理更加有效、市场机制更有活力，建立起精准化政策保障体系。

一是财政金融优先投入。"以奖代补""先建后补"等方式因审批灵活、资金足额到位等优点，实施成效显著。保持财政资金投入体量，逐年稳定增长，带动各类社会资本共同参与，聚焦农业"急难愁盼"的关键领域。种粮及耕地保护各环节的补贴应及时到位，随行就市不断提高。扩大重要农产品的保险范围和赔付比例。鼓励金融机构设立专属产品、联合出台支持政策，为农业经营主体解难纾困。

二是管理服务提质增效。持续探索农业全产业链及重大项目一体化管理机制。在农产品信息发布、检测预警、高标准农田建设等方面由同一部门负责建设、管理、维护的全过程。注重各类规划衔接，避免出现新的规划冲突和投资浪费。集成绩效评价系统的权威性，减少各部门重复性、交叉性考核。建立合理的容错试错机制，让广大基层干部放下思想包袱，敢闯敢干。

参考文献

[1] 仇焕广、雷馨圆、冷淦潇等：《新时期中国粮食安全的理论辨析》，《中国农村经济》2022 年第 7 期。

[2] 周应恒、王善高、严斌剑：《中国食物系统的结构、演化与展望》，《农业经济问题》2022 年第 1 期。

[3] 黄季焜：《对近期与中长期中国粮食安全的再认识》，《农业经济问题》2021 年第 1 期。

[4] 黄季焜、胡瑞法、易红梅等：《面向 2050 年我国农业发展愿景与对策研究》，《中国工程科学》2022 年第 1 期。

[5] 魏后凯、杜志雄主编《中国农村发展报告——面向 2035 年的农业农村现代化》，中国社会科学出版社，2021。

[6] 周力主编《江苏农村发展报告（2022）》，社会科学文献出版社，2022。

B.5
江苏服务业发展形势分析与展望

侯祥鹏*

摘　要： 2022 年，虽然受到全球多重不确定因素和国内疫情防控的不利
　　　　　影响，但江苏服务业整体上仍缓中趋稳，呈现出较为明显的恢复
　　　　　性发展态势，其中物流业发展韧性较强，旅游业受疫情拖累明
　　　　　显。江苏服务业在政策纾困惠企惠民、新业态新模式涌现、数字
　　　　　经济发展潜力释放等方面呈现出新特点，但是在行业开放准入、
　　　　　市场主体培育、两业深度融合等方面仍有待进一步加大发展力
　　　　　度。未来，受惠于国家战略机遇、政府政策推动和新技术新模式
　　　　　的广泛应用，江苏服务业仍大有可为，可从落实相关规划、持续
　　　　　政策扶持、扩大开放水平、分类施策发展和涵养营商环境等方面
　　　　　推动服务业高质量发展。

关键词： 江苏　服务业　恢复性发展　高质量发展

一　江苏服务业发展面临的国内外环境

（一）国际环境

全球通胀持续升高，新冠肺炎疫情交织乌克兰危机深入演化，全球经
济复苏趋缓。自 2021 年下半年全球通胀出现抬头迹象以来，高通胀愈演

---

* 侯祥鹏，江苏省社会科学院经济研究所研究员。

愈烈。国际货币基金组织对 2022 年全球通胀的预测值不断抬高，2022 年 1 月预计发达经济体的通胀将达到 3.9%，新兴市场和发展中国家将达到 5.9%，4 月二者被分别上调至 5.7% 和 8.7%，7 月再度被分别上调至 6.6% 和 9.5%，10 月预计全球通胀水平从 2021 年的 4.7% 上升到 2022 年的 8.8%。① 而新冠肺炎疫情持续蔓延将对经济增长、社会福祉等构成新的挑战。联合国开发计划署发布的《2021/2022 年人类发展报告》显示，几乎所有国家在新冠肺炎疫情暴发的第一年就出现了人类发展的逆转，2021 年全球人类发展指数首次出现连续两年下降的情况，2021 年中低人类发展指数国家的人类发展指数相比于 2020 年，从 82.9% 下降至 59.2%，高人类发展指数国家从 87.8% 下降至 61.2%，极高人类发展指数国家从 90.9% 下降至 33.3%，人类发展已倒退至 2016 年的水平。此外，俄乌冲突还将拖累经济增长并加剧通胀，与此同时，全球金融市场持续动荡，全球投资萎缩，供应链不稳定，保护主义措施抬头以及其他国际贸易壁垒增多，全球经济面临更多的不稳定性和不确定性，经济前景越发暗淡。据国际货币基金组织 2022 年 10 月发布的数据，2022 年和 2023 年全球经济增速预计分别为 3.2% 和 2.7%，分别比 2022 年 1 月预测值下调了 1.2 和 1.1 个百分点。如果通胀进一步上升，全球公共卫生风险和地缘政治分裂风险加剧，全球增速在 2022 年和 2023 年分别下降至约 2.6% 和 2.0%，这将是 1970 年以来全球经济增长率处于最低第 10 百分位水平的两年。另联合国贸发会议 10 月发布的《2022 年贸易与发展报告》，预测 2022 年全球经济将增长 2.5%，2023 年将放缓至 2.2%，全球有可能陷入经济衰退和长期的经济停滞。② 全球经济低迷、海外市场需求收缩将会拖累我国出口，恶化江苏服务业发展的国际环境，削弱外部需求与供给，对江苏服务业发展形成不小的负面压力。

---

① 国际货币基金组织：《世界经济展望》2022 年 1 月版、2022 年 4 月版、2022 年 7 月版。

② "Trade and Development Report 2022: Development Prospects in a Fractured World", UNCTAD, October, 2022.

（二）国内环境

尽管全球经济面临的不稳定性、不确定性因素增多，但中国依然得到跨国公司的青睐。据商务部报告，当前，尽管全球供应链进入新一轮重构期，但决定全球供应链格局的核心逻辑并没有改变，中国仍是跨国公司全球投资的重要目的地。这是因为中国做到了"疫情要防住、经济要稳住、发展要安全"，高效统筹疫情防控和经济社会发展工作，统筹发展和安全，在高质量发展中赢得了历史主动。一方面，新冠肺炎疫情多点散发，影响仍将持续。全国各地各部门按照党中央和习近平总书记的指示要求，始终坚持人民至上、生命至上，坚持外防输入、内防反弹，坚持科学精准、动态清零，最大限度保护人民生命安全和身体健康，最大限度减少疫情对经济社会发展的影响，筑起一道保护生命安全、保障经济发展的疫情防控屏障。另一方面，各地区各部门稳步推进复工复产，加快出台和落实宏观、微观、结构、科技、改革开放、区域、社会等一揽子政策，加快释放政策效能，国民经济延续恢复发展态势。从2022年前三季度国民经济运行情况来看，生产需求稳中有升，就业物价总体稳定，多数指标趋好，特别是服务业持续恢复，全国服务业生产指数累计同比增长0.1%，其中，7月、8月和9月服务业生产指数同比增长率分别为0.6%、1.8%和1.3%。全国经济恢复发展态势特别是加快形成以国内大循环为主体、国内国际双循环相互促进的新发展格局迈出新步伐，为江苏服务业发展创造了良好的外部环境，防疫、生产两不误带来了江苏服务业恢复性增长。

二 江苏服务业发展形势分析

（一）运行情况

1.服务业整体缓中趋稳，恢复性发展态势明显

在全省上下全面落实稳经济一揽子政策措施、大力推动企业复工复产的背景下，服务业发展态势稳步向好，2022年前三季度全省服务业增加值

45872.1 亿元，同比增长 1.7%，服务业增加值占 GDP 比重为 51.7%。其中金融业主要指标增速稳步提升，实现生产总值 7516.5 亿元，同比增长 7.5%，交通运输、仓储和邮政业，住宿和餐饮业，房地产业实现生产总值同比降幅趋于收窄（见表 1）。

表 1　2022 年 1~9 月江苏省各行业生产总值及同比增长率

单位：亿元，%

行业	1~3月		1~6月		1~9月	
	绝对量	同比增长	绝对量	同比增长	绝对量	同比增长
全省	27859.04	4.6	56909.1	1.6	88652.7	2.3
第一产业	593.32	3.1	1652.6	4.9	2692.1	3.5
第二产业	12285.24	5.3	25868.6	1.3	40088.5	2.8
第三产业	14980.48	4	29387.9	1.6	45872.1	1.7
批发和零售业	3038.94	3.7	6145.8	0.8	9699.3	0.5
交通运输、仓储和邮政业	777.98	7.8	1500.3	-9.9	2424.9	-6.6
住宿和餐饮业	314.79	-5.4	646.3	-6.8	1050.6	-6.2
金融业	2479.85	5.9	4908.9	8.3	7516.5	7.5
房地产业	2152.04	-6.9	4261.9	-10.4	6553.0	-9.7
其他服务业	6140.42	7.7	11755.9	6.2	18351.6	5.6

资料来源：根据江苏省统计局网站数据整理。

从服务业营业收入来看，2022 年 1~9 月，全省规模以上服务业营业收入同比增长 6.8%，比前两季度提高 2.7 个百分点。其中，增长较快的行业是：科学研究和技术服务业同比增长 12.0%，信息传输、软件和信息技术服务业同比增长 11.5%，居民服务、修理和其他服务业同比增长 7.5%，租赁和商务服务业同比增长 7.4%。同时，水利、环境和公共设施管理业营业收入同比降幅趋于收窄，文化、体育和娱乐业营业收入逆转连续多月下降趋势，同比增速转负为正（见表 2）。这也意味着江苏服务业企业生产经营正在逐步恢复。

表2　2022年1~9月江苏省规模以上服务业营业收入同比增速

单位：%

行业	1~2月	1~3月	1~4月	1~5月	1~6月	1~7月	1~8月	1~9月
服务业	13.4	8.0	4.1	5.2	4.1	4.1	6.5	6.8
交通运输、仓储和邮政业	14.5	6.9	2.1	1.8	2.0	2.7	4.9	4.9
信息传输、软件和信息技术服务业	17.2	16.1	13.9	13.7	12.2	11.4	11.6	11.5
租赁和商务服务业	12.5	6.3	1.6	4.7	2.0	1.8	7.2	7.4
科学研究和技术服务业	16.4	12.5	10.1	14.0	10.4	10.1	11.9	12.0
水利、环境和公共设施管理业	-0.3	-10.3	-21.1	-23.0	-21.0	-20.6	-19.5	-12.0
居民服务、修理和其他服务业	15.3	4.2	0.9	3.4	2.0	3.2	6.4	7.5
文化、体育和娱乐业	9.5	-0.6	-7.0	-4.6	-5.2	-3.8	3	1.7

资料来源：根据江苏省统计局网站数据整理。

从固定资产投资来看，2022年1~9月，与全省固定资产投资同比增长3.5%形成鲜明对比的是，全省服务业固定资产投资同比下降1.1%，但这种下降主要受制于传统服务业、公共服务业以及房地产业固定资产投资下降的影响，如批发和零售业固定资产投资额同比下降29.3%，居民服务和其他服务业固定资产投资额同比下降10.1%，水利、环境和公共设施管理业固定资产投资额同比下降8.1%。随着疫情常态化防控时期社会需求的逐渐复苏，传统服务业、公共服务业的固定资产投资有望回升。高技术生产性服务业固定资产投资额同比增长19.5%，其中，金融业固定资产投资额同比增长10.1%，金属制品、机械和设备修理业固定资产投资额同比增长44.8%，交通运输、仓储和邮政业固定资产投资额也扭转下降势头，实现同比增长20.8%，特别是信息传输、软件和信息技术服务业和科学研究、技术服务业固定资产投资额一直保持两位数的增长，2022年1~9月分别增长26.4%和30.2%。这将进一步增强高技术服务业的韧性，稳固生产性服务业的支撑作用（见表3）。

表3　2022年1~9月江苏省服务业固定资产投资同比增速

单位：%

行业	1~2月	1~3月	1~4月	1~5月	1~6月	1~7月	1~8月	1~9月
服务业	2.2	-0.3	-3.6	-2.5	-1.6	-1.3	-1.8	-1.1
农、林、牧、渔专业及辅助性活动	-6.9	-19.7	-10.9	-8.5		18.4	6.4	8.6
金属制品、机械和设备修理业	63.9	3.1	137.6	123.4		62.5	43.1	44.8
批发和零售业	-19.3	-12.6	-21.2	-20.6		-18.2	-24.1	-29.3
交通运输、仓储和邮政业	-23.2	-18.1	-14.7	14.3		20.1	17	20.8
住宿和餐饮业	4.5	11.1	10.1	8.2		6.9	4.4	10.2
信息传输、软件和信息技术服务业	78.5	39.5	22.8	15.7		16.9	23.9	26.4
金融业	12.7	-10.7	-21.5	-34		11.7	11.7	10.1
房地产业	0.9	-2	-4.3	-4.6	—	-5.9	-6.1	-5.1
租赁和商务服务业	4	4.5	2.1	-6.2		4.7	5.7	5.2
科学研究、技术服务业	33.4	33.6	33.2	22.5		24.2	33	30.2
水利、环境和公共设施管理业	-1.2	-1.1	-9.5	-11.9		-7.9	-6.8	-8.1
居民服务和其他服务业	5.8	-18.8	-21.2	-26.8		-16.2	-22.1	-10.1
教育	50.4	24.3	4.9	0.8		7.6	1.3	-0.1
卫生和社会工作	42.1	42.8	25.3	27.5		37.9	25.9	26.9
文化、体育和娱乐业	9.6	10.3	5.5	2.3		14.7	0.1	-1.4
公共管理、社会保障和社会组织	38.4	-3	4.7	-3.5		15	-3.2	-8.4

资料来源：根据江苏省统计局网站数据整理。

　　物流业和旅游业既是综合性服务行业，也分别是生产性服务业和生活性服务业的典型行业，在经济社会运行中发挥着重要作用。这两个行业也是受新冠肺炎疫情影响最大的行业，这两个行业的发展态势在一定程度上表征了江苏服务业发展的韧性与前景。

　　2.物流业发展韧性较强，新业态新模式加速涌现

　　虽然物流业发展受到新冠肺炎疫情的极大干扰，但从物流业景气指数来看，基本在50%上下波动，与新冠肺炎疫情突袭而至前的水平基本持平，显示出了较强的韧性（见图1）。2022年6月中国物流业景气指数为52.1%，显示出市场供需两端业务活动趋于活跃。受气候干旱和部分地区疫情反复影响，7月和8月指数有所回落，分别为48.6%和46.3%。9月和10月的指数仍然处于起伏波动状态，分别为 50.6% 和 48.8%，随着一揽子稳经济政策和新出台接续政策等组合利好影响，物流业将逐步趋于活跃，有望恢复至较好水平。

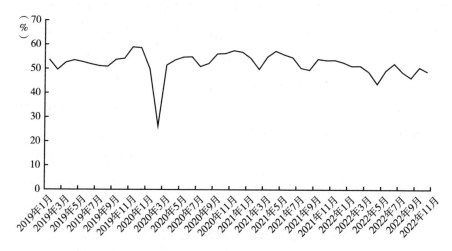

图1 中国物流业景气指数（2019年1月至2022年11月）

资料来源：根据中国物流与采购联合会网站数据整理。

江苏是物流业大省，濒江临海，铁路大动脉横穿境内，干线公路和内河航道如毛细血管般遍布全省，区位优势显著，产业基础雄厚，居民需求巨大，物流业发展有得天独厚的优势。随着全国复工复产稳步推进和物流业的复苏，江苏物流业发展也逐渐驶入快车道。2022年上半年，全省公铁水空累计完成综合货运量 14.1 亿吨，同比增长 14.8%；累计完成集装箱吞吐量 1053.2 万标准箱，同比增长 20.2%。①江苏物流业重上快车道，有赖于物流基础设施建设发力、快递行业快速复苏和物流企业创新发展。

物流基础设施建设发力。2022年是江苏交通"重大项目建设攻坚年"。1~7月，全省公铁水空基础设施建设完成投资超过 1137.3 亿元，占年度计划的 62.9%；全省铁路、道路、水上、航空运输业投资同比增长 24.9%，为全省基础设施投资保持稳定增长发挥了重要作用。一大批重大基础设施建设项

① 王俊峰：《江苏的物流"新翼"是怎样锻造的》，《江苏经济报》2022年9月9日。

目取得明显成效。南沿江铁路全线铺轨，总体进度已达到90%；投资约1164亿元的北沿江高铁江苏段已开工建设；概算约357.4亿元的"万里长江第一隧"海太长江隧道正式开工，至此，全省累计建成过江通道17条，在建过江通道8条；全省首条30万吨级深水航道在连云港港全线开通使用，根据全球航运权威媒体《劳氏日报》（Lloyd's List）公布的2021年全球100大集装箱港口排名，江苏占有4席，分别是太仓港、连云港港、南京港、南通港。

快递行业走过V形拐点，强力复苏。2022年1~8月，全省快递服务企业业务量累计完成53.2亿件，同比增长0.4%；业务收入累计实现506.5亿元，同比增长0.3%（见图2）。观察1~8月江苏快递服务业企业业务量同比增速为6.4%、32.4%、-8.3%、-28.5%、2.3%、4.2%、1.8%、6.0%，以及业务收入同比增速为12.0%、10.9%、-8.8%、-26.5%、0.9%、5.1%、2.9%、7.9%，可以看出江苏快递业已经走出了V形曲线的低谷，迅速复苏并开始发展提速。这也在一定程度上反映了江苏经济发展的活力。江苏快递业发展成效的取得，既得益于行业服务能力的提升，也得益于政府大力推进"两进一出"工程，即快递进村工程、快递进厂工程和快递出海工程。2022年2月江苏省政府办公厅出台《关于加快农村寄递物流体系建设的实施意见》，要求加快全省农村寄递物流体系建设，力争实现乡乡有网点、村村有服务，农产品运得出、消费品进得去。2022年6月出台《关于促进内外贸一体化发展的若干措施》，要求加快发展国际寄递物流服务，鼓励邮政快递企业开展跨境寄递国际运输网络布局。江苏快递业在业务量不断上扬的同时，也赋能地方经济发展，为地方经济高质量发展贡献行业力量。

物流企业创新发展，呈现蓬勃活力。江苏众多新型物流企业、平台与枢纽，为江苏物流业注入了新的发展活力。福佑卡车是近年来在南京迅速发展壮大的专注于整车运输的科技货运平台，2019年以来连续4年获得南京市独角兽企业评定。江苏物润船联是苏州一家新型物流企业，以"互联网+物流大数据+无运输工具承运"为基础，致力于打造一站式水上智能物流公共平台，能够为加盟企业降低10%~15%的采购成本，降低15%~20%的运输成本。太仓港2022年新辟集装箱班轮航线5条，航线总数达到217条（班），成为长

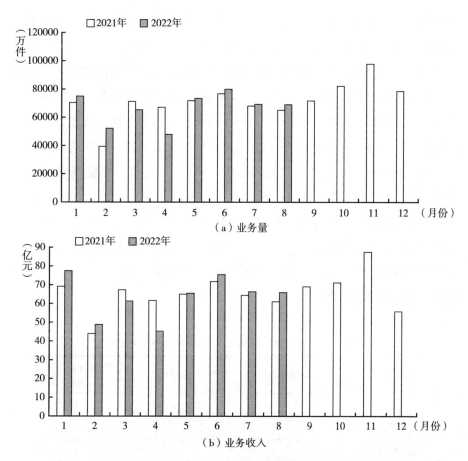

图2 2021年与2022年1～8月江苏省快递服务企业业务量和业务收入

资料来源：根据江苏省邮政管理局网站数据整理。

江航线数量最多、密度最大、覆盖最广的港口，2022年上半年以"沪太通"模式进口12959标箱，同比增长144%，出口45759标箱，同比增长76%，集装箱吞吐量居长江沿线第1位、全国第8位、全球第25位。

3. 旅游业受疫情拖累极为明显，在下滑态势中呈现阶段性复苏迹象

2021年江苏旅游业恢复态势良好，全年接待境内游客9.5亿人次，比上年增长5.8%；实现旅游消费总额3871.5亿元，比上年增长5.2%。但进入2022年后，受疫情反复影响，省内外各地对于人员流动管控加强，接待

游客数量和实现旅游收入均有较为明显的下降。2022年上半年，江苏省境内游客总量为3.08亿人次，分别只有2021年、2019年上半年同期的56.72%、59.11%；旅游消费总额1124.72亿元，分别只有2021年、2019年上半年同期的45.67%、49.17%。尽管整体上下滑态势明显，但阶段性复苏迹象也同样明显，进入2022年下半年，全省旅游市场接待游客数量和实现旅游收入出现了明显的回升迹象。2022年中秋节期间，全省纳入监测的A级旅游景区和乡村旅游点共接待游客758.99万人次，旅游消费总额达28.58亿元，按可比口径分别达到2021年同期的82.22%和72.34%，较当年端午节假期恢复程度分别上升27.69和25.74个百分点。其中，A级旅游景区接待游客总量达531.30万人次，游客消费达21.51亿元，按可比口径分别达到2021年同期的95.64%和80.57%（见表4）。这也展示了江苏旅游市场旺盛的消费需求潜力。

表4　江苏省旅游市场情况（2022年部分时间段）

时间段	旅游业指标	2022年	相当于2021年同期(%)
上半年	游客数量	3.08亿人次	56.72
	旅游收入	1124.72亿元	45.67
元旦假期	游客数量	1341.66万人次	84.80
	旅游收入	154.37亿元	92.10
五一假期	游客数量	845.19万人次	28.81
	旅游收入	40.70亿元	30.12
端午假期	游客数量	546.79万人次	54.53
	旅游收入	22.54亿元	46.60
暑假 （7月1日至8月31日）	游客数量	1.01亿人次	85.26
	旅游收入	351.5亿元	88.61
中秋假期	游客数量	758.99万人次	82.22
	旅游收入	28.58亿元	72.34
国庆假期	游客数量	1992.22万人次	69.78
	旅游收入	83.95亿元	64.19

资料来源：根据互联网检索数据整理。

　　江苏旅游市场复苏呈现如下几个特点。一是"文""旅"深度融合。江苏分别在 2021 年 3 月 27 日、2021 年 10 月 29 日和 2022 年 6 月 25 日启动了三季"水韵江苏·有你会更美"文旅消费推广活动，通过系列活动推动江苏各地文旅融合百花齐放，实现多元化旅游新供给。文旅消费推广第三季将推出 14 个主题共 500 余项系列活动，一直持续至 2022 年 12 月。二是区域旅游市场一体化联动。度过旅游业的"寒冬"需要抱团取暖。"水韵江苏·有你会更美"文旅消费推广第三季系列活动即与长三角其他省市进行资源共享、权益共享的高效互动。2021 年末，由沪苏浙皖一市三省文旅部门共同举办的"首批长三角高铁旅游小城"评选活动揭晓，上海市徐汇区、江苏省南京市江宁区、浙江省杭州市淳安县、安徽省合肥市肥西县等 31 地上榜。2022 年 7 月，"共游极美都市圈 共促文旅新消费"南京都市圈文旅消费推广季启动，都市圈"8+2"城市联动推出"1+1+200"活动，即 1 场促文旅消费线上发布活动，1 场融媒体直播接力活动，分批推出南京都市圈成员城市 100 处优惠景点、100 家优惠酒店，以全面激活区域文旅大市场。三是旅游业态模式创新。疫情压抑了旅游消费需求，但也孕育了旅游新业态新模式，开启了旅游业转型升级之路。沉浸式、体验式和夜间文旅消费等新产品不断丰富。2021 年末，江苏的无锡市、连云港市、淮安市入选第二批国家文化和旅游消费试点城市，加上 2020 年入选首批国家文化和旅游消费示范城市的南京市、苏州市，入选试点城市的常州市，江苏已有 6 市入选。2022 年 8 月，江苏有南京市熙南里历史文化休闲街区、常州市青果巷等 6 地入选第二批国家级夜间文化和旅游消费集聚区名单，加上首批入选的南京市夫子庙—秦淮风光带、无锡市拈花湾小镇等 6 地，江苏已有 12 地入选。在《小康》杂志社推出的"2022 年度县市夜经济繁荣百佳样本"榜单中，江苏有 11 地上榜，其中南京市秦淮区以总分 97.34 位列第二。四是旅游消费者偏好转向。由于受到疫情管控的约束，跨地区的长途观景式"大"旅游让位于周边在地式短途休闲"微"旅游，如文博看展、露营、骑行、美食、网红地打卡等，旅游出行趋于短距离、高频次、个性化。2022 年中秋假期，全省餐饮业营业额同比增长 11%，南京主要文博场馆接待游客总量

同比增长 128.71%。

江苏旅游市场复苏的同时，游客满意度也保持在较高水平。2022 年上半年，"全省游客满意度综合指数为 83.26 分，保持在'满意'水平以上"。其中，旅游整体环境持续优化，满意度总体评价得分为 84.38 分；旅游区点质量稳中有升，满意度总体评价得分为 83.20 分；旅游相关要素迭代升级，满意度总体评价得分为 83.66 分；旅游安全保障有序，满意度总体评价得分为 82.78 分；文旅融合不断深入，满意度总体评价得分为 82.93 分；智慧旅游建设加快，满意度总体评价得分为 83.37 分；文明旅游宣导深入人心，满意度总体评价得分为 83.19 分；诚信旅游服务不断提升，满意度总体评价得分为 81.33 分。① 游客满意度的回升，也意味着旅游消费信心的回归。这些都离不开各级政府及时出台的纾困惠企政策。自疫情发生以来，江苏先后出台"1+6+12+18+8+16"系列政策，较大程度上对冲了新冠肺炎疫情的影响。"1"，就是迅速落实向旅行社暂退 80% 质保金的 1 项"救急"措施；"6"，即 2020 年 2 月 14 日江苏省文化和旅游厅会同江苏省财政厅出台的《关于支持文旅企业应对疫情防控期间经营困难的若干措施》（即"苏 6 条"）；"12"，即 2020 年 3 月 19 日江苏省政府办公厅出台的《关于促进文化和旅游消费若干措施的通知》（即"苏 12 条"）；"18"，即 2020 年 3 月 23 日江苏省文化和旅游厅出台的《关于应对新冠肺炎疫情影响促进文旅产业平稳健康发展的若干措施》（即"江苏文旅 18 条"）；"8"，即 2021 年 9 月 14 日江苏省文化和旅游厅会同江苏省财政厅出台的《关于助力文旅企业应对疫情影响加快恢复发展的若干政策措施》（即"苏 8 条"）；"16"，即 2022 年 1 月 21 日江苏省文化和旅游厅会同江苏省财政厅出台的《关于推动文旅消费提质扩容促进文旅市场加快全面复苏的若干政策措施》（即"苏 16 条"）。这一系列精准政策的叠加，有力促进了江苏旅游业恢复发展。在政策措施综合效应下，2021 年全省文旅消费总额占到全国的 10.32%，居各省

---

① 《多措并举 纾困惠企 有力促进文旅市场加快全面复苏——2022 年上半年江苏旅游游客满意度调查解读》，江苏省文化和旅游厅（省文物局）网站，http://wlt.jiangsu.gov.cn/art/2022/8/1/art_ 48958_ 10559201.html。

份之首；接待国内游客人数、实现旅游总收入分别恢复到 2019 年的 80.6%和 83.4%，高于全国 23.3 个和 28.5 个百分点，展现出江苏文旅发展的韧劲与活力。

（二）新特点

1. 政府及时出手纾困惠企惠民

江苏出台支持政策纾困惠企，不仅体现在文旅行业，整个服务业都是政策关照重点。2020 年和 2021 年，为应对新冠肺炎疫情影响、保障经济加快恢复，江苏省先后出台了"苏政 50 条"和"苏政 30 条"。2022 年 2 月 26 日江苏省政府再度出台"苏政 40 条"，即《关于进一步帮助市场主体纾困解难着力稳定经济增长的若干政策措施》，进一步帮助市场主体纾困解难，提振信心、稳定预期，聚焦餐饮业、文旅业、交通运输业等重点服务行业，帮助各类服务业市场主体渡过难关。各地各部门也纷纷出台帮扶政策，推动复工复产，为企业纾困解难。如南京市发布《南京市支持批零住餐等服务行业纾困解难稳定发展十条措施》；无锡市出台"齐心抗疫"稳企惠民纾困补充政策共计 12 条，重点针对受疫情影响较重的餐饮、零售、住宿、旅游、公路水路运输等行业；江苏省地方金融监管局、省财政厅、人民银行南京分行、江苏银保监局联合发布《关于进一步强化金融支持助力疫情防控促进经济社会持续健康发展的通知》，重点聚焦餐饮、零售、旅游、运输等特殊困难行业。这些政策从资金支持、税费减免、金融支持、项目支持等多方面提出了一系列针对性强、可操作性强的政策措施。在惠企的同时，各地还纷纷发放消费券等补贴惠民，举办"苏新消费"等活动，撬动市场潜力，促进消费加快恢复。2022 年 5~9 月"苏新消费·夏夜生活"活动期间，江苏筹措 2 亿元资金采取直接补贴的方式，补贴绿色节能家电消费。2022 年 9~11 月"苏新消费·金秋惠购"活动期间，江苏将发放消费券和数字人民币红包约 3.34 亿元。随着政策助力效应的逐渐显现，江苏服务业复苏发展将迎来加速度。

2. 新业态新模式助力服务业复苏

江苏现代服务业加速发展，2021 年全省高技术服务业实现营业收入 8018 亿元，同比增长 18.1%，占规上服务业比重达 37.6%，对全省规上服务业增长贡献率达 32%。线上线下齐发力，电子商务和网络消费保持较快增长，2021 年全省电子商务交易平台交易金额 28285 亿元，同比增长 14.0%，全省网上零售额 10871 亿元，同比增长 6.3%，全省限上批零企业通过公共网络实现商品零售额同比增长 23.8%，限上住餐企业通过公共网络实现餐费收入同比增长 35.9%。"首店经济""后备厢文化集市""直播带货"一时风起云涌。南京市在 2021 年围绕"吃住行游购娱"各领域引进品牌首店 175 家，2022 年上半年又引进首店 63 家，其中全球首店 1 家、中国首店 5 家、江苏首店 32 家。南京的五马渡汽车后备厢文化市集也是全国首个景区内规范化管理的汽车后备厢市集。汽车后备厢文化市集可谓地摊经济升级版，形成了互动式、个性化消费新场景，点亮了夜经济。2022 年 8 月 26 日，"苏新消费 直播'由'你"2022 江苏电商直播节在苏州启动，重点聚焦壮大新业态、培育新人才、打造新品牌，旨在激活"网红新经济"、打造"直播新地标"。此外，在物流、旅游、外贸等领域，新业态新模式也不断发育提升。如 2022 年 1 月 28 日江苏省政府出台《关于加快发展外贸新业态新模式若干措施的通知》，提出深入推进"江苏优品·数贸全球"专项行动，加快推动公共海外仓建设，创新"前展后仓"运营模式，打造市场采购贸易"江苏模式"，支持自贸试验区先行先试发展离岸贸易等。新业态新模式的培育壮大将为江苏服务业恢复并加速发展提供新的动能。

3. 数字经济发展潜力持续释放

江苏数字经济规模大，基础好。据《2022 数字江苏发展报告》，截至 2021 年底，江苏全省数字经济规模超 5.1 万亿元，居全国第 2 位，占全国的 11.8%；全年培育 8 家国家数字商务企业、16 家国家电子商务示范企业；南京、扬州、苏州、无锡、南通等地被纳入"东数西算"全国一体化算力网络长三角国家枢纽节点集群。2022 年上半年，全省信息传输、软件和信息技术服务业增加值同比增长 10.6%，拉动服务业增加值增长 0.7 个百分点；全省实物商品网上零售额占同期社会消费品零售总额的比重为 22.1%，比上年同期提高 1.3 个百分点。数字经济也为江苏服务贸易高质量发展插上腾飞的翅膀，现有与江苏有服务贸易往来的国家和地区已经增加到 210 个，2022 年上半年全省可数字化交付服务贸易进出口总额超过 150 亿美元，同比增长超 25%，占服务贸易比重提升至 55%。作为江苏数字贸易发展的排头兵，南京市在 2022 年上半年实现数字贸易进出口总额 56.75 亿美元，其中可数字化交付的服务贸易进出口总额 32.2 亿美元，同比增长 27.9%；跨境电商实现进出口总额 24.55 亿美元，占全省四成左右。根据《2022 年中国城市数字贸易指数（DTI）蓝皮书》披露，在 25 个大中型城市中，南京的城市数字贸易指数居全国第 7 位，并在数字政务环境建设方面居全国第 2 位。随着发展潜力的持续释放，数字经济将为江苏服务业发展提供更加稳固的支撑。

（三）主要问题

江苏服务业在行业开放准入、市场主体培育、两业深度融合等方面仍有待进一步加大发展力度。

一是服务业领域开放度有待提高。我国服务业部门的限制水平整体偏高，有研究表明，我国服务业所有部门的服务贸易限制指数平均值均高于 OECD 国家，也高于其他金砖国家等新兴经济体，主要体现在专业技术服务、传媒、电信、快递等行业。[1]

二是市场主体有待培优育强。江苏服务业企业众多。根据江苏省第四次经济普查数据，2018 年末全省共有 140 万个从事第三产业活动的法人单位，占从事产业活动的法人单位总数的 68.2%。其中也不乏全国知名的大中型服务业企业，但地标性、标杆性的头部型、链主型服务业企业偏少，有高原无高峰的现象较为突出。在中国企业联合会和中国企业家协会联合发布的

---

[1] 刘丹鹭：《中国服务贸易开放：可能的趋势、影响及对策》，《现代经济探讨》2022 年第 3 期。

"2022 中国服务业企业 500 强"榜单中，江苏有 53 家企业上榜，数量远远少于广东的 75 家，略高于北京的 50 家、浙江的 49 家、福建的 40 家。在全国工商联"2022 中国服务业民营企业 100 强"榜单中，广东上榜 18 家，北京和浙江各上榜 16 家，相比之下，江苏只有 8 家企业上榜。

三是现代服务业与先进制造业有待进一步深度融合发展。促进先进制造业和现代服务业深度融合既是实现经济高质量发展的重要途径，也是现代服务业实现自身发展壮大的有效途径。自 2019 年以来，江苏率先启动两业深度融合试点工作，先后遴选两批总计 247 家企业作为全省两业深度融合试点单位。但是江苏两业融合的高度、深度、广度有待提升。有研究表明，江苏两业融合发展在长三角地区并不占优势，江苏两业融合率较高的偏向于传统型制造业，而上海和安徽偏向于装备制造业，且江苏两业融合率水平排在上海、安徽和浙江之后。[①]

三 江苏服务业发展形势展望

（一）国家战略带来服务业发展机遇

长江经济带建设、长三角区域一体化、建设国家统一大市场等国家发展战略将为江苏服务业持续带来发展机遇。"一带一路"建设高质量发展，有利于江苏打通贸易新通道，开拓全球化市场。2022 年上半年，全省中欧班列累计开行 1015 列，同比增长 45%。2022 年 8 月 13 日，中欧接续班列"江苏号"无锡—连云港—乌兹别克斯坦班列从无锡开出。这都为江苏深度融入国内国际双循环、打造"一带一路"交汇点注入了全新动力。紧扣一体化和高质量两个关键词，长三角现代服务业联盟、长三角医院协同发展战略联盟、长三角区域公共创业服务联盟、长三角自由贸易试验区联盟、长三

---

① 江静、丁春林：《制造业和服务业深度融合：长三角高质量一体化的战略新选择》，《南通大学学报》（社会科学版）2021 年第 4 期。

角碳中和产学研联盟、长三角天使投资联盟、长三角科技传播联盟等多个长三角联盟先后成立。2022 年 8 月开始，核酸检测结果数据在长三角地区实现了共享互认，此外，驾驶证、道路交通运输经营许可证、身份证等电子证照基本公共服务已经在长三角区域互认共享。全国统一大市场建设更是为江苏服务业高效开拓全国市场、集聚全国资源提供了广阔的空间。

（二）政府政策推动服务业恢复增长

国家层面推动复工复产，并强化各省市联动，有利于为江苏服务业恢复性增长创造良好的外部条件。2022 年 2 月 18 日，国家发展改革委等 14 部门联合发布《关于促进服务业领域困难行业恢复发展的若干政策》，此后各地各部门积极出台落实措施，突破了各自为政，在一定程度上避免了因疫情防控形成的地区分割、市场分割。比如全国统一重点物资运输车辆通行证制度，极大地保障了跨地区的物流畅通。此外，推进以县城为重要载体的新型城镇化建设、聚焦"一老一小"加强基本公共服务优质供给、城市更新系统化规范化标准化深入推进等，都将为江苏服务业拓展新的增长点。

（三）新技术释放服务业发展潜能

互联网、大数据、人工智能、新一代通信技术、区块链等新技术的逐步渗透，将为江苏服务业发展赋能。绿色低碳、元宇宙、工业物联网、智能终端等新赛道布局，交通、养老、教育、医疗、文创等新场景应用，将不断释放服务业发展潜力，激发生产性服务业和生活性服务业发展新动能。例如，元宇宙已经成为产业发展的新风口。2022 年，上海出台《上海市培育"元宇宙"新赛道行动方案（2022—2025 年）》，提出到 2025 年"元宇宙"相关产业规模达到 3500 亿元，带动全市软件和信息服务业规模超过 15000 亿元；浙江成立了首个元宇宙产业基地，将围绕数字孪生、人工智能、虚拟数字等元宇宙核心底层技术，以及游戏、社交、教育等元宇宙新型应用场景，引进培育一批创新型中小企业，推动元宇宙产业可持续发展。江苏不甘居于人后，2022 年 5 月南京市元宇宙产业发展大会召开，确认江宁高新区为

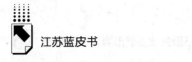

"南京市元宇宙产业发展先导区"；9月26日昆山市元宇宙产业发展战略咨询会召开，成立了总规模10亿元的元宇宙产业投资子基金；9月29日首个元宇宙主题街区在南京开街，街区内江苏首店超过30%。新技术的逐步渗透将为江苏服务业增添新的发展动力。

四　推进江苏服务业发展的对策建议

（一）落实相关规划

国家战略部署规划了江苏服务业发展蓝图。长江经济带建设、长三角区域一体化发展等多重国家战略机遇在江苏叠加交汇。江苏现代服务业要立足新发展阶段，贯彻新发展理念，主动、全面融入新发展格局，认真贯彻落实《长江三角洲区域一体化发展规划纲要》《关于加快建设全国统一大市场的意见》等国家层面的战略部署，组织实施《江苏省"十四五"现代服务业发展规划》等省级层面的发展规划，在深度融入长三角区域一体化发展战略、全面融入国家发展总体格局中推动江苏服务业高质量发展。

一是紧扣一体化和高质量两个关键词，谋求长三角地区服务业联动发展。一方面承接上海高端服务业的辐射效应，另一方面强化与浙江、安徽的分工协同。上海以全球资源配置、科技创新策源、高端产业引领和开放枢纽门户四大功能为依托，全力打造以创新型、服务型、开放型、总部型和流量型经济为主要内容的"五型经济"。浙江以阿里巴巴等领军企业为代表，服务业数字化转型走在全国前列，正着力打响"浙江服务"品牌。安徽以科大讯飞等企业为代表，两业融合发展较好，正全力塑造"皖美服务"品牌。江苏可立足于雄厚的制造业基础以及旺盛的群众生活需求，推动现代服务业与先进制造业融合发展、生产性服务业与生活性服务业耦合共生，提升"江苏服务"品牌的辨识度。

二是立破并举，提高资源配置效率，将服务业发展融入全国统一大市场。建设全国统一大市场是构建新发展格局的基础支撑和内在要求，《关于加快建设全国统一大市场的意见》是今后一个时期建设全国统一大市场的行动纲领。江苏作为东部沿海发达省份，肩负"争当表率、争做示范、走在前列"的光荣使命，要立破并举，实现有效市场与有为政府的高效结合，打破地方保护和市场分割，建设高标准市场体系，突破各种封闭小市场、自我小循环，走向开放大市场、国内国际双循环，推进服务市场高水平统一，有效配置服务业发展要素资源。

三是优化服务业发展格局，提高江苏服务业综合竞争力。江苏服务业"南强北弱"，新技术新业态新模式应用不足，发展不平衡不充分的现象依然存在。需要加快优化服务业发展格局，着眼江苏产业基础、资源禀赋，瞄准新技术新业态新模式发展前沿，布局新赛道，优化新动能，引导更多资本投向苏中苏北地区，助力区域均衡发展，构筑新高地，厚植新优势。

（二）持续政策扶持

不论是短期内克服新冠肺炎疫情的负面影响，还是长期内增强发展动力，都需要对服务业进行持续的政策扶持。

一是继续为服务业企业纾困解难。新冠肺炎疫情对服务业有非常大的负面影响，受此影响，服务业恢复发展的基础尚显脆弱。2022年1~2月，全国服务业生产指数累计同比增长4.2%，3~5月连续当月同比下降分别为0.9%、6.1%和5.1%，6月开始缓步上升，同比增长1.3%，7月同比增长0.6%，8月同比增长1.8%，9月同比增长1.3%，1~9月累计同比增速为0.1%。可见，服务业的恢复性生产仍然在较低水平上徘徊。特别是那些具有聚集性、接触性特点的生活性服务业受疫情影响最大，面临的困难挑战也最多，如餐饮、零售、旅游等行业普遍面临消费市场萎缩、经营成本上升等问题。各级政府应从财政、税费、金融、就业、培训等方面出台惠企政策，为企业纾困解难，帮助其渡过难关。特别是要严格落实国家相关规定，科学精准做好常态化疫情防控工作，杜绝防疫措施简单化、"一刀切"、"层层加码"，保障人流物流畅通。可成立省级服务业纾困工作专班，清单化、台账式推进政策一一落实。

二是加强市场主体培育。良好的服务业产业生态，既需要龙头企业领军，也需要面广量大的中小微企业奠基。一方面，支持有实力的大企业向规模化、高端化、综合化方向发展，打造一批连锁型、平台型服务业企业集团，形成江苏服务业标杆性企业。另一方面，支持中小微企业技术创新、业态创新、品牌创新、产品创新，培育一批"专精特新"小巨人、独角兽和瞪羚企业；同时对于传统型服务业中小微企业特别是从事生活性服务业的中小微企业给予普惠性支持。

三是注重大项目带动。大项目是推动服务业高质量发展的有效抓手。2021 年江苏省安排省级服务业重点项目 150 个，总投资 5558.8 亿元，2022 年继续安排 160 个重点项目，总投资 4817.9 亿元。这些重点项目的推进，既较好地发挥了服务业发展的"压舱石"作用，又起到了加速服务业发展的"新引擎"作用。要围绕服务业重点领域和新业态新模式，形成谋划一批、储备一批、开工一批、建设一批、投产一批服务业大项目的良性循环，形成服务业发展新产能，打造服务业发展示范标杆。

（三）扩大开放水平

2022 年 8 月 31 日，国家主席习近平在致 2022 年中国国际服务贸易交易会贺信中指出，服贸会是中国扩大开放、深化合作、引领创新的重要平台，为促进全球服务业和服务贸易发展做出了积极贡献。中国坚持以高水平开放促进高质量发展，不断放宽服务领域市场准入，提高跨境服务贸易开放水平，拓展对外开放平台功能，努力构建高标准服务业开放制度体系。[①] 2022 年 11 月 4 日，国家主席习近平在第五届中国国际进口博览会开幕式上发表致辞时强调，开放是人类文明进步的重要动力，是世界繁荣发展的必由之路。中国坚持对外开放的基本国策，坚定奉行互利共赢的开放战略，坚持经济全球化正确方向，增强国内国际两个市场两种资源联动效应，不断以中国

---

① 《习近平向 2022 年中国国际服务贸易交易会致贺信》，《人民日报》2022 年 9 月 1 日。

新发展为世界提供新机遇，推动建设开放型世界经济。① 江苏要在国家服务业开放发展的整体部署的基础上，扩大服务业对外开放水平。

一是抢抓国际贸易协定的新政策机遇。《区域全面经济伙伴关系协定》（RCEP）是目前全球规模最大、最重要的自由贸易协定，2022 年 1 月 1 日在我国正式生效。这意味着研发、技术、人才、设计、专利等生产服务需求，仓储、运输、金融、保险等货物贸易需求，以及旅游、养老、教育等生活服务需求，均会明显上升。目前江苏已经享受到这一政策红利，2022 年 1~8 月，江苏省对 RCEP 成员国出口总值 7123.2 亿元，同比增长 17.5%；全省企业享惠进口 RCEP 货值 77.5 亿元，享受关税优惠 1.2 亿元。此外，我国正在全面推进加入《全面与进步跨太平洋伙伴关系协定》（CPTPP）、《数字经济伙伴关系协定》（DEPA），届时将深度参与绿色低碳、数字经济、服务贸易和投资等国际合作。江苏要充分把握这些新政策生效实施带来的超大规模市场空间，推进服务业高水平开放发展。

二是充分发挥国内政策红利效应。充分发挥江苏自贸试验区、国家级新区南京江北新区的先行先试优势，在制度创新、产业集聚、要素配置等方面探索可复制可推广的经验，打造全国服务业开放新高地。推动南京建设国际消费中心城市，着力构建现代商贸流通体系，激发消费市场潜力，提振消费市场信心和活力。加快建设南京国际性综合交通枢纽城市，发挥江苏通江达海的独特优势，实现江、海、陆、空一体化发展无缝对接，织就水、陆、空城际"一张网"，形成双向开放的国际大通道。

（四）分类推进发展

服务业涵盖的领域十分广泛，可采取分类推进措施助其发展。

一是促进生产性服务业与先进制造业深度融合，在加速构建现代化产业体系中推进生产性服务业发展。两业融合发展是推动经济高质量发展的有效途径。江苏目前有 16 个先进制造业集群和 50 条重点产业链，规模超万亿元

---

① 《习近平在第五届中国国际进口博览会开幕会上发表致辞》，《人民日报》2022 年 11 月 5 日。

行业达 5 个，新型电力装备、工程机械、物联网等 10 个制造业集群入选国家先进制造业集群，数量居全国首位。充分利用江苏制造业体系完备、产业规模雄厚的优势，推动先进制造业向品牌、设计、售后服务等专业化和高附加值的产业链环节延伸，鼓励服务业企业依托数据、技术、创意等要素优势为制造业企业提供精准服务，不断深化两业融合发展。

二是不断丰富人民群众的物质生活和精神生活，在实现共同富裕中推进生活性服务业发展。2021 年，江苏常住人口超过 8500 万，人均 GDP 超过 2 万美元，已达到发达国家水平，2021 年社会消费品零售总额突破 4 万亿元，居全国第 2 位。可见，江苏生活性服务需求潜力巨大。要围绕居民和家庭日常生活中的衣、食、住、行、学、娱、医、购等领域，通过服务技术、服务模式创新，特别是利用大数据技术和通过数字化转型，开展数字娱乐、数字生活、在线医疗、在线教育等，推动生活性服务业向高品质和多样化升级，提升服务质量，不断满足人民群众对美好生活的需要。

三是持续推进城乡基本公共服务均等化，在深化以人为核心的新型城镇化中推进基本公共服务业发展。城乡差距仍是江苏当前的现实问题，农村地区的基本公共服务供给总量仍然较少，农村居民享受到的基本公共服务标准依然偏低。要优化服务业城乡空间布局，在提升城市基本公共服务业能级的同时，强化其向农村地区的辐射效应，推进以县城为重要载体的城镇化建设，引导优质公共资源向农村转移，增加农村地区基本公共服务供给，提升农村居民享受基本公共服务标准。

（五）涵养营商环境

优化营商环境永远在路上。要持续优化营商环境，营造服务业高质量发展的良好氛围，为服务业发展提供动力支撑和制度保障。

一是加强政策宣传，营造发展氛围。通过多种媒体资源和渠道，大力宣传服务业的重要作用、发展重点和政策环境，提高服务业企业对涉企政策的知晓度，提升居民对服务消费政策的感知度。

二是继续深化服务业放管服改革，形成公平公正、统一开放的竞争环境。不断优化审批流程，推行不见面审批、负面清单管理、标准化管理，加强事中事后监管。清理妨碍统一市场和公平竞争的政策措施，放宽市场准入限制，允许各类资本在法律允许的范围内参与服务业创新发展。

参考文献

［1］侯祥鹏：《我国发达地区现代服务业发展比较：水平、结构与优势》，《华东经济管理》2012 年第 10 期。

［2］侯祥鹏：《基于投入产出法的我国省际物流业发展比较——以物流大省为例》，《中国流通经济》2013 年第 1 期。

［3］侯祥鹏、方维慰：《服务业开放与发展：来自江苏的实证研究》，《国际商务》（对外经济贸易大学学报）2015 年第 4 期。

［4］江静、丁春林：《制造业和服务业深度融合：长三角高质量一体化的战略新选择》，《南通大学学报》（社会科学版）2021 年第 4 期。

［5］李建东：《以服务业现代化为引擎，加快构建江苏现代化经济体系》，《统计科学与实践》2022 年第 6 期。

B.6
江苏开放型经济发展形势分析与展望

陈思萌*

摘　要： 2022 年江苏开放型经济逆势上扬发展，在对外贸易、外商投资、境外投资以及开放载体方面都有较好进展。一方面，这是江苏对外开放发展多年积累优势的惯性；另一方面，政府在稳外贸稳外资等方面的政策组合拳发挥了较好的促进作用。但是当前开放经济在核心技术、物流水平、整合资源、对外投资、数字化运用等方面存在不足。展望未来，江苏开放型经济面临着一些新的环境，江苏开放型经济进一步发展还存在一定制度性约束，比如市场公平秩序仍需维护，现代物流体系仍需建设，要素跨区域流动仍需畅通等。因此，江苏应率先形成制度型开放新优势，主要包括：第一，进一步优化开放经济管理政策；第二，进一步厘清行政管理与服务界限；第三，进一步激发开放经济新活力新动能；第四，进一步强化开放载体的制度创新；第五，进一步营造高水平开放环境。

关键词： 江苏　开放型经济　制度型开放优势

　　2020 年新冠肺炎疫情蔓延后，世界经济持续下行，复苏缓慢，全球经济遭遇罕见的全面冲击，全球价值链、供应链受到严重打击，甚至差点"熔断"，给我国开放型经济的发展带来一定压力。面对世界政治经济局势

---

* 陈思萌，江苏省社会科学院世界经济研究所助理研究员。

复杂的挑战，科技创新技术的汹涌发展，以及区域发展转型升级的战略机遇，江苏开放型经济需要有新的担当。另外，习近平总书记对江苏提出了"争当表率、争做示范、走在前列"的发展目标要求，江苏作为开放型经济大省，必须在全国构建新发展格局中承担起应有的重要支撑作用。在新的历史站位上，江苏应该探寻实现高水平开放的新路径，成为国内大循环和国内国际双循环相互促进的战略枢纽，以高水平的制度型开放促进江苏高质量发展。从江苏高质量发展需求出发，江苏要不断提高化危为机、危中寻机的能力，顺利实现发展动能的转换，通过打造制度型开放新优势助推江苏高质量发展，建设具有世界聚合力的双向开放枢纽，积极融入长三角高质量一体化发展和国内国际双循环战略。

一　江苏开放型经济的现状分析

面对世纪疫情和百年变局交织的严峻形势，2022 年江苏坚决扛起"争当表率、争做示范、走在前列"的使命，坚持稳中求进的作风，把握新发展理念、构建新发展格局，扎实推进"六稳""六保"工作，推进了"十四五"的顺利发展。

（一）对外贸易稳中有增

2022 年前三季度，江苏外贸进出口总值达 4.11 万亿元，同比增长 9.8%，占全国进出口总值的 13.2%，增幅较全国整体增速高 0.6 个百分点。其中出口总值 2.61 万亿元，同比增长 12.9%，进口 1.5 万亿元，同比增长 4.9%。从贸易结构看，前三季度一般贸易进出口的比重持续提升，总值达 2.36 万亿元，同比增长 11.1%，占全省外贸进出口总值的 57.4%，同比提升 0.6 个百分点；加工贸易进出口总值 1.28 万亿元，同比增长 9%。从贸易伙伴看，2022 年前三季度江苏对主要贸易伙伴的进出口都保持一定增长，对欧盟、东盟、美国、韩国的进出口同比增长分别为 13.5%、13.8%、6.5%、15.2%；对"一带一路"沿线国家的进出口同比增长了 14.9%。从

贸易主体看，外资企业的进出口交易额占总额的 51.1%，同比增长 5.2%，国有和民营企业的活力都有所增强，其进出口交易额分别同比增长 15.0% 和 15.1%。从出口行业或产品看，太阳能电池、手机、锂离子蓄电池等产品的出口保持强劲势头，前三季度机电产品出口有较大增幅，占出口总值的 65.8%；劳动密集型产品出口同比增长 6.3%，占出口总值的 15%；基本有机化学品出口同比增长 30.1%，钢材出口同比增长 19.2%。在进口方面，江苏机电产品进口同比增长 9.5%，占进口总值的 56.5%。从贸易新业态看，江苏跨境电商推动有力，苏州市首票"跨境电商特殊区域出口"海外仓零售业务模式正式落地运行。

（二）外商投资稳中有进

在国际政治经济格局复杂多变的情况下，江苏 2022 年仍然受到大量境外投资主体的关注。据商务部统计，2022 年上半年，江苏省实际使用外资 210.7 亿美元，同比增长 27.5%，占全国的 18.8%，规模继续保持全国首位。从行业属性看，制造业外资的增幅较大，全省制造业实际使用外资 78.1 亿美元，同比增长 50.7%，占全省总量的 37.1%。从项目规模看，上半年超 3000 万美元的外资大项目共有 154 个，实际使用外资同比增长 36.4%，占全省总量的六成多。从投资性质看，利润再投资的增长较快，全省外资企业利润再投资 30.3 亿美元，同比增长 148.3%，占比 14.4%。更重要的是，2022 年江苏利用外资稳中提质。一方面，江苏获得多个行业领先企业投资，如西门子全球首座原生数字化工厂落户南京、西门子数字化赋能平台项目——"常熟数字化赋能中心"正式投运。另一方面，越来越多的外资企业不断丰富总部功能形态、持续提升总部能级。如西门子电气苏州部（原中国总部）从 10 月 1 日起升级成中国及东亚总部，囊括韩、日、新在内的东亚、东南亚地区业务；德国埃斯维机床有限公司作为全球领先的高精密机床设备制造商，在苏州工业园区扩建和新建研发中心，将其苏州基地升级为埃斯维全球最大的海外研发制造基地。

（三）"走出去"稳中有序

国际投资环境总体恶化、新冠肺炎疫情仍在全球蔓延，这都对中国企业"走出去"产生了负面约束，江苏对外直接投资步伐也不可避免受到影响。但 2022 年上半年数据显示出江苏企业仍然具有向外发展的强大支撑力和动力。2022 年上半年江苏全省新增对外投资项目 355 个，同比增长 14.2%；中方协议投资额 22.5 亿美元，中方实际投资额 30.8 亿美元，位列全国第 6 位。从项目规模看，对外投资超 5000 万美元的大项目有 9 个，新增中方协议投资额 10.9 亿美元，占全省总量近五成；新签对外承包工程合同额超过 5000 万美元的大项目有 13 个，累计 15.1 亿美元，占全省总量超六成。从行业看，制造业对外投资占主导地位。制造业对外投资 10.8 亿美元，占全省比重近五成。从投资区域看，对 RCEP 国家投资 126 个项目，同比增长 41.6%，中方协议投资额 6.3 亿美元，中方实际投资额 8.2 亿美元；对"一带一路"沿线国家投资 113 个项目，同比增长 46.8%，中方协议投资额 6.1 亿美元，中方实际投资额 8.7 亿美元；在"一带一路"沿线国家新签对外承包工程合同额 16.3 亿美元，完成营业额 17.6 亿美元，占全省的比重均超过六成。"走出去"仍是江苏企业生产、研发、营销国际化的有效途径，如江苏通用科技股份有限公司分赴泰国和柬埔寨投资建厂，不仅实现产能扩张，还能有效扩大与 RCEP 成员国贸易合作。

（四）开放载体建设有力

截至 2022 年上半年，江苏共有经国务院、省政府正式批准设立的开发区 158 家，其中国家级开发区 47 家，省级开发区 111 家，国家级经济技术开发区、高新技术产业开发区数量均居全国第一。多年来，开发区对江苏开放型经济发展做出了巨大的贡献，在最近一次（2021）国家级经济技术开发区综合发展水平考核评价中，江苏 6 家开发区入围前 30 强，数量居全国第一，苏州工业园区实现"六连冠"。2022 年 6 月，江苏 A 股上市公司数量突破 600 家，中国资本市场"江苏板块"正式迈入"600+"时代，而其中

近 2/3 的上市企业来自开发区。除开发区外，自贸区在制度创设、体制创新方面的成就更是江苏开放型经济高质量发展迈出的稳健一步，自创立至今，江苏自贸区持续深化改革创新，探索形成了一批可在全国和全省复制推广的制度创新经验成果。在试点任务落实方面，国务院批复的江苏自贸试验区总体方案 113 项改革试点任务落地见效 104 项、正在推进 7 项，总体落地实施率超过 98%；全国复制推广的 278 项经验案例江苏省落地实施率超过 95%。在制度创新成果方面，江苏三个片区大胆试、大胆闯、自主改，累计探索形成制度创新成果 196 项，其中 11 项在全国复制推广、7 项在国家部委完成备案、88 项在省内复制推广。在重点领域改革方面，系统谋划、大力推进生物医药全产业链开放创新，省级层面 21 项支持政策落地过半。

（五）开放型经济逆势发展的原因

在严峻的外部环境下，江苏开放型经济逆势发展，取得较好成绩。一方面，这是江苏对外开放发展多年积累优势的惯性。随着发展规模的壮大，江苏生产要素集聚，培育了本地市场优势，以新能源、集成电路等为代表的高新技术产业产值占规模以上工业产值比重不断增加，出口竞争力水平全面提升；同时，江苏服务贸易综合发展环境连续多年居全国前列，始终保持对外资较强的吸引力。可以说，江苏对外开放的广度和深度不断提高，融入全球价值链的方式持续演进。另一方面，这也是政府支持政策的叠加效应。近两年，江苏全力保外贸外资主体，着力稳出口稳供应链，出台多项政策和行动方案。省政府办公厅先后出台了《关于做好跨周期调节进一步稳外贸若干措施的通知》《关于推动外贸保稳提质的若干措施》等文件；商务厅也建立了稳外资稳外贸工作专班和外资补链延链强链专班，精准服务大型外资外贸企业、多措并举扶持中小微企业；南京海关推出促进外贸发展 18 项细化举措要求，保障重点区域产业链供应链循环畅通；国家外汇管理局江苏省分局发布"外汇助企纾困 20 条"，提升企业应对汇率波动风险能力。政策组合拳切实保障和促进了对外商贸、投资和合作。

二 江苏开放型经济的短板分析

2022 年以来疫情散点多发，对省内甚至是国内经济都有严重的冲击，但是江苏开放型经济尤其是对外贸易的发展却能迅速回稳向好，取得不错的成绩，为国民经济的稳定做出了很大贡献。尽管如此，江苏开放型经济仍然存在一些问题。

（一）核心中间品或关键技术仍未掌握

制造业水平是开放型经济的发展之本，中国产出了世界上大约 40% 的产品。江苏作为制造业大省，制造业虽在全国较有优势，仍在一些产业链上缺乏关键技术，使得外贸出口中靠进口实现核心中间品。利用外资也显现出同样的短板，实际利用外资中涉及关键技术或核心产品的并不多。核心技术被"卡脖子"是江苏在许多制造业领域存在的问题，核心技术受制于人是江苏制造业发展最大的隐患。由于市场和资源"两头在外"，江苏大多数产业链在全球产业链条中只占据中低端位置，前端设计、关键工艺、关键原材料及关键设备由欧美发达国家掌控，关键核心技术未完全掌握，核心零部件未能完全"国产化"，对关键环节缺乏自主权和控制权，随时存在"断链"的风险，自主可控现代产业体系亟待完善。以药品制造产业为例，江苏的化学药大多是在跨国药企核心技术基础上改进、优化后的应用创新，生物医药的基因诊断、干细胞治疗、激酶抑制剂等核心技术研发涉及不多、创新水平不高。从现状看，江苏在不少产业链条上都存在对原料、装备制品或软件配套服务商的对接不足问题，还未能形成产业链的协同发展。以石墨烯产业为例，江苏优势企业的布局重点是下游应用，在产业链中较为核心的上游制备环节布局较少，技术薄弱，导致产业链话语权较弱；而纳米材料产业则集中于上游的制备技术领域，下游应用领域的产业化程度相对较低。

（二）本省物流服务水平较低

物流是经济发展的支柱产业，也是开放型经济发展的重要支撑，对于国际贸易来说，国际物流是国际供应链条的保障。疫情之后江苏外贸在较长时间内出现了市场需求旺盛但国际运力不够的矛盾。2022年1~10月，江苏累计完成港口货物吞吐量26.5亿吨，同比增长9.0%；其中外贸吞吐量5.0亿吨，同比增长8.0%。① 但是由于需求旺盛，集装箱"缺箱少柜"供应不足，以及全球疫情导致的港口工作效率降低，服务短缺等因素，海运运费自2022年以来都维持在高位。不少江苏外贸企业在调研中反映，企业对外贸易正遭遇缺舱、缺箱的烦恼，国外需求拉动的出口额增加被高企的生产和物流成本拉平，甚至降低了实际利润，"接单"就亏损。另外，当前江苏省物流企业的快速响应和应急能力都有所不足，省内物流企业大多是规模很小的、服务于较小区域的民营企业，没有龙头物流企业，在仓储、配送等方面的服务水平较低，也因为本土物流企业规模小，专业化程度不够，对企业供应链缺乏高质量供给。

（三）代工企业整合本土供应链资源的能力还有待提高

江苏开放型经济的发展离不开大量的代工企业，代工企业往往有生产制造能力强而研发能力弱的特点，但是组织生产的增加值远低于品牌溢价，代工企业很可能被发包方锁定在低端价值链环节，转型压力较大，难度较高。代工企业长期按单生产，忽视市场需求与品牌的建设，在向国内市场转换的过程中面临一些障碍。对于某些行业的代工企业而言，从海外市场转向国内市场需要补缴一定的设备和进口原材料的增值税与关税，所生产的商品在国内市场上销售还需要补缴相关增值税，补税比例高，成本大幅增加，降低了与国内同行竞争的能力。还有一部分代工企业虽然不存在补缴税费的问题，但是由于其产品原来主要面向国外销售，在国内通常还没有完善的销售途径。调研发现，在出口转内销的过程中不少企业遇到的首要问题就是营销渠道与品牌建设问题。很多出口代工企业由于没有自建的销售渠道，使得企业

---

① 《一季度江苏累计完成港口货物吞吐量7.5亿吨》，江苏省人民政府网站，http://www.js.gov.cn/art/2022/5/3/art_31260_10436468.html。

生产的产品无法快速打开国内市场，出现尽管产品质量上乘，但无品牌只能低价销售的困境。

（四）民营企业对外投资仍有不少瓶颈

近年来，江苏省国资委多措并举支持企业加快海外战略布局，国信、交通、中江等 12 家省属国有企业在美欧、非洲、中东、东南亚等地投资，行业涉及农业、贸易、建筑工程、资本服务、水上运输等多个领域。但是民营企业"走出去"的步伐相对较小，影响了企业到全球大市场中配置资源。从 2020 年开始，江苏民营企业对外投资项目就有所下降。2020 年民营企业对外投资项目 546 个，同比下降 15.9%，中方协议投资总额 42.8 亿美元，同比下降 41.0%；民营企业海外并购项目 91 起，中方协议投资总额 15.3 亿美元，同比下降 43.1%。尽管江苏民营企业也开始涉足一批技术含量较高的投资项目，但仍以低附加值的初级产业为主，这主要是因为对外投资的民营企业核心竞争力不高，关键性技术和核心中间品仍靠外部生产价值链完成，大多数走出去的民营企业缺乏自有品牌和自主知识产权。以某高新技术产品为例，在海外投资建厂的企业不得不将最终产品售价的 20% 转给国外的技术专利持有企业。而传统制造业的企业对外投资也面临缺乏技术垄断优势的问题，只能在更具价格优势的地区进行投资。另外，民营企业融资渠道单一且成本较高，特别是中小型民营企业的规模小、盈利不强，往往更难获得银行等金融机构的投资青睐，导致海外拓展活动严重缺乏资金。总体而言，江苏企业缺乏应对国际市场行情变动、经贸规则等跨国经营的能力，相对欧美企业，只能通过发展中国家向发达国家转移的方式慢慢挖掘欧美市场。以对外承包工程为例，大部分企业大而不强，小而不专，在"一带一路"沿线国家和地区的市场占有率较高，但进入欧美等高端市场的竞争优势不够，在咨询、管理、工程设计、投资等高端业务拓展上有明显不足。

（五）市场主体的数字化技术运用水平还不高

习近平总书记指出，数字经济是全球未来的发展方向。江苏数字经济发

展较早，最新统计数据显示，江苏数字经济规模超 4 万亿元，数字经济核心产业增加值占 GDP 比重达 10.5%，无论是规模还是占比，都居全国前列。其中对经济高质量发展最为重要的方面是产业的数字化，尤其是数字化转型在传统产业中的广泛应用可以带来很多益处，比如提升业务敏捷度、优化生产过程、延伸产业链、扩展服务环节等。目前，江苏省产业数字化还处于发展不充分阶段，在具有引领性的产业领域中尚未形成自己的新型竞争优势，创新链与产业链之间衔接不畅，科技服务中介小、散、弱。受环境约束和技术短板等制约，江苏省产业数字化转型对经济的引擎拉动作用尚未完全释放。调研发现，有不少企业已经意识到产业数字化的红利，也有意尝试数字化转型，但是对数字化理解不够深入，或是数字化技术应用能力（包括数据采集、处理和分析等方面）不足，产业数字化的效应还不明显。在数字贸易平台或载体发展上，江苏跨境电商的活跃度还不如上海、浙江等地，在跨境电商产业链条中分层明显，尚未形成大规模产业集群，跨境电子贸易对产业的带动和辐射作用也受到了限制。

三　江苏开放型经济面临的新发展环境

突袭而至的新冠肺炎疫情给世界经济带来巨大冲击，疫情反复延续至今，挤压了世界经济复苏的空间，世界经济很大程度上陷入衰退，国际贸易与投资往来大幅下滑，更推动世界百年未有之大变局加速演进。此后，尽管世界经济总体呈现缓慢复苏态势，但是经济复苏前景仍存在高度不确定性。2022 年俄乌战争、极端天气等进一步提升了全球经济复苏的不确定性。2023 年，外部环境将更趋复杂、严峻和不确定，江苏开放型经济面临的市场机遇与国际形势快速变化，这一切给中国企业海外投资经营带来新的机遇与挑战。

（一）全球经济复苏不确定性增加，外部需求明显减弱

自疫情开始后，世界经济增长形势便不容乐观，复苏过程缓慢脆弱。据

联合国发布的 2022 年年中《世界经济形势与展望》报告预计，本年度全球经济增长仅为 3.1%，大幅低于年初预测的 4.0% 增长速度。世界经济增长动能有所减弱，不稳定、不确定因素增多，实现常态化增长仍需时日。全球跨境投资降至 2005 年以来的最低点，劳动力和供应链瓶颈、能源价格和通胀压力也影响了全球跨境投资实际增长。综观江苏省主要贸易伙伴（美、日、欧、"一带一路"沿线经济体）的经济增长，都出现不同程度的通胀与停滞，特别是美国加快收缩货币政策给全球带来较大冲击。欧盟委员会在 2022 年春季经济展望报告中下调了今明两年欧盟经济增长预期，分别为 2.7% 和 2.3%，指出欧洲家庭购买力遭侵蚀，通货膨胀加剧。日本通胀形势也不乐观，4 月日本居民消费者价格指数同比上升 2.1%，是近些年来同比增长幅度最大的一次。"一带一路"沿线国家受疫情影响经济总体大幅萎缩，除新加坡在 2021 年以增幅 7.2% 率先复苏之外，其余国家经济增长都面临不小的困难。此外，俄乌冲突也进一步推升了大宗商品价格，加剧全球通胀压力，这都是江苏开放型经济发展不可避免的外部环境。

（二）逆全球化背景下欧美国家重重设障，抑制中国企业技术引进

随着中西国家力量对比的不断调整，欧美对中国崛起的不适应感逐渐明显化，近些年欧美国家持续加大对外国投资的审查力度，特别是在高科技领域和重要基础设施领域，这给江苏引进高质量外资和推动企业走出去形成了障碍。以美国为首的西方国家采用种种遏制行为轮番针对中国科技领域的国际合作，逆全球化举措不断。2021 年 9 月，美欧贸易和技术委员会（TTC）正式成立，强调投资审查，以此对外国企业进行制裁。欧盟于 2021 年 11 月发布首份外资安全审查报告，指出自欧盟新的外资审查法案生效一年来，欧委会已审查 400 项外国投资。西方国家对华企业国际合作的限制范围从原先的国防工业扩展到战略性行业、关键性基础设施及国内核心技术领域，部分国家甚至出台针对性政策，压缩中资企业海外的发展空间，例如，美国政府以"应对中国军工企业威胁"为由，签署行政命令，将华为、中芯国际、中国航天科技集团有限公司等 59 家中国企业列入投资"黑名单"；英国政

府禁止中企参与该国核电项目；印度税务部门对中资企业开展大规模调查等。

（三）全球经贸治理出现新特征，合规难度显著增加

美日欧等经济体在世贸组织改革和多双边经贸谈判中倾向于片面强调所谓"高标准"规则，提高中资企业投资经营门槛。国际经贸规则呈现高水平特征，竞争中立、绿色发展、数字经济、劳工标准、知识产权保护等新老议题成为各方关注焦点。在反补贴方面，欧美在世贸组织改革中推动竞争中立和反补贴，弱化中国国有企业对外投资优势。在国际税收方面，经合组织（OECD）发表《关于应对经济数字化税收挑战"双支柱"方案的声明》，部分规则或影响双向投资、挑战数据安全、增大税改难度。在数据跨境流动方面，各国出台不同管理标准的数据流动法律和规则体系，形成若干数据流动圈。在绿色发展方面，越来越多的经济体推出碳达峰、碳中和时间表和新要求，欧盟率先提出碳边境调节机制。在社会责任方面，不少国家在技术质量、社会责任等方面提出更高要求。中国企业的合规能力面临新挑战，合规风险和成本不断上升。

（四）新一轮技术革命与产业变革加速推进，消费市场潜力尚可挖掘

新技术革命以数字化、网络化、智能化为核心，将引发数据等关键生产要素的变迁，加快价值链升级，进一步推动生产方式和产业形态变革，以及国家间竞争优势变化。新技术与产业交织的过程势必会涌现出新的业态、新的模式、新的赛道，并深刻影响全球产业链、价值链、创新链，重构全球经济结构，重塑国际经贸话语权。字节跳动、华为等中国本土公司在数字经济、人工智能等新领域、新业态的突破性表现，展现了新科技革命对于新兴经济体的同一个"机会窗口"。江苏是制造业大省，也是科教资源极为丰富的地区之一，可以紧抓变革性新技术的初级阶段，摸索多种技术及其相关规则，重塑新优势。此外，江苏消费市场繁荣活跃，在线消费、服务消费占比

显著提高，消费升级呈现品质化、高端化、智能化趋势，可以借由消费需求倒逼技术发展。比如在传统纺织行业推进数字化转型，深入挖掘个性化、碎片化的市场需求，构建一套以消费者运营为核心的技术体系，或者是电子商务平台。及时构建一套实时感知、响应、服务客户的新架构体系，可以伴随消费环境的变化，满足分层化、小众化、个性化的消费市场，运用数字化技术提升企业运营效率。

（五）国内国际双循环的新发展格局与长三角高质量一体化的机遇叠加

国内国际双循环相互促进是江苏提升开放型经济层次的重要历史机遇。以国内大循环为主体不仅仅是简单的数量对比关系，而主要是指一个国家对社会生产过程具有较强的主导权和控制力，包括在产业发展、资源供应等方面做到安全可控。国内国际双循环相互促进是指国内生产和国际生产、内需和外需、引进外资和对外投资等协调发展，国际收支基本平衡，形成相得益彰、相辅相成、取长补短的关系。重点要处理好供给和需求、国内和国际、自主和开放、发展和安全等重要关系，立足国内大循环，发挥比较优势，充分利用两个市场、两种资源。畅通生产、分配、流通、消费各环节的循环，同时积极创新参与国际分工与合作的方式，深度融入全球经济，不断拓展经济发展新空间。在严峻复杂的形势下，长三角高质量一体化应承担起三个功能：第一，长三角地区要努力成为率先基本实现现代化的"领头雁"，继续提高对全国经济的贡献水平，扛住经济下行压力，夯实经济基础；第二，长三角地区要努力成为中美经贸摩擦的"突击队"，在国家坚定维护经济全球化的背景下，承担起带领全国在更高起点深化改革和更高层次对外开放的重任；第三，长三角地区要努力成为实现新旧动能转换的"动力源"，围绕全国高质量发展样板区的定位，挖掘新的增长动力，推动质量变革、效益变革、动力变革。长三角高质量一体化，关键在于树立"一盘棋"的思想，三省一市要深化分工合作，扬长避短、优势互补，实现错位发展，把各自优势变成整体优势，不断提升区域发展的整体效能和核心竞争力，形成更加紧

密的区域发展共同体，既能集聚全球资源要素，又要辐射带动全国更广大地区，实现更高质量的发展。

四 江苏开放型经济进一步发展的制度约束

自改革开放以来，江苏对外开放合作取得重大成就。进出口规模连续18 年、出口规模连续 21 年居于全国第二位，服务外包规模连续 12 年居全国第一位。但是随着入世红利及改革红利的减弱，江苏进一步扩大对外开放逐步受到体制机制的制约，主要体现在以下几方面。

（一）市场公平秩序仍需维护

价格机制是市场经济体制运行的核心。尽管经过几十年市场经济体制建设，当前中国在一定程度上已经形成了一个统一大市场，但是仍存在一些违背价格机制的管理制度。江苏也不例外，一些地区会给予当地部分企业更多税收优惠许可、更低金融贷款成本等，甚至以行政手段干预或限制正常的市场竞争，人为造成市场分割，扭曲了市场对资源的正常配置作用，这在金融资源和土地资源的分配上最为明显。另外，在引资政策、招投标、政府采购行为中还存在区域壁垒、歧视性定价等，扰乱了公平竞争的市场秩序，可能会影响一些民营企业、外资企业获得平等的市场机会。

（二）现代物流体系仍需建设

尽管江苏已具备全国领先的基础设施建设水平和发展能力，但是在现代物流体系、数据资源共享等方面还有很大改善空间。跨省高速公路、普通国省干线、农村公路和航道工程规划建设还需要有效衔接，铁路、水运港口协同联动需要强化，现代综合运输网络尚需建设。基于互联网、人工智能、大数据等多种信息技术建立的市场新型基础设施也不足，人口、自然资源和空间地理、企业主体及电子证照等基础数据库还不完整，数据信息治理能力有待提升，与各类市场经济活动相关的制度法律法规仍在完善之中。

（三）要素跨区流动仍需畅通

完善的现代市场体系不仅包括商品市场，还包括要素市场。改革开放
40 多年来，我国要素市场从无到有，市场对于各类要素的配置能力显著增
强。江苏的商品市场一体化有了较大程度提高，基本实现了商品在区域内的
自由流动，但是要素市场的自由流动还有不少限制。资本、土地、技术、数
据等要素参与市场经济运行和分配，但是由于社会信用制度还不完善，多方
信息不对称，要素市场交易机制还未建立。在调研时笔者发现，某些地方会
补贴本地产品、对外地产品设定歧视性价格门槛或是通过工商质检等隐性壁
垒限制商品和服务进入本地市场，限制资本、人力和技术等要素自由流动。

五　江苏率先形成制度型开放新优势的内涵与思路

当前，全球价值链贸易出现了一些新趋势和新特点，原有开放型经济的
局限性日益显现：一是原有以"外资、外贸、外经"为主要内容的开放模
式受到国际贸易保护主义的严重干扰，拓展空间极其有限；二是原来引资模
式对高级生产要素的吸引力和集聚能力不够，高级要素禀赋不足；三是全球
经贸规则面临大调整、大重塑，并朝着高标准化方向发展。因此，原有的商
品和要素流动型开放已经不能适应新的国内外发展环境，亟须改变。

（一）制度型开放新优势的内涵

中央在 2018 年经济工作会议上采用了制度型开放来表述新阶段以高水
平开放带动改革全面深化的过程。相对于商品和要素流动型开放，制度型开
放强调的是在制度层面和法律法规上的改变。党的十九届四中全会也强调：
"健全外商投资准入前国民待遇加负面清单管理制度，推动规则、规制、管
理、标准等制度型开放。"[①] 党的二十大进一步强调了制度型开放，提出

---

① 《中国共产党第十九届中央委员会第四次全体会议公报》，新华网，http：//www.
xinhuanet.com/politics/2019-10/31/c_ 1125178024.html。

"推进高水平对外开放，稳步扩大规则、规制、管理、标准等制度型开放"。当前以美国为主导的多个国家逐渐试图边缘化 WTO 的多边贸易体制，这一方面是其本国利益优先的战略思维的体现，另一方面也与全球价值链进一步深化引起全球治理体系动荡有关。新型国际分工不仅是产业链上各环节的全球布局，甚至是同一生产环节就需要全球多国生产要素共同参与和协作，因此对参与要素分工与生产环节分工的各国制度相容、标准统一、管理一致等产生了更高的要求。

在制度型开放模式下，一国对外开放营商环境的水平不再局限于某些存量生产要素的多寡，也不仅体现在货物、服务进出口的关税水平上，而是考量该国与国际贸易新规则的对接程度。因此，制度型开放除了要求规则、标准、管理等制度的国际对接，还需要将国际规则、标准、管理方式延伸至国内，倒逼国内制度的改革，保持"境内"与"边境"措施的一致性。只有对标国际先进规则，国内才能快速和深度实施高水平经贸制度优化，促进全球生产要素、全球创新要素与国内经济体系的融合，实现国内国际双循环的现代化市场经济体系构建。

（二）江苏率先形成制度型开放新优势的思路

江苏是全国开放格局中的重要组成部分，具有"双向枢纽"的意义。从对外开放看，江苏是国际交流合作的排头兵，与日韩、欧美和东南亚等国（区域）联系紧密、往来频繁，对新时期构建国内国际双循环新发展格局形成有力推动。从向内交流看，江苏有通江达海的地理优势、多区域汇聚的人才优势、发达的基础设施优势，是新发展格局构建的基础支撑。江苏率先形成制度型开放新优势，对全国有很大意义。

基于上文对制度约束的分析，江苏打造制度型开放新优势的逻辑思路主要有以下几个方面。第一，江苏应率先建成高层次的要素资源配置平台。重视人才、资金、数据等各个生产要素资源对产业的推动力，打造区域人才高地、产业技术创新中心、数字经济发展高地、金融资本汇聚中心。在资金要素市场配置中，要围绕国际产业合作，加强资金与产业相结合的双向金融境外交流；人才要素的流动能够给区域带来创新活力，江苏要尽可能增强全球高级人才的集聚；还要抢抓数字技术机遇，重视基层数据、大数据，加快建设绿色智能、安全可控的综合性数字信息基础设施，发挥工业互联网优势，打造现代化数据运营中心。第二，江苏应尽快完善高效率的现代物流体系。充分发挥物流在经济体系中的作用，建设集铁路、公路、航空、内河航运、海港和运输管道于一体的海陆空协同枢纽体系，完善省域交通网络，基本实现"1日联通全球、半日通达全国、2小时畅行江苏"的目标，规范物流产业，鼓励物流新业态发展，深入促进物流业与制造业的融合发展。第三，江苏应强化建设高标准的国际合作环境。构建高标准国际经贸规则是全球产业链、供应链、价值链深入发展的必然要求，也是未来国际营商环境的优先考量。在新一轮经济全球化要求下，按照高标准国际经贸规则完善和建设国际开放合作环境，能够在市场准入、技术标准、环境保护、知识产权保护、安全卫生标准、争端解决机制、监管一致性以及服务贸易、跨境电商、跨境数据自由流动等方面赢得发展的主动性，营造兼顾江苏特色与国际标准的工作、生活环境。

六 江苏率先打造制度型开放新优势的政策建议

江苏以制度型开放为重点，建设高水平开放型经济新体制，率先形成既接轨于国际新规则新标准，又与国内生产要素流动对接的制度型开放新优势的主要路径有以下几方面。

（一）进一步优化开放经济管理政策

一是要完善投资管理制度，健全促进对外投资政策和服务体系，保持内外资企业的竞争中性。进一步加大对外开放力度，以扩大市场准入为契机，持续推进外资管理制度改革，鼓励外资参与江苏国有企业混合所有制改革，完善外资参与政府与社会资本合作投资模式的配套政策措施，切实增强外资企业获得感。二是要完善贸易便利化的相关措施，进一步拓展具有江苏特色

的中国国际贸易"单一窗口"功能，加快推进全国一流的江苏特色电子口岸建设，进一步提效降费，力争实现国际贸易业务全流程全覆盖。特别要高度重视数字经济发展，推动跨境电商、海外仓、数字贸易、云外包等服务贸易新业态、新模式的快速发展，积极参与数字经济、电子商务等领域的国际规则和标准制定。

（二）进一步厘清行政管理与服务界限

首先，应完善事中事后监管体制，既要放得开，又要管得住，秉持"不审批也负责"的工作理念，确保不发生重大风险或系统性风险。注重机构的精简、流程的优化、风险的可控，进一步深化行政管理改革。其次，应加强服务型政府建设，优化开放型经济运行管理，降低市场主体的制度性交易成本，激发市场活力，深化"放管服"改革。建设法治政府、规范政府行为的同时，打造创新型、服务型、有限型政府。保证各类企业能够公平、平等地参与市场竞争，有同等获得金融要素、创新要素等的机会，促进外资企业融入江苏的创新体系，加大知识产权保护和执法力度。

（三）进一步激发开放经济新活力新动能

持续鼓励和引导企业进行高层次的国际产能合作或技术交流，提升本土企业主体利用两种资源和两个市场的能力；鼓励对外投资实体经济，促进投建营一体化项目实施；大力发展新业态新模式。大力发展跨境电商，推进全省跨境电商综试区建设，强化政策协同，鼓励业务模式创新，促进外贸综合服务企业更好地为中小企业服务。支持海门、常熟积极探索"市场采购+跨境电商"模式，推动试点完善配套服务，提高试点市场外向度；深入推进服务贸易创新发展。强化南京、苏州服务贸易创新发展试点先发优势，积极争取江苏更多地区纳入试点范围。依托各地特色产业，大力发展电信、计算机和信息服务、生物医药研发、知识产权服务等新兴服务贸易。鼓励引导服务外包向各行业深度拓展，加快融合，形成产业新生态。

（四）进一步强化开放载体的制度创新

高水平建设中国（江苏）自由贸易试验区，学习借鉴兄弟省市的先进政策经验做法，以企业需求为导向，突出全产业链开放创新，系统破解制约重点产业创新发展的制度性瓶颈；打造自贸试验区改革开放品牌，加强与长三角区域其他自贸试验区的互联互通与合作，加强自贸区制度创新设计对省内其他开放载体的示范性。加大力度支持进口资源性商品及先进技术设备；鼓励企业拓展国际市场；加大政策性信用保险力度，引导企业防范与化解出口贸易风险；支持企业应对贸易摩擦；加大金融支持力度等。

（五）进一步营造高水平开放环境

加快在自贸试验区适度对接 CPTTP 协议合适条款，开展先行压力测试，进一步放大开放倒逼改革的效应，推动开放型经济的提档升级。加快金融、海运、信息通信技术服务、电子商务、计算机相关服务、邮政与速递服务、自然人流动、政府采购等方面的先行开放。如加大电信基础设施开放力度，探索开放互联网数据中心和内容分发业务；建立跨境数据流动白名单制度，允许一般数据在跨国集团内部流动。此外，还可对照 CPTPP 要求，逐步有序地清理国有企业特殊待遇与政策优惠。

参考文献

［1］迟福林：《高水平开放与深层次市场化改革的互促共进》，《人民论坛》2020 年第 35 期。

［2］丁宏：《推进江苏自贸区建设制度创新》，《群众》2021 年第 5 期。

［3］顾阳：《抓住内外贸一体化发展红利》，《经济日报》2022 年 6 月 3 日。

［4］倪海清、刘小卉：《以高水平开放载体建设提升开放能级》，《群众》2021 年第 18 期。

［5］王俊岭：《打通内外贸，构建双循环》，《人民日报》（海外版）2022 年 5 月

21 日。

［6］王利辉、刘志红：《上海自贸区对地区经济的影响效应研究——基于"反事实"思维视角》，《国际贸易问题》2017 年第 2 期。

［7］夏文斌、姜汪维：《以新体制推进新阶段高水平对外开放》，《经济日报》2021 年 2 月 28 日。

［8］阎海峰、彭德雷：《以高水平开放新体制助力经济高质量发展》，《第一财经日报》2020 年 12 月 24 日。

［9］叶修群：《自由贸易试验区与经济增长——基于准自然实验的实证研究》，《经济评论》2018 年第 4 期。

［10］张二震：《以高水平对外开放建设"双向枢纽"》，《群众》2021 年第 5 期。

［11］张二震、戴翔：《更高水平开放的内涵、逻辑及路径》，《开放导报》2021 年第 1 期。

［12］张幼文：《自贸区试验与开放型经济体制建设》，《学术月刊》2014 年第 1 期。

B.7
江苏内需发展形势分析与展望

战焰磊 成洁*

摘 要： 扩大内需是推动经济高质量发展的重要战略基点。江苏把扩大内需作为发展的重要牵引，不断完善政策体系，取得了显著成效，内需规模稳步扩张，结构不断优化，内需动力顺利转型，内外联动效应显现。在新发展阶段，江苏经济社会发展的内外环境发生深刻变化，在推动内需高质量发展进程中机遇与挑战并存、优势与不足并存。江苏推动内需高质量发展的战略路径包括规模扩张战略、结构升级战略、平衡互动战略、政策集成战略，相应的推进机制包括规划引领机制、创新驱动机制、需求扩张机制、供给保障机制、预期调节机制、评价反馈机制等。

关键词： 扩大内需 高质量发展 需求侧管理 供给侧结构性改革

引 言

扩大内需是"十四五"时期我国推动经济高质量发展的重要战略基点，既是新阶段推动经济稳定增长的客观要求，又是满足人民日益增长的美好生活需要的内在要求。近年来我国围绕扩大内需出台了一系列扶持政策，然而，受国内外环境变化影响，这些政策组合拳的实际效果差强人意。为此，2021年中央经济工作会议明确提出，要"实施好扩大内需战略，增强发展

---

* 战焰磊，江苏省社会科学院《江海学刊》杂志社研究员；成洁，江苏省社会科学院《江海学刊》杂志社助理研究员。

内生动力"。① 2022 年中央《政府工作报告》再次强调，要"坚定实施扩大内需战略……畅通国民经济循环，打通生产、分配、流通、消费各环节，增强内需对经济增长的拉动力"。② 党的二十大报告提出，要"把实施扩大内需战略同深化供给侧结构性改革有机结合起来"，并强调"着力扩大内需，增强消费对经济发展的基础性作用和投资对优化供给结构的关键作用"。③ 江苏作为经济发展水平较高的省份，在扩大内需、服务构建新发展格局方面肩负着重要使命。特别是作为开放型经济发达的省份，江苏亟须摆脱外需持续低迷的影响，加快培育完整内需体系，增强消费对经济发展的基础性作用、发挥投资对优化供给结构的关键性作用，在扩大内需与稳定外需的良性互动中实现经济高质量发展。江苏省第十四次党代会明确提出："坚持把扩大内需作为江苏发展的重要牵引。主动适应、服务构建新发展格局，加快实施扩大内需战略，发挥我省巨大规模的市场优势，主动顺应消费升级趋势，促进传统消费扩容提质、新型消费加快成长、线上线下融合发展，积极开拓城乡消费市场，加快建设国际消费中心城市。实施高效流通体系建设工程，大力推进优质产业项目建设，加大数字基础设施等新基建投入力度，充分发挥有效投资在扩大内需中的关键作用。"④ 2022 年江苏省《政府工作报告》进一步强调指出，要"坚定实施扩大内需战略，努力保持经济平稳健康发展。把扩大内需作为发展的重要牵引，进一步畅通经济循环，推动经济运行保持在合理区间"⑤。

为此，报告在深刻分析扩大内需的理论机理基础上，全面梳理江苏扩大内需的探索实践和初步成就，借助评价指标体系对江苏内需高质量发展的绩效做

① 《中央经济工作会议在北京举行》，《人民日报》2021 年 12 月 11 日。
② 李克强：《政府工作报告——二〇二二年三月五日在第十三届全国人民代表大会第五次会议上》，《人民日报》2022 年 3 月 13 日。
③ 习近平：《高举中国特色社会主义伟大旗帜 为全面建设社会主义现代化国家而团结奋斗——在中国共产党第二十次全国代表大会上的报告》，《人民日报》2022 年 10 月 26 日。
④ 吴政隆：《争当表率 争做示范 走在前列 奋力谱写"强富美高"新江苏现代化建设新篇章——在中国共产党江苏省第十四次代表大会上的报告》，《新华日报》2021 年 11 月 29 日。
⑤ 许昆林：《政府工作报告——2022 年 1 月 20 日在江苏省第十三届人民代表大会第五次会议上》，《新华日报》2022 年 1 月 25 日。

出定量评价，并以浙江、广东、山东、上海为比较对象，分析江苏扩大内需的优势与不足，借鉴国内外经验，系统探讨江苏扩大内需的战略路径与政策思路。

一 新发展格局下扩大内需战略的理论机理与综合动因

（一）扩大内需战略的理论演进与内在机理

西方主流经济学围绕如何解释经济增长主要形成了两种理论范式：一种是供给决定论的范式，以供给自行创造需求为基础，将经济运行视为一种生产函数，以分析影响经济增长的各种因素，该理论以新古典经济学及其增长理论为代表；另一种是需求决定论的范式，以需求创造自己的供给为基础，强调有效需求决定社会总就业量和产量水平，而经济增长就决定于消费、投资和净出口三个有效需求变量，该理论以凯恩斯主义经济学及其经济增长理论为代表。由于经济危机主要表现为生产相对过剩的常态化，[①] 从而对供求之间的决定关系做出了注解，也使凯恩斯主义经济学成为理解经济危机和恢复经济增长的主要理论资源。扩大内需成为各主要经济体应对经济危机，刺激拉动经济增长的重要战略取向，一方面，通过降低利率、发行国债、减免税费、增加政府公共支出等积极的财政政策和宽松的货币政策，启动投资市场，增加投资规模；另一方面，通过增加收入、放松信贷、完善社会保障等政策手段，启动消费市场，增加消费规模。扩大内需不仅具有良好的逆周期调节功能，而且是大国经济崛起的必由之路。例如，美国长期奉行内需主导型发展道路，[②] 并且将扩大内需作为应对滞胀的基本策略；20 世纪 90 年代以来，德国采取了一系列扩大内需的政策来应对经济衰退，[③] 日本甚至出现

---

① 徐志向：《论当代资本主义经济危机的演变逻辑》，《当代经济研究》2021 年第 5 期，第 11~18 页。
② 贾根良：《美国学派与美国内需主导型发展道路的借鉴研究（专题讨论）》，《学习与探索》2012 年第 12 期，第 81 页。
③ 齐兰：《德国政府扩大内需的政策及其借鉴意义》，《经济学动态》1999 年第 4 期，第 72~74 页。

了"扩大内需"政策长期化的倾向。[①]

从"总需求=消费需求+投资需求+政府需求+国外需求"的恒等式来看，所谓扩大内需战略主要是指综合运用各种政策手段扩大居民消费、企业投资、政府支出等国内需求，以促进国民经济稳定增长。综合各类消费理论可以发现，影响居民消费的因素纷繁复杂，既包括微观层面的可支配收入、商品价格、交易成本、消费倾向与收入预期等，又包括宏观层面的经济发展水平、市场条件、制度体系、文化环境等。同样，依据企业的投资决策函数可以发现，影响企业投资的主要因素包括利率、储蓄、预期、风险偏好、经济发展水平、政策条件等。政府支出实质上是以政府为主体的消费和投资，其影响因素可分为经济性因素、政治性因素、社会性因素等。因此，扩大内需的基本政策组合是积极的财政政策和扩张性的货币政策，前者的主要内容包括税费改革与结构性减税、提高赤字率和财政支出规模、发行债券和加大基础设施投资、增加中低收入群体收入和缩小收入差距等，后者的主要内容包括降低利息以降低融资成本、降低存款准备金率和再贴现率以增加流动性、在公开市场上回购有价证券以增加货币投放量等。

需要指出的是，尽管扩大内需战略主要是在有效需求不足、经济增长乏力的背景下实施的逆周期调节政策，但是，这并不意味着否定供给或者说供给不重要。恰恰相反，扩大内需战略要与优化供给战略协同推进，在释放需求动力的基础上提高供给质量和效率，以不断向高水平跃迁的供求动态平衡，促进经济的持续稳定增长。马克思的供需平衡理论从社会再生产过程的角度分析供给与需求的关系，认为供需平衡既是社会经济健康运行的客观要求，又是社会经济正常发展的必要条件，强调供需平衡本质上是价值生产与价值实现的平衡，除了要求供给和需求在数量上保持合理的比例关系，还要求有充分的支付能力来保障这种平衡得以实现。[②] 2020 年以来，以习近平同

---

① 莽景石：《"扩大内需"政策的长期化：基于日本经验的解释》，《现代日本经济》2021 年第 4 期，第 1~13 页。

② 纪尽善：《马克思供需平衡理论与扩大内需战略取向和现实选择》，《当代经济研究》2002 年第 9 期，第 8~11 页。

志为核心的党中央审时度势，高屋建瓴地做出了"加快构建以国内大循环为主体、国内国际双循环相互促进的新发展格局"的重大战略决策，旗帜鲜明地强调国内需求与国际需求的联动、供给侧与需求侧的平衡，我国的扩大内需战略也跳出需求决定论的单向逻辑，更加注重供给与需求的动态平衡。

（二）我国扩大内需战略的政策演进

改革开放以来，我国立足特定发展阶段和比较优势，长期实行了以外需带动内需的外向型发展政策，积极承接来自发达国家的产业转移，嵌入全球价值链体系中的劳动密集型的低端环节，促进了经济的高速增长。为应对亚洲金融危机引发的外需低迷的冲击，我国 1998 年底的中央经济工作会议明确指出："扩大国内需求、开拓国内市场，是我国经济发展的基本立足点和长期战略方针。"① 此后，我国一直将扩大内需作为在危机背景下对冲外需低迷的不利影响，保持经济稳定增长的重要战略。为应对 2008 年国际金融危机，2008 年中央经济工作会议明确提出，"立足扩大内需保持经济平稳较快增长"，"把扩大内需作为保增长的根本途径"。②

随着中国特色社会主义进入新时代，我国始终牢牢把握扩大内需这个战略基点，党的十八大明确将"经济发展更多依靠内需特别是消费需求拉动"③ 确立为形成新的经济发展方式的重要内容。2013 年中央经济工作会议提出，"构建扩大内需长效机制，着力增加消费需求"。④ 2014 年中央经济工作会议科学分析了我国经济发展新常态的九大特征，要求"更加积极地促进内需和外需平衡"，"切实增强内需对经济增长的拉动力"⑤。为更好适应和引领新常态，以习近平同志为核心的党中央审时度势做出了加强供给侧

---

① 戚义明：《改革开放以来扩大内需战略方针的形成和发展》，《党的文献》2009 年第 4 期，第 34~41 页。
② 《中央经济工作会议在北京召开》，《经济日报》2008 年 12 月 11 日。
③ 胡锦涛：《坚定不移沿着中国特色社会主义道路前进 为全面建成小康社会而奋斗——在中国共产党第十八次全国代表大会上的报告》，《人民日报》2012 年 11 月 18 日。
④ 《中央经济工作会议在北京举行》，《经济日报》2013 年 12 月 14 日。
⑤ 《中央经济工作会议在北京举行》，《经济日报》2014 年 12 月 12 日。

结构性改革的战略决策，更加强调供给与需求的良性互动和动态平衡。2015
年 11 月 10 日，习近平主持召开中央财经领导小组第十一次会议时强调，
"在适度扩大总需求的同时，着力加强供给侧结构性改革，着力提高供给体
系质量和效率，增强经济持续增长动力，推动我国社会生产力水平实现整体
跃升"。① 2015 年底的中央经济工作会议强调，"明年及今后一个时期，要
在适度扩大总需求的同时，着力加强供给侧结构性改革"。② 2016 年中央经
济工作会议提出，"坚持稳中求进工作总基调……坚持宏观政策要稳、产业
政策要准、微观政策要活、改革政策要实、社会政策要托底的政策思路，坚
持以推进供给侧结构性改革为主线，适度扩大总需求"。③ 党的十九大做出
了我国经济进入高质量发展阶段的战略判断，要求"深化供给侧结构性改
革……坚持去产能、去库存、去杠杆、降成本、补短板，优化存量资源配
置，扩大优质增量供给，实现供需动态平衡"。④

2018 年以来，随着中美贸易摩擦不断升级，美国对中国的贸易制裁和
技术封锁不断加剧，我国的外需再次受到冲击，扩大内需的必要性和紧迫性
全面提升。2018 年中央经济会议强调，"我国经济运行主要矛盾仍然是供给
侧结构性的，必须坚持以供给侧结构性改革为主线不动摇"，同时提出"要
持续释放内需潜力，推动区域协调发展"。⑤ 2019 年中央经济工作会议强调，
要"在深化供给侧结构性改革上持续用力，确保经济实现量的合理增长和
质的稳步提升"，并且"强化民生导向，推动消费稳定增长，切实增加有效
投资，释放国内市场需求潜力"。⑥ 世界百年未有之大变局，叠加世纪疫情
的严重冲击，我国外需环境急剧恶化，以供求平衡为基础的扩大内需成为构
建新发展格局、实现高水平科技自立自强、构建自主可控的现代产业体系、

① 《习近平关于社会主义经济建设论述摘编》，中央文献出版社，2017，第 87 页。
② 《中央经济工作会议在北京举行》，《经济日报》2015 年 12 月 22 日。
③ 《中央经济工作会议在北京举行》，《经济日报》2016 年 12 月 17 日。
④ 习近平：《决胜全面建成小康社会 夺取新时代中国特色社会主义伟大胜利——在中国共产
党第十九次全国代表大会上的报告》，《人民日报》2017 年 10 月 28 日。
⑤ 《中央经济工作会议在北京举行》，《经济日报》2018 年 12 月 22 日。
⑥ 《中央经济工作会议在北京举行》，《经济日报》2019 年 12 月 13 日。

建成社会主义现代化强国的根本战略选择。党的十九届五中全会提出，"坚持扩大内需这个战略基点，加快培育完整内需体系，把实施扩大内需战略同深化供给侧结构性改革有机结合起来，以创新驱动、高质量供给引领和创造新需求"。① 2020年中央经济工作会议指出，"加快构建以国内大循环为主体、国内国际双循环相互促进的新发展格局，要紧紧扭住供给侧结构性改革这条主线，注重需求侧管理，打通堵点，补齐短板，贯通生产、分配、流通、消费各环节，形成需求牵引供给、供给创造需求的更高水平动态平衡，提升国民经济体系整体效能"，并再次重申要"坚持扩大内需这个战略基点"。② 2021年中央经济工作会议指出，"我国经济发展面临需求收缩、供给冲击、预期转弱三重压力"，既要求"坚持以供给侧结构性改革为主线"，又要求"实施好扩大内需战略，增强发展内生动力"。③ 2022年7月28日，习近平总书记主持召开中共中央政治局会议时强调："宏观政策要在扩大需求上积极作为。财政货币政策要有效弥补社会需求不足。"④

二　江苏内需发展的现状分析

（一）扩大内需的政策体系不断完善

党的十八大以来，江苏坚定实施扩大内需战略，认真落实中央有关政策，配套出台了一系列关于扩大内需的政策文件，形成了涵盖消费和投资的完备政策体系。例如，在扩大消费领域的文件包括《中共江苏省委江苏省人民政府关于完善促进消费体制机制进一步激发居民消费潜力的实施意见》《关于促进文化和旅游消费若干措施》《关于加快新型信息基础设施建设扩

---

① 《中共十九届五中全会在京举行》，《经济日报》2020年10月30日。
② 《中央经济工作会议在北京举行》，《经济日报》2020年12月19日。
③ 《中央经济工作会议在北京举行》，《经济日报》2020年12月11日。
④ 《中共中央政治局召开会议 分析研究当前经济形势和经济工作 审议〈关于十九届中央第九轮巡视情况的综合报告〉》，《经济日报》2020年7月29日。

大信息消费的若干政策措施》《关于加快促进流通扩大商业消费的实施意见》《江苏省"十四五"消费促进规划》《关于进一步释放消费潜力促进消费加快恢复和高质量发展的实施意见》等。在促进投资领域的文件包括《关于进一步促进民间投资发展的意见》《关于促进创业投资持续健康发展的实施意见》《江苏省政府投资管理办法》《关于加快推进基础设施投资建设的若干措施》等。

（二）内需规模稳步扩张，结构不断优化

从表1来看，2021年江苏社会固定资产投资额为62361.9亿元，是2012年的1.97倍，年均增速约为7.81%。尽管近十年来江苏社会固定资产投资增速总体上呈明显下降趋势，从2012年的20.5%下降到2021年的5.8%，但是除了受到新冠肺炎疫情严重冲击的2020年之外，总体上保持良好增长态势。2022年1~8月，全省固定资产投资同比增长3.4%。

表1 2012~2021年江苏固定资产投资情况

单位：亿元，%

年份	社会固定资产投资额	民间投资额	房地产投资额	高技术产业投资额	民间投资占比	房地产投资占比	高技术产业投资占比
2012	31707.2	21293.5	6206.1	4059	67.20	19.57	12.80
2013	35982.5	24525.8	8857.2	6426.2	68.20	24.62	17.86
2014	41552.8	28077.7	8240.2	7172.1	67.60	19.83	17.26
2015	45905.2	31997.8	8153.7	7535.5	69.70	17.76	16.42
2016	49370.9	34233.7	8956.4	8010.8	69.30	18.14	16.23
2017	53000.2	37485.5	9629.1	7748.2	70.70	18.17	14.62
2018	55915.7	41533.9	10986.8	8925.9	71.00	19.65	15.96
2019	58766.9	42780.0	12019.6	11005.7	69.60	20.45	18.73
2020	58943.2	42437.7	13185.5	11500.9	68.80	22.37	19.51
2021	62361.9	45111.3	13488.7	13985.1	69.20	21.63	22.43

注：2018年之后的固定资产投资额根据年度增速计算得到。

资料来源：数据来自各年份《江苏省国民经济和社会发展统计公报》。

从投资结构来看，民间投资较为活跃，居于绝对主导地位，所占比重稳定在70%左右，2021年为69.20%，比全国平均水平（55.65%）高13.55个百分点；高技术产业投资保持强劲增长态势，2021年达到13985.1亿元，是2012年的3.45倍，并且首次超过房地产投资，占全社会固定资产投资的比重高达22.43%；虽然房地产投资占比仍然偏高，2021年为21.63%，但明显低于全国平均水平（26.70%）。

从社会消费品零售总额来看，2021年达42702.6亿元，是2012年（18946.4亿元）的2.25倍，年均增速为9.45%。从消费业态结构来看，网络消费保持稳健增长，2021年实物商品网上零售额9527亿元，同比增长5.2%，占社会消费品零售总额的比重为22.3%，但均明显低于全国平均水平（12.0%和24.5%）；从城乡结构来看，乡村消费成为新的增长点，2021年乡村消费品零售额达4852.4亿元，同比增长28.9%，所占比重为11.36%，比2012年提高了1.64个百分点，但仍低于全国平均水平（13.44%）。

（三）内需动力顺利转型，内外联动效应显现

从需求侧来看，转变经济发展方式、实现高质量发展的关键是实现经济增长动力由投资驱动转向消费驱动。新时代以来，江苏坚定实施扩大内需战略，完成了经济增长主导动力从投资驱动向消费驱动转变，同时外需的贡献不断扩大。2012年资本形成总额对经济增长的贡献高达52.3%，但到了2014年消费就超过了投资成为驱动经济增长的主导动力，此后消费的贡献稳步攀升、投资的贡献逐步下降，2016年最终消费占比达到51.1%，2018年为50.5%，而资本形成总额占比进一步下降至40.6%。从消费内部结构来看，居民消费保持强劲扩张态势，所占比重从2012年的28.6%上升到2018年的37.6%，而政府消费所占比重则从2012年的13.6%波动下降到2018年的12.9%；进一步从居民消费结构来看，城镇居民消费仍是主力军，所占比重从2012年的22.2%一路攀升至2018年的29.6%，而农村居民消费也做出了重要贡献，所占比重从2012年的6.5%上升至2018年的8%。特别

值得关注的是净出口的贡献，从 2012 年的 5.4% 上升至 2018 年的 8.9%，反映了外需与内需的良性互动（见表 2）。2021 年，江苏货物净出口 12934 亿元，占当年地区生产总值的比重为 11.12%，这种骄人成绩同出口商品结构的持续优化密切相关，其中工业制成品和高新技术产品所占比重分别为98.74% 和 34.69%。

表 2　2012~2018 年江苏按支出法计算的地区生产者总值构成

单位：%

年份	最终消费	居民消费			政府消费	资本形成总额	货物和服务净出口
			城镇居民	农村居民			
2012	42.3	28.6	22.2	6.5	13.6	52.3	5.4
2013	44.9	31.8	24.7	7.2	13.1	50.4	4.7
2014	47.9	34.7	27.0	7.7	13.2	47.7	4.5
2015	49.1	35.4	27.6	7.8	13.7	44.6	6.2
2016	51.1	37.0	29.1	8.0	14.0	42.8	6.1
2017	50.1	37.1	29.2	7.9	13.0	43.5	6.4
2018	50.5	37.6	29.6	8.0	12.9	40.6	8.9

资料来源：各年份《江苏统计年鉴》。

三　江苏内需高质量发展的绩效评价：以浙、鲁、粤为样本的比较分析

本部分紧扣高质量发展的主题要求，抓住消费和投资两大领域，从数量规模稳定增长、多维结构不断优化、质量效益不断改善等维度，构建内需高质量发展绩效的评价指标体系，以苏、浙、鲁、粤为样本，对江苏内需高质量发展的绩效做出定量评价。

（一）指标体系构建、数据来源与处理方法

目前关于内需高质量发展绩效尚无权威统一的评价指标体系，报告借鉴

高质量发展评价体系的相关成果，紧扣高质量发展对于规模增长、结构优化和效益改善的要求，综合考虑指标数据获取的可行性，主要从规模、结构、效益三个维度，构建了包含7个二级指标、14个三级指标的内需高质量发展评价指标体系（见表3）。其中，房地产投资占比、食品消费占比、城乡居民收入比和消费比、投资贡献率为负向指标，其他指标均为正向指标。

报告所采用的相关数据均来自相关地区的统计年鉴和统计公报，具有权威性。其中，由于社会固定资产投资自2018年开始仅公布增速统计数据，样本地区的社会固定资产投资额数据根据增速计算得到；由于相关地区的统计年鉴公布的按支出法计算的地区生产总值相对滞后，且时间进度不一，在此，笔者分别采用社会消费品零售总额和社会固定资产投资额与地区生产总值的比，来衡量消费贡献率和投资贡献率。

报告采用熵值法估算各指标的权重（见表3），这种方法"主要通过分析各指标之间的关联程度及各指标所提供的信息量来确定指标的权重，能够在一定程度上避免主观赋值所带来的偏差"。为便于比较，报告采用极差标准化的方法对相关原始数据进行标准化处理。[1]

表3　江苏内需高质量发展评价指标体系

一级指标	二级指标	三级指标	指标属性	权重
规模维度	绝对规模	社会固定资产投资额	+	0.071
		社会消费品零售总额	+	0.071
	增长速度	固定资产投资额增速	+	0.081
		社会消费品零售总额增速	+	0.070
结构维度	投资结构	高新技术产业投资占比	+	0.072
		房地产投资占比	-	0.072
	消费结构	食品消费占比	-	0.070
		文体娱乐消费占比	+	0.070
	城乡结构	城乡居民消费比	-	0.070
		城乡居民收入比	-	0.070

---

[1]　战炤磊：《资源禀赋、空间集聚与植物油加工业全要素生产率变化研究》，东南大学出版社，2016，第164页。

续表

一级指标	二级指标	三级指标	指标属性	权重
效益维度	产出效益	人均地区生产总值	+	0.071
		地区生产总值增速	+	0.070
	增长贡献	消费贡献率	+	0.070
		投资贡献率	−	0.072

（二）绩效评价结果分析

表 4 展示了 2012~2021 年江苏、浙江、山东、广东 4 个样本省份的内需高质量发展指数。从样本期均值来看，江苏内需高质量发展水平最高，其次是浙江，山东和广东分别位列第三位和第四位。概括而言，江苏在内需高质量发展方面的领先水平，主要源于其社会消费品零售总额增速、文体娱乐消费占比、人均地区生产总值、地区生产总值增速 4 个指标得分居首，其他多数指标得分也在 0.6 以上，只有消费贡献率得分在 4 个省区中垫底，另外城乡居民收入比和投资贡献率得分相对较低，分别为 0.587 和 0.499。浙江内需高质量发展水平较高，主要源于其多数指标得分表现较为均衡，只有社会固定资产投资额和社会消费品零售总额 2 个绝对规模指标得分垫底，城乡居民消费比、城乡居民收入比和消费贡献率 3 项指标得分稳居首位，固定资产投资额增速、食品消费占比、人均地区生产总值和地区生产总值增速 4 个指标得分都在 0.6 以上。山东和广东内需高质量水平相对较低，主要源于其

表 4　2012~2021 年江苏、浙江、山东、广东内需高质量发展指数

年份	2012	2013	2014	2015	2016	2017	2018	2019	2020	2021	样本期均值
江苏	0.771	0.780	0.762	0.730	0.775	0.804	0.614	0.600	0.647	0.662	0.756
浙江	0.475	0.408	0.343	0.420	0.536	0.547	0.543	0.716	0.538	0.524	0.530
山东	0.595	0.568	0.553	0.442	0.462	0.399	0.433	0.661	0.546	0.588	0.385
广东	0.224	0.300	0.333	0.388	0.361	0.429	0.442	0.527	0.316	0.272	0.374

分别有 6 个和 5 个指标得分在 4 个省份中垫底，山东仅有房地产投资占比和食品消费占比 2 个指标得分居于首位，广东虽然有社会消费品零售总额、固定资产投资额增速、投资贡献率 3 个指标得分居首位，但除了地区生产总值增速之外，其他指标得分都在 0.45 以下，所以整体表现略低于山东。

从变化趋势来看（见图 1），在 2019 年之前，4 个省份的内需高质量发展指数总体上均呈现了波动增长的态势，2020 年以来部分省份总体上处于波动下降的区间。其中，江苏在 2017 年达到峰值 0.804，2019 年降到谷底，此后缓慢复苏，2021 年恢复至 0.756，但仍明显低于历史峰值；浙江、山东、广东在经历多年波动增长之后，均于 2019 年达到峰值，分别为 0.716、0.661、0.527，但在疫情冲击之下三省的内需高质量发展指数出现了分化，山东立足规模和韧性优势，凭借结构和效益的持续优化完成了逆袭，2020年赶超浙江，2021 年以 0.588 的成绩直逼江苏；而浙江凭借良好的发展基础，面对疫情冲击展现出了韧性，2021 年内需高质量发展指数的降幅迅速收窄；但是外需依赖性较强的广东，内需高质量发展指数持续下滑，2021年仅为 0.272，已接近历史低谷。这也进一步说明了，加快构建双循环新发展格局，推动内需高质量发展的必要性和紧迫性。

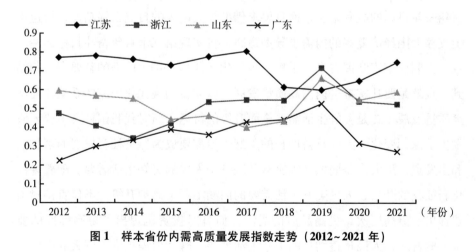

图 1　样本省份内需高质量发展指数走势（2012~2021 年）

四 江苏内需高质量发展的形势分析

坚定扩大内需是"十四五"乃至更长一段时期，我国推动经济高质量发展的重要战略基点和实现路径。随着社会主义现代化新征程全面开启，江苏经济社会发展的内外环境发生深刻变化，在推动内需高质量发展进程中机遇与挑战并存、优势与不足并存，亟须加以辩证分析，以便扬长补短，抓住机遇、战胜挑战。

（一）江苏内需高质量发展的机遇与挑战

习近平总书记指出，"当前和今后一个时期，我国发展仍然处于重要战略机遇期，但机遇和挑战都有新的发展变化"。① 江苏在推动内需高质量发展进程中面临一系列良好机遇。一是社会主义现代化新征程全面开启的机遇。随着第一个百年奋斗目标的顺利实现，我国开启了全面建设社会主义现代化强国的新征程，这赋予了扩大内需更加重要的使命，不仅要借助扩大内需的逆周期调节功能，使国民经济快速恢复到稳健增长的轨道，巩固第一个百年奋斗目标的胜利果实，而且要求借助扩大内需的自立自强功能，快速走上支撑大国经济复兴的内需主导型道路，将实现第二个百年奋斗目标的主动权和控制权牢牢掌握在自己手里。现代化新征程对扩大内需的新要求，归结到一点就是要扎实推进内需高质量发展，以完备的现代化内需体系支撑经济高质量发展。二是美好生活需要全面升级的机遇。新时代我国社会主要矛盾发生了深刻变化，人民日益增长的美好生活需要成为经济社会发展的落脚点和出发点，扩大内需同样必须服从并服务于人民的美好生活需要。随着现代化新征程的开启，人民美好生活需要的内涵不断丰富和升级，不仅直接对消费提出了更高层次、更高品质的需求，而且对投资也提出了更高标准的要求。概言之，人民日益增长的美好生活需要，既为内需提供了巨大的市场空

---

① 《习近平谈治国理政》第4卷，外文出版社，2022，第121页。

间，又为扩大内需指明了方向。三是新技术新业态全面涌现的机遇。新一轮科技革命和产业变革的蓬勃兴起，不断催生大量的新技术新业态，不仅为扩大投资提供了多元化的选择空间，而且为扩大消费提供了便捷化的技术手段。新技术新业态的不断涌现将不断催生新的投资增长点和消费增长点，为扩大内需提供源源不断的动力支持。四是超大市场规模和全国统一大市场建设叠加的机遇。我国庞大的人口规模、巨大的经济体量和不断提升的发展水平，构成了超大的市场规模优势，但是各种类型的市场分割使这种市场规模优势并未充分转化为现实生产力和内需动能。以 2022 年 4 月中共中央、国务院发布《关于加快建设全国统一大市场的意见》为标志，全国统一大市场建设步入加速期，这将使市场流动更加畅通、市场运行更加有序，从而为扩大内需奠定坚实基础。

同时，必须看到江苏在扩大内需进程中也面临诸多挑战。一是国际政治经济形势剧烈变化与新冠肺炎疫情冲击的挑战。世界百年未有之大变局，叠加世纪疫情的严重冲击，使国际政治经济形势发现剧烈变化，逆全球化浪潮和贸易保护主义风起云涌，使全球经济陷入深度衰退，全球产业链分工格局迎来全面调整。这在客观上对外向型经济占比较高的江苏构成了严峻挑战，虽然在一定程度上可以倒逼外需向内需转变，但是，外需不足也会影响内需的活力，特别是当某些跨国巨头主导的产业链供应链出现断裂的时候，同样会对国内需求造成严重冲击。同时，新冠肺炎疫情仍然阴魂不散，对消费和投资都产生了严重冲击。二是"三重压力"持续影响的挑战。2021 年中央经济工作会议做出我国经济发展面临需求收缩、供给冲击、预期转弱三重压力的战略判断，就目前来看，三重压力并非一种短期现象，极有可能持续较长时间。[1] 三重压力不仅会在短期内直接抑制内需扩大，而且会通过影响供给体系和民众预期，对扩大内需产生长期的不利影响。三是人口老龄化的负面影响。虽然关于人口老龄化对内需是否存在影响仍然存在争议，但可以明

---

[1]　范金、张晓兰：《需求收缩、供给冲击、预期转弱三重压力的特征、成因及破解路径》，《江海学刊》2022 年第 4 期。

确的是，人口老龄化将对消费需求的数量和结构产生深刻影响，并且会通过降低劳动力供给而影响投资。2021年，江苏65岁及以上人口有1449.6万人，占常住人口的比重达17.04%，已超过深度老龄化社会（14%）的标准，接近超级老龄化社会（20%）的水平。未来老龄化程度还将不断加深，必将对扩大内需构成严重挑战。

（二）江苏内需高质量发展的优势条件与制约因素

江苏经济社会发展水平较高，并且在扩大内需方面进行了积极探索，取得了一系列显著成就，为推动内需高质量发展提供了一系列有利条件。一是产业经济发达的优势。较高的经济发展水平和良好的产业基础是扩大内需的重要前置条件。江苏经济发展水平较高，2021年地区生产总值116364.2亿元，稳居全国第二，人均地区生产总值137039元，仅次于北京、上海。同时，江苏拥有发达的产业体系，属于典型的制造业强省，2021年战略性新兴产业、高新技术产业产值占规模以上工业产值的比重分别达39.8%、47.5%。二是科教创新资源丰裕的优势。科技创新既是扩大内需必不可少的技术手段，又是新消费、新投资的重要策源地。江苏一直是科教资源大省，区域创新实力稳居全国前列。2021年，江苏R&D经费支出占地区生产总值比重达2.95%，R&D人员达92.4万人，拥有两院院士118人；年末全省有效发明专利量34.9万件，万人发明专利拥有量41.2件，科技进步贡献率为66.1%；全省共有普通高等学校168所，在校生211.1万人。三是政策环境的优势。江苏扩大内需起步早、步子稳，扩大内需成为各界普遍认同的战略共识，相关政策体系不断健全，为江苏在内需规模稳步扩大的基础上向高质量发展阶段迈进奠定了良好的制度环境。

同时，必须清醒地认识到，江苏推动内需高质量发展还存在诸多制约因素。一是外需导向的传统发展模式的惯性影响。江苏经济外向型程度较高，2021年进出口总额为52130.6亿元，对外依存度为44.80%。同时，相当部分制造业源于承接发达国家和地区的产业转移，经济增长对外需的依赖性较高，这种传统发展模式的惯性影响是推动内需高质量发展亟须突破的桎梏。

二是居民收入仍然偏低。居民收入既是扩大消费的首要约束条件，又是扩大投资的初始资金来源，居民收入水平偏低和差距过大都会制约扩大内需。2021 年江苏居民人均收入为 47498 元，占人均地区生产总值比重为 34.66%，而同期浙江这两项指标分别为 57541 元和 50.91%。同时，江苏城乡居民收入差距仍有较大缩小空间，2021 年城乡居民收入比为 2.16，而浙江这项指标为 1.94。三是消费意愿相对偏低。居民消费意愿是决定消费水平的重要变量，由于种种原因江苏居民的平均消费意愿并没有随着收入水平的提高而增加。2021 年，江苏居民人均消费为 31451 元，占收入的比重为 66.22%，而广东居民人均消费为 31589 元，占收入的比重为 70.21%。四是居民投资渠道偏窄。便捷的投资渠道是扩大投资的关键，但目前江苏居民的投资意愿和渠道相对偏窄，大量资金以储蓄形式呈现。

五 江苏内需高质量发展的战略路径与推进机制

坚定实施扩大内需战略，推动内需高质量发展，是江苏践行"争当表率、争做示范、走在前列"光荣使命的内在要求，必须敢为善为、勇挑大梁，紧扣高质量发展的要求科学把握扩大内需的战略路径，瞄准扩大内需的痛点和堵点系统完善推进机制，短期内达到绝对规模的稳步扩张、增长速度的企稳回升、新生长点的持续涌现、供应链条的安全稳定的目标，中长期达到数量规模的倍增、结构效益的改善、长效机制的完善的目标。

（一）江苏内需高质量发展的战略路径

1. 规模扩张战略

内需高质量发展是扩大内需战略的升级版，虽然更加强调质量提升，但仍然以内需规模的稳定扩张为基础。因此，必须厘清投资与消费的影响因素，千方百计扩大投资和消费，稳定内需规模。一是将扩大消费作为扩大内需的重点，提高居民收入水平和消费水平，保障低收入群体的基本消费，培育新的消费热点。同时，加强市场监管，保持物价稳定，打击假冒伪劣产

品，保障消费者的合法权益，避免在消费领域发生系统性风险。二是综合运用各类财政金融政策，扩大融资渠道，降低投资成本，分散投资风险，提高预期收益水平，激发各类市场主体的投资热情。三是放大财政资金的政策先导作用，提高财政资金的使用效率，吸引各类社会资本参与扩大内需的重点领域。同时，集成设置资本"红绿灯"，规范和引导各类资本健康发展。

2. 结构升级战略

结构优化升级是内需高质量发展的内在要求，既要求优化投资与消费的关系结构，使消费成为拉动经济增长的主要动力，又要求分别优化投资和消费自身的内在结构，提升投资和消费的质量和效益，从而更好支撑经济高质量发展。因此，必须全面促进消费升级，优化投资结构，推动城乡和区域的协调发展，优化内需结构，充分释放内需动能，使经济增长步入内需主导型轨道，内需步入高质量发展轨道。一是瞄准人民美好生活需要，加快推动消费升级，以更高质量和层次的消费带动消费规模的稳步扩张，从而对经济增长做出更大贡献。二是紧紧围绕科技进步和人口结构变化，加快培育新的消费增长点，一方面，依靠新技术创造新消费，另一方面，盯住"一老一幼"开发新的消费空间。三是抓住乡村振兴、区域协调发展等国家战略，重点挖掘乡村的消费潜力，同时，引导投资向乡村和欠发达地区流动，优化内需的空间结构。四是加强对虚拟经济领域的监管，引导更多资金投向实体经济，提高创新型投资和战略性投资的比重，尽量减少重复投资和粗放型投资。

3. 平衡互动战略

扩大内需进入高质量发展阶段，必须走出就内需谈内需的窠臼，既要平衡好内需与外需的关系，又要平衡好供给与需求的关系。一是坚持内需与外需的平衡互动，既要在坚持扩大内需这个战略基点的同时，坚定不移地扩大对外开放，利用国际市场和国际资源弥补内需短板，又要依托国内超大规模市场优势，借助自立自强、自主可控的内需体系，增强国际竞争优势。二是坚持需求与供给的平衡，从供求两端发力，需求侧管理与供给侧改革并重，既要依托需求管理的逆周期调节功能，稳定经济增长，又要依托扩大内需的创新孵化功能，为供给侧结构性改革提供良好的施展空间；既要依靠改革改进长期供给，充分满足日益增长的美好需要，又要注重发挥供给的引导功能，培育更健康更持久的需求。三是坚持投资与消费的平衡，明确在不同发展阶段投资与消费的差异化定位，既注重发挥投资在经济下行阶段的支撑作用，又注重消费在经济上行阶段的引领作用，以经济稳定增长为准绳协调投资与消费的关系，促进双轮驱动，提升内需贡献。

4.政策集成战略

内需高质量发展的关键是综合运用各种政策手段使投资与消费运行在高质量发展的轨道上，因此，必须集成设计扩大内需的政策体系，促进投资政策与消费政策的协同、内需政策与外需政策的协同、中央政策与地方政策的协同、刺激政策与监管政策的协同，释放扩大内需的强大政策合力。内需高质量发展是一项主体多元、任务多样的战略部署，必须充分发挥多维重大战略叠加的溢出效应，强化政策集成，消弭政策分歧与冲突，强化政策整合与联动，打造覆盖内需发展全过程的政策生态体系。强化政策层级的集成，推动国家、省、市、县各级政策的有机衔接，使内需高质量发展始终保持明确统一的政策导向。强化政策对象的集成，促进要素型政策、产业型政策、平台型政策、服务型政策的配合联动，为内需高质量发展构筑完整的政策框架。强化政策功能的集成，组合运用激励型政策、约束型政策、成本型政策、收益型政策、风险型政策，不断优化内需高质量发展的政策效果。

（二）江苏内需高质量发展的推进机制

1.规划引领机制

推动内需高质量发展是一项波及范围广泛、运行周期较长、影响因素复杂的系统工程，必须强化系统集成思维，加强顶层设计，加快制定江苏内需高质量发展的专项规划方案，对在高质量发展阶段如何扩大内需做出高屋建瓴的谋划部署，从规模增速、结构优化、质量效益、拉动贡献等方面合理确定江苏内需高质量发展的目标体系，明确不同时期的重点任务，完善配套政策体系，奠定内需高质量发展的制度框架。推动内需高质量发展需要多部门、多行业、多区域协同发力，不可避免地会出现各类矛盾和冲突，因而必

须规划构建权威高效的协调议事机构,成立扩大内需专班推进小组,及时督促各环节的任务进度,整合不同利益相关者的目标,凝聚内需高质量发展的合力。吸纳智库专家和企业家的智慧,系统梳理投资和消费的热点,跟踪研究投资和消费的发展趋势,绘制扩大内需图谱,定期发布专题报告,避免盲目扩大内需。

2. 创新驱动机制

经济高质量发展的核心是实现发展动力转换,即从要素和投资驱动转向创新驱动,这一要求投射到内需高质量发展方面,就是主要依靠创新来扩大内需。因此,必须围绕扩大内需对新技术、新业态、新制度、新模式的动态需求,强化以科技创新为核心的全面创新,主要依靠创新引领各类投资、满足消费需求。一是强化创新在现代化全局的核心地位,围绕创新链布局资金链、产业链,优先满足创新活动对投资和消费的需求,从而借助创新的引领作用实现投资和消费的优化升级。二是加大创新投入力度,优化创新生态体系,不断形成高质量的创新成果,畅通创新成果转化机制,更好满足投资和消费对于创新成果的需要。

3. 需求扩张机制

在三重压力下,需求收缩是制约内需高质量发展的首要因素,必须找准需求收缩的深层成因,提高就业数量规模与重视质量层次并举,提高居民收入水平和重视边际消费倾向并举,提升投资规模和注重效率并举,扩大国内需求与拓展国外需求并举,不断培育新的需求增长点,带动需求规模的稳步扩张。扎实推动稳就业工作,扩大就业岗位,鼓励自主创业,保障重点人群的就业。以落实国家和区域重大战略为契机,加大基础设施投资,补齐乡村和欠发达地区的基础设施短板,拉动投资稳定增长。深化收入分配制度改革,缩小收入差距,稳步提高低收入群体的收入水平。促进外需与内需的连接,引导部分外向型企业转战国内市场,待羽翼丰满、时运转换之后再重返国际市场。

4. 供给保障机制

在三重压力下,供给冲击会深刻影响扩大内需的可行性和安全性,因此，必须找准供给冲击的主要源泉，不断完善供给体系，保障产业链供应链安全稳定、自主可控，以高质量供给引领和创造新需求。以深化供给侧结构性改革为主线，加快建设现代化产业体系，确立全产业链发展理念，补链、强链、固链并举，加快培育本土龙头企业，增强对产业链的控制力和话语权，提升产业链的韧性。围绕卡脖子的关键核心技术，加强联合攻关，尽快取得具有自主知识产权的重点创新成果，增强供给体系的自主性和安全性。

5. 预期调节机制

在三重压力下，预期减弱也会深刻影响内需发展，因此，必须充分认识预期对于消费和投资的深刻影响，找准预期转弱的关键诱因，合理调整宏观调控政策，建立健全社会保障体制，充分释放积极向上的政策信号，放大高质量发展绩效的示范带动效应，恢复市场主体的乐观预期，引导其合理扩大投资和消费。一是制定科学有效的宏观调控政策，开放政策制定过程，听取和反映民众心声，保持政策的相对稳定性和上下一致的权威性，引导公众预期始终沿着正确的方向演进。二是完善法律法规和市场规则体系，明确市场主体的行为边界，使民众预期处于稳定可控状态。制度规范限定了人类行为的边界，也为人们预测某种经济行为的触发条件及其可能结果提供了稳定的依据。要使人们的预期处于稳定可控的状态，必须要有健全的制度依据，包括法律法规和市场规则。法律法规以国家强制力量确定了人们经济行为的禁止领域和责权利关系，市场规则以平等自愿、公平交易、有序竞争的原则确定了人们在不同条件下的行为选择，前者奠定了预期形成的底线逻辑，后者则揭示了预期的波动区间。三是拓宽信息传递渠道，提高信息传递效率，及时平抑负面信息，尽量降低各类噪声对于民众预期的干扰。信息是预期形成的必要基础，要使经济主体对关键经济变量形成稳定的合情合理的预期，必须使其能够便捷地获取尽可能充分的相关信息并且具备良好的信息处理能力。然而，有限理性的经济主体往往无法获得完全充分的信息，即便是网络信息技术和大数据技术的高度发展，也无法彻底填平不同经济主体之间的信息鸿沟，反而由于信息爆炸和无序传播，经常使人们落入"信息陷阱"，对人们的理性预期构成噪声干扰。因此，加强预期管理，必须牢牢抓住信息这个"牛鼻子"，以准确快捷的信息传递，促进民众的稳定预期。四是注重危机管理，减少悲观预期的负面效应。市场经济形势瞬息万变，人们的预期也随之发生适应性调整，特别是当出现重大外部冲击或危机事件时，很容易出现悲观预期，对局部或总体经济产生严重负面效应。为此，预期管理的一个重要任务就是尽量减少悲观预期的负面效应，尽快使其转化为相对乐观的预期。例如，2018年3月以来不断升级的中美贸易争端，就被视为后危机时代江苏开放型经济遇到的最大冲击，尚未走出低谷的外贸再次被悲观预期所笼罩。在这种背景下，江苏应借鉴危机管理的理念，科学评判美国系列制裁清单所涉及产品中的江苏份额及其多维影响，在通过正面回击维护自身权益的同时，重点关注危机背后的机遇，着力推进外贸企业的转型升级，向"一带一路"沿线国家拓展新的市场，以实实在在的外贸业绩对冲悲观预期。

6. 评价反馈机制

内需高质量发展是一个长期的系统工程，在运行过程中极易遇到各类突发事件。因此，必须构建内需高质量发展的评估考核体系，定期对扩大内需战略的实施效果进行科学评价，及时矫正存在的问题，保障扩大内需战略行稳致远。强化地方政府扩大内需的主体责任，将扩大内需战略的实施效果，纳入高质量发展考核指标体系。

B.8
江苏数字经济发展形势与展望

程俊杰 关 枢*

摘 要: 习近平总书记指出,数字经济是重组全球要素资源、重塑全球经济结构、改变全球竞争格局的关键力量。江苏数字经济一直走在全国前列,随着数字基础设施建设和顶层设计的不断完善,数字经济规模迅速扩张、数字经济与实体经济融合程度不断提高、数字经济创新应用不断涌现、数字经济发展差距逐渐缩小。面对一些新形势、新问题,加快做强做优做大江苏数字经济还需要在优化数字基础设施建设布局与规划、全面释放工业互联网赋能作用、协同推进智慧城市和数字乡村建设等方面持续发力。

关键词: 江苏 数字经济 高质量发展

　　习近平总书记高度重视数字经济发展,多次强调当今时代,数字技术、数字经济是世界科技革命和产业变革的先机,是新一轮国际竞争重点领域,我们要抓住先机、抢占未来发展制高点。党的十八大以来,我国数字经济发展迅猛,不仅规模连续多年居世界前列,而且已成为推动经济发展与社会进步的新动能。江苏是全国数字经济发展起步较早、基础较好、质量较高的地区之一,在数字经济总体规模、数字基础设施建设以及数字经济与实体经济融合发展方面成效显著。

---

* 程俊杰,江苏省社会科学院社会政策研究所副所长,副研究员;关枢,江苏省社会科学院社会政策研究所助理研究员。

一 江苏数字经济发展的主要成效

数字经济是继农业经济、工业经济之后的主要经济形态，是以数据资源为关键要素，以现代信息网络为主要载体，以信息通信技术融合应用、全要素数字化转型为重要推动力，促进公平与效率更加统一的新经济形态。[①]

省第十四次党代会提出，数字经济是江苏转型发展的关键增量，着重网络强省、数字江苏、智慧江苏的建设，在数字经济创新发展上着力打造全国新高地。近两年，江苏数字经济发展加速前进，数字技术创新与应用不断涌现，数字产业化加快形成新突破，如数字基建、数字化治理、数字城乡建设等已探索出较为成熟的发展模式，实体经济与数字技术双向融合不断深入，"智改数转"步伐明显加快，经济全要素生产率持续提升。

2021 年江苏数字经济规模超过 5.1 万亿元，占 GDP 比重超 43%，数字经济核心产业增加值占 GDP 比重达 10.6%，占全国比重 11.8%，居全国第二。[②]

表 1 2021 年全国数字经济发展评价排名前十位的省（市）数字经济情况

单位：万亿元，%

省份	数字经济规模	数字经济规模占 GDP 比重
江苏	5.1	43.8
广东	5.9	47.4
浙江	3.6	48.6
上海	—	—
北京	1.6	40.4
山东	3.5	43.0
福建	2.3	47.0

---

① 《国务院关于印发"十四五"数字经济发展规划的通知》，中国政府网，http：//www.gov.
cn/zhengce/zhengceku/2022-01/12/content_5667817.htm。

② 倪方方、徐睿翔：《江苏数字经济规模超 5.1 万亿元！〈2022 数字江苏发展报告〉今日出
炉》，新华报业网，https：//www.xhby.net/index/202209/t20220907_7689140.shtml。

省份	数字经济规模	数字经济规模占 GDP 比重
安徽	1.3	30.0
四川	1.9	35.0
江西	1.0	35.0

资料来源：作者根据各省（市）统计局网站，各省（市）数字经济发展白皮书等资料搜集计算，其中上海市数据无精确数字。

（一）数字产业化发展活力不断增强

数字制造方面，2021 年全省电子信息产品制造业实现主营业务收入约 3.5 万亿元，软件业务收入达到 1.2 万亿元。物联网产业业务收入达 6600 亿元，人工智能相关产业规模突破 1000 亿元。[①] 数字化赋能制造业高质量发展动力强劲，规上工业中数字产品制造业增加值比上年增长 19.7%。规上服务业中互联网和相关服务营业收入比上年增长 27.5%。[②] 2022 年上半年，江苏省累计完成软件业务收入 6109.9 亿元，占全国比重 13.2%。软件业务收入总量排前 3 位的市为南京 3394 亿元、无锡 780 亿元、苏州 586 亿元。软件业务收入增长最快的前 3 个市为连云港市、宿迁市、南通市，同比增长 24.9%、17.3%、15.07%。[③] 2021 年，江苏集成电路产量 11861386.4 万块，通信及电子网络用电缆和电力电缆产量 62.75 亿米，工业机器人、智能手机产量增长显著。江苏积极推进数字产品创新，由江苏省工业和信息化厅组织举办的"星光江苏"活动对江苏企业的数字经济新品进行"数字经济创新产品"评选，宣传推广创新产品，展示了江苏数字经济产业的发展动态，体现了江苏数字产品创新实力。

数字服务方面，电子商务和网络零售增长明显。2021 年，全省有电子

---

① 陈澄、沈佳暄：《"数字翅膀"激荡澎湃动能》，《新华日报》2022 年 6 月 7 日。

② 《2021 年江苏省国民经济和社会发展统计公报》，江苏省统计局网站，http://stats. jiangsu. gov. cn/art/2022/3/3/art_ 85764_ 10520810. html。

③ 《2022 年上半年江苏实现软件业务收入 6101.9 亿元，同比增长 10.24%》，现代快报网，http://www. xdkb. net/p1/nj/20220727/309224. html#。

商务活动的"四上"企业达 14341 家，全省电子商务交易平台交易金额 2.8 万亿元。2020 年培育省级数字商务企业 48 家，其中汇通达、吉家宠物、天马网络、布瑞克 4 家企业入选第二批国家数字商务企业。2021 年，全省网上零售额 10871 亿元，同比增长 6.3%，其中实物商品网上零售额 9527 亿元，同比增长 5.2%，占社会消费品零售总额的比重为 22.3%。江苏的服装纺织品、家用电器、家具家纺等品类销售额占比较高，且居全国前列。数字技术赋能文旅产业高质量发展。江苏省文旅消费总额 3954 亿元，占到全国 10.32%，占比全国第一，数字文旅产业潜力巨大。目前，全省已认定智慧文旅示范项目 46 个。[①] 景区通过平台展示、小程序预约等数字化手段高效传递旅游资讯、广泛传播旅游产品、提升旅游服务水平。"苏心游"作为江苏文旅总入口，已成功入驻"江苏智慧人社"App，截至 2021 年 6 月 8 日，拥有注册用户 111.72 万人，微信粉丝 39876 人，上线公共服务产品 33 个，文旅标品 20288 个。[②] 江苏智慧文旅平台汇聚部分重点旅游景区和文博场馆的监控视频、各地客流量和构成，形成对文旅市场趋势走向研判的数据支撑。

（二）产业数字化成为赋能高质量发展的关键动力

江苏实体经济发达、制造业规模实力强大，数字技术与实体经济相互融合，助推了产业转型升级，也激发了数字产业发展活力。

制造业数字化转型全面发展。通过智能制造示范工厂、数字技术应用场景开发、5G 应用场景开发等措施全面推开制造业数字化转型。全省 86 个工厂入选 2022 年江苏省智能制造示范工厂，涉及装备制造、电子信息等领域近 30 个细分行业、近 700 个典型应用场景，为进一步推动全省智

---

① 《对省政协十二届五次会议第 0399 号提案的答复》，江苏省文化和旅游厅（省文物局）网站，http：//wlt. jiangsu. gov. cn/art/2022/6/17/art_ 64303_ 10500241. html。

② 《对省十三届人大四次会议第 6024 号建议的答复（关于推动文旅产业与数字经济融合发展的建议）》，江苏省文化和旅游厅（省文物局）网站，http：//wlt. jiangsu. gov. cn/art/2021/7/12/art_ 64303_ 9880112. html。

能化改造和数字化转型总结了有益经验、做出了典型示范。工业互联网发展对于数字化转型形成有力支撑。截至 2021 年底，全省开通工业互联网标识解析二级节点 46 个，占全国数量的 27.4%。徐工信息汉云、苏州紫光云工业物联网平台入选国家级双跨平台。5G 应用项目广泛展开，截至 2021 年底，全省信息通信业累计签约 2306 个项目，覆盖了钢铁、石化、机械、装备制造、电子、制药等多个行业的重点企业，并成功打造 699 个示范应用标杆。

产业数字化转型加快。产业数字化转型已经成为智能制造、高端制造业发展的必由之路，也是推动江苏省从制造业大省向制造业强省跃进的关键举措。江苏积极探索促进产业数字化转型的新方法新途径。利用智能制造示范车间、示范工厂等树标杆模式探索推广加快产业数字化转型成效明显。全省重点企业数字化研发设计工具普及率、关键工序数控化率均居全国前列，两化融合发展水平连续七年保持全国第一。"5G+工业互联网"融合应用不断拓宽，评选了省级"5G+工业互联网"融合应用先导区培育对象。

农业数字化转型初见成效。农业数字化对农业生产方式和农业全产业链升级意义重大。2022 年 5 月，江苏发布《关于"十四五"深入推进农业数字化建设的实施方案》，推动农业数字化发展。农业生产信息化水平较高。2021 年江苏省农业生产信息化水平居全国首位，县域农业农村信息化发展总体水平名列全国第二。[①] 数字技术的应用实现了精量播种、精准施肥，全面提升了农业耕种效率。自动投喂系统、传感器等物联网设备对养殖业生产效率提升作用明显。全面启动省级农业农村大数据建设，建成全国农业农村信息化示范基地 12 家。农村电商发展赋能乡村振兴。2021 年，江苏农村网

---

① 洪叶等：《江苏农业生产信息化水平居全国首位——乡村振兴，如何浇筑"数字底座"》，《新华日报》2022 年 7 月 7 日。

络零售额 3064 亿元，居全国第二位。① 截至 2021 年，江苏有"淘宝村"
740 多家，农村电商的快速发展带动了整个乡村的产业发展，为推动乡村
振兴起到了巨大作用。数字乡村建设成效显著。数字乡村资源和服务不断
优化完善，为农业创新、农村发展和农民致富提供支持。相关部门和组
织、协会、企业等通过数字平台提供各类公益性数字课程培训打造新农
商。通过组织各类网络公益直播活动、互联网营销技能培训、建设网络直
播基地、打造 5G 直播示范场景等形式不断发挥数字经济在乡村振兴中的
潜力。

（三）数字社会建设与数字化治理能力不断提升

数字技术的应用能够有力推动社会治理现代化水平的提升。我国"十
四五"规划和 2035 年远景目标纲要对加快数字社会建设做出部署安排，提
出"加快数字社会建设步伐""适应数字技术全面融入社会交往和日常生活
新趋势，促进公共服务和社会运行方式创新，构筑全民畅享的数字生活"
等要求。江苏数字社会、数字政府、智慧城市等方面的发展提升了政府公共
服务水平，更好地服务于江苏居民。

数字政府建设扎实推进。数字政府顶层设计不断完善，2021 年 8 月，
《江苏省"十四五"数字政府建设规划》发布，2022 年 4 月，江苏出台
《省政府关于加快统筹推进数字政府高质量建设的实施意见》，重点推进
"一网通办""一网统管"，不断完善数字治理系统，加快现代数字政府建
设。现代政务服务体系逐渐完善。江苏持续推进政务服务数字化、标准化、
规范化、便利化，以数字化赋能"放管服"改革，不断提升数字政府服务
水平。"一网通办"、长三角政务服务一体化等在综合法人信息资源库、综
合人口信息资源库、社会信用信息资源库、电子证照信息资源库、自然资源
和空间地理信息资源库等 5 个基础数据库的支撑下显著提高了政务服务质量

---

① 《对省政协十二届五次会议第 0304 号提案的答复（关于建设我省高质量数字政务服务平台
的提案）》，江苏省政务服务管理办公室网站，http：//jszwb.jiangsu.gov.cn/art/2022/7/7/
art_ 81501_ 10546167. html。

和效率。江苏一体化政务服务平台注册用户数达 1.29 亿，92.5% 的审批事项可在网上办理，2021 年全省网上办件量占比达 81.4%。[①] 数字政府政务中台将于 10 月底上线试运行，年底前实现 200 项高频事项"省内通办"、140项"跨省通办"、150 项长三角"一网通办"。[②]"江苏省大数据中心建设项目一期工程—平台体系信息资源库和总集成服务"项目，对接 60 多个省级政府部门，初步实现横向贯通、纵向联动的江苏省大数据共享交换体系。

智慧城市建设发展迅猛。智慧城市建设有利于提升城市治理水平，提高城市公共服务质量。江苏在智慧城市建设相关标准规范方面走在全国前列，全省先后推进全省公共数据分类分级规范、开放和安全管理细则等 60 多项标准规范的研究制定工作，为有序推进智慧城市建设提供了技术支撑。江苏各地积极推进智慧城市建设。各类运用数字技术的"互联网+"服务不断拓展，无论对市民还是企业，涉及政务服务、医疗健康、民生福利的各项数字化应用场景不断普及。徐州聚力加快打造淮海经济区首座数字孪生城市，无锡梁溪科技城也在着力构建数字新生态，进行数字孪生顶层设计和数字新基建规划。扬州、淮安和南通 3 市是国家首批中欧绿色智慧城市合作试点城市，苏州、南京、无锡入选国家智慧城市基础设施与智能网联汽车协同发展试点城市，徐州、无锡、扬州、南京 4 个设区市和大丰、洪泽 2 个县还获批国家智慧城市时空大数据平台试点。[③]

（四）数字资源挖掘能力与价值转换能力明显提升

数字金融创新活跃。不少银行为数字经济科创企业提供全生命周期金融服务。南京江北新区开发了政企银一体化数字金融服务平台——"科创数

---

① 《对省政协十二届五次会议第 0304 号提案的答复（关于建设我省高质量数字政务服务平台的提案）》，江苏省政务服务管理办公室网站，http://jszwb.jiangsu.gov.cn/art/2022/7/7/art_81501_10546167.html。

② 徐冠英：《江苏打造高效规范便利政务环境》，《新华日报》2022 年 10 月 9 日。

③ 《省政协十二届五次会议第 0710 号提案答复——关于全面提升我省新型智慧城市建设水平的建议》，江苏省住房和城乡建设厅网站，http://jscin.jiangsu.gov.cn/art/2022/7/20/art_64301_10547540.html。

金"平台，该平台大力整合企业大数据，实现企业 360 度综合价值评级，首创了科技企业授信额度测算模型。苏州开展法定数字货币试点，是全国首批 4 个试点城市之一，已完成了多种场景建设，包括购物支付、燃气缴费、代发工资、普惠贷款等。

数字贸易增长潜力巨大。数字技术发展背景下，全球产业链和价值链再造，苏州工业园区的数字贸易合作取得显著成效。江苏充分依托长三角一体化发展，利用长三角数字化基础良好的优势，不断挖掘数据资产价值，数据资产在资源配置中的重要地位不断稳固，数据要素加速安全流通，数据治理统一标准规则逐渐形成。江苏在双循环格局下充分运用新一代数字化智能技术打造数字平台，形成融合智能化、数字化、网络化的数字驱动的新型供应链体系，令企业更广泛参与到数字化国际供应链。

二 "软硬并举"：驱动数字经济迅速发展的内在逻辑

江苏数字经济发展取得的一系列突出成效，包括数字经济规模迅速扩张、数字经济与实体经济融合程度不断提高、数字经济创新应用不断涌现、数字经济发展差距逐渐缩小，其背后的逻辑或经验在于数字基础设施和政策体系的不断优化，"软硬并举"成为支撑江苏数字经济迅速发展的两大重要支柱。同时，数字领域的全方位监管和治理为数字经济发展安全提供保障。

（一）数字基础设施建设日益完善

通信基础设施建设走在前列。2021 年，江苏省光缆线路长度增加 17 万公里，达到 416.0 万公里；其中长途光缆线路长度为 4.0 万公里。至 2022 年 8 月底，江苏省固定互联网宽带接入端口数量达到 7626.6 万个，全国排名第二；建成 10G PON 端口超 112 万个，全国排名第一。全省固定互联网宽带接入用户总数达到 4310.2 万户，其中光纤接入用户总数达到 4120.5 万户，均排名全国第二。1000M 以上接入速率的宽带用户数达 915.4 万户，占宽带用户总数的 21.2%，用户规模和占比均稳居全国第一。江苏省移动电话基站总数达 66.7 万个，全国排名第二。截至 2022 年 8 月底，全省共有移动基站数量 72.4 万个，其中，5G 基站总数达 17.4 万个，全国排名第二[①]（见表 2）。5G 网络覆盖全部县以上城区和乡镇核心区域，并逐步向有条件、有需求的农村地区推进。其中，南京骨干直联点总带宽扩容至 1810G，目前带宽居全国第一，互联网整体质量、网间接通率等各项性能指标均高于全国平均水平。连云港国际互联网数据专用通道开通运营，苏州专用通道扩容申请获批。互联网省级出口带宽达 10.5 万 G。拥有南京、苏州、无锡、常州四个千兆城市，数量在全国排在前列。

表 2　江苏数字基建相关指标（截至 2022 年 8 月底）

	移动基站数	5G 基站数	5G 终端	移动电话用户	千兆光纤用户
江苏省	72.4 万个	17.4 万个	4570.6 万个	1.05 亿户	915.4 万户

资料来源：江苏省通信管理局。

算力基础设施构建不断增强。数字经济时代，算力在一定程度上是国家实力的组成部分。2016 年 6 月，国家超算无锡中心正式运营，其是国家级公共技术服务平台，在众多科学领域开展应用计算，主机"神威·太湖之光"超级计算机能够达到每秒 10 亿亿次的高速运算，是超算领域的"国之重器"。2022 年 7 月，盐城超级计算中心揭牌成立，为本地新能源、汽车等产业领域创新型企业提供建模、仿真测试服务及数字化解决方案，形成可推广复制的应用模式，能够减少研发成本、提高研发效率。

信息通信服务水平不断提升。截至 2021 年末，江苏移动电话用户数达 1.02 亿户，较 2020 年末净增约 282.4 万户，总量位列全国第四。在电信企业的配合下，江苏的地铁、电梯等信号盲区逐步实现 4G/5G 信号覆盖完善，持续推进老旧小区通信设施改造，提升居民上网体验感。App 适老化更新、"一键呼入"老年人客服人工专席、电信企业"数字移动课堂"、防

---

① 徐冠英：《江苏 5G 在网用户数增至 3245.5 万》，《新华日报》2022 年 9 月 28 日。

范电信诈骗宣传等志愿者活动为打通信息障碍，提升居民通信体验提供了
便利。

（二）数字经济政策体系建立健全

数字经济已经成为推进现代化建设和满足人民日益增长的美好生活需要
的重要途径和动力。为了抓住新的发展机遇，江苏各级政府积极推进数字经
济发展，陆续出台了一系列关于推动江苏数字经济发展的政策文件，为规范
和促进江苏省数字经济发展起到了积极作用。

省级层面的规划和政策注重整体性、全面性、协调性、引领性。2021
年8月，江苏省发布《江苏省"十四五"数字经济发展规划》，提出数字科
技创新、数字产业发展能级、产业数字化转型、数字化治理能力、数据要素
价值释放、新型基础设施、区域数字化开放合作七个方面的重点任务，着力
建设数字强省。2022年4月，江苏省委省政府发布《关于全面提升江苏数
字经济发展水平的指导意见》，提出建立数字技术创新体系、建立数字经济
产业体系、建立数字化应用体系、健全数字化治理体系、健全数据要素市场
体系、建强数字经济生态体系、建强数字基础设施体系七大重点任务，并提
出到2025年数字经济核心产业增加值占地区生产总值比重达到13.5%的目
标。2022年8月，江苏发布《江苏省数字经济促进条例》，以法律的形式保
障数字经济健康发展。旨在推动数字经济与实体经济深度融合，推进数据要
素依法有序流动，保障数据安全，建设数字经济强省，促进经济高质量发
展。除了省级层面，各设区市也相继出台促进数字经济发展的规划与政策
（见表3）。

表3　江苏数字经济相关政策汇总

地区	政策名称	发布时间
江苏省	《江苏省"十四五"数字经济发展规划》	2021年8月
江苏省	《关于全面提升江苏数字经济发展水平的指导意见》	2022年4月
江苏省	《江苏省数字经济促进条例》	2022年8月

地区	政策名称	发布时间
南京市	《南京市"十四五"数字经济发展规划》	2021 年 9 月
常州市	《常州市"十四五"数字经济发展规划》	2022 年 3 月
苏州市	《苏州市数字经济"十四五"发展规划》	2022 年 7 月
南通市	《南通市"十四五"数字经济发展规划》	2022 年 2 月
扬州市	《扬州市"十四五"数字经济发展规划》	2022 年 9 月
连云港市	《连云港市"十四五"数字经济发展规划》	2021 年 12 月
淮安市	《淮安市"十四五"数字经济发展实施方案》	2021 年 10 月
盐城市	《盐城市"十四五"数字经济发展规划》	2021 年 11 月
泰州市	《数字泰州"十四五"规划》	2021 年 12 月
镇江市	《关于加快推进数字经济发展的实施意见》	2021 年 7 月

资料来源：作者搜集自江苏省及省内各设区市发改委网站。

各设区市的规划和政策内容上相似、目标上不同。大多数地区对到2025 年数字经济核心产业增加值占 GDP 比重设定了发展目标，苏州为18%，南通为 13.5%，常州为 13%，南京、盐城、连云港、镇江为 10%。在软件和信息技术服务业收入预期目标上，南京为 9000 亿元，常州为 800亿元。在电子信息制造业收入预期目标上，常州为 3300 亿元，盐城为 2000亿元。此外，南京还提出一网通办率达到 90%，实现数字化应用场景累计突破 500 个。《无锡市推动数字经济提速和数字化转型的实施意见》包含 6个三年行动计划，一系列工作方案，主抓产业数字化转型、企业数字化转型、治理数字化转型、政务数据化转型、生活数字化转型、数字生态体系化，确立了到 2024 年推动数字经济提速和数字化转型取得显著成效，建成数字经济和数字化转型标杆城市。常州提出前瞻布局量子通信、虚拟现实、未来网络等高端前沿数字产业，打造优势数字产业集群。苏州提出建设"全国数字化引领转型升级标杆城市"，重点推进数字智造、数字科创、数字政府、数字化治理等。南通提出，让新一代信息技术带动相关产业规模突破 3000 亿元，培育省级工业互联网标杆工厂 12 个以上、智能车间和工厂120 家以上，全市 5G 基站累计近 3.5 万个。连云港提出建设国家级重大技术创新平台达到 10 个，"5G+千兆光纤"双千兆城市基本建成，规上企业工业互联网应用覆盖率超 80%，打造 1 个特色数字产业集聚区、2 个百亿级数字化产业集群。淮安明确了数字经济发展的三个主要目标：数字基础设施建设得到显著增强，数字产业融合发展水平得到显著提升，数字政府建设水平得到显著提高。盐城市还提出公共数据开放占比达到 100%，千兆光网覆盖率达 100% 的目标。扬州将实现电子信息制造业、软件和信息服务业两个基础产业和大数据、人工智能、物联网三个新兴产业等核心产业特色发展。将建设智能车间、智慧园区、"政策超市"、互联网医院、智慧公路、智慧充电桩、智慧灯杆等应用场景。到 2025 年，扬州数字经济核心产业增加值较 2021 年实现翻番。泰州聚焦数字政府、数字经济、数字民生、数字治理四大领域。镇江将以数字产业化、产业数字化、数字化治理和数据价值化为主攻方向，努力将镇江建设成为长三角区域数字经济发展的创新示范高地（见表 4）。

表 4　江苏数字化转型相关政策汇总

地区	政策名称	发布时间
南京市	《南京市推进数字经济高质量发展实施方案》	2022 年 6 月
无锡市	《无锡市推动数字经济提速和数字化转型的实施意见》	2022 年 1 月
徐州市	《徐州市制造业智能化改造和数字化转型三年行动计划（2022—2024 年）》	2022 年 5 月
常州市	《常州市制造业智能化改造和数字化转型行动计划》	2022 年 1 月
苏州市	《关于推进制造业智能化改造和数字化转型的若干措施》	2020 年 12 月
苏州市	《苏州市推进数字经济时代产业创新集群发展的指导意见》	2022 年 1 月
扬州市	《关于加快推进制造业智能化改造和数字化转型的实施意见》	2022 年 3 月
镇江市	《镇江市制造业智能化改造和数字化转型三年实施方案（2022—2024 年）》	2022 年 3 月
宿迁市	《宿迁市制造业智能化改造和数字化转型三年行动计划（2022—2024 年）》	2021 年 12 月

资料来源：作者搜集自江苏省内各设区市发改委网站、政府工业和信息化部门网站。

数字化与制造业深度融合是充分发挥数字技术推动高质量发展的重要途

径。江苏高度重视产业数字化发展，各级政府相继出台相关政策。2022 年 6 月，南京市发布《南京市推进数字经济高质量发展实施方案》，提出要加快产业智能化改造数字化转型，提升制造业"智改数转"水平，到 2025 年全市规上工业企业全面实施智能化改造和数字化转型，打造 30 个省级以上重点工业互联网平台，建成 40 个省级以上智能制造示范工厂，数字技术与文化、金融、贸易、农业深度融合，形成一批高水平数字内容、金融科技产品。徐州提出到 2024 年，全市数字经济核心产业增加值达到 1000 亿元，占地区生产总值比重达到 10%。以产业数字化改造作为提质增效的关键抓手，进一步提升产业链资源优化配置效率，打造产业融合发展的生态系统，加快实施制造业数字化、网络化、智能化转型升级。常州市 2022 年 1 月发布了《常州市制造业智能化改造和数字化转型行动计划》，通过开展数字化免费诊断、企业上云上标识、应用场景方案推广、智能化技术改造、标杆示范引领五大行动推动"智改数转"，同时对创建省星级上云企业、行业典型系统集成解决方案、"智改数转"项目、智能制造示范工厂项目、智能制造示范车间等提出了具体目标。苏州市 2020 年 12 月发布了《关于推进制造业智能化改造和数字化转型的若干措施》，支持工业企业智能化改造和数字化转型深入推进；完善智能化改造和数字化转型服务方式；培育智能化改造和数字化转型服务主体；构建智能化改造和数字化转型创新体系；打造智能化改造和数字化转型应用生态。2022 年 1 月发布《苏州市推进数字经济时代产业创新集群发展的指导意见》，推出 20 条重点举措。苏州将瞄准数字经济"新赛道""主赛道"，重点聚焦电子信息、装备制造、生物医药、先进材料四大主导产业，实施一系列强有力政策支持创新集群发展。扬州市 2022 年 3 月发布了《关于加快推进制造业智能化改造和数字化转型的实施意见》，提出 2023 年实现规上工业企业"智改数转"全覆盖；2024 年力争创成国家级智能制造先行区。镇江市提出将用三年时间，加快推动重点产业链、龙头骨干企业、中小企业"智改数转"，到 2024 年，全市规模以上工业企业"智改数转"全覆盖，力争建成全省制造业高质量发展示范区。宿迁市提出到 2024 年，全市规模以上工业企业全面实施"智改数转"，重

点企业关键工序数控化率达 65%，经营管理数字化普及率超过 80%，数字化研发设计工具普及率接近 90% 的目标。以上数字化转型相关政策多数聚焦制造业数字化转型，体现了各级政府对于产业数字化与智能化的高度重视和广泛认知，可以说，制造业数字化转型是科技发展的必然趋势，而相关支持政策可以帮助行业以及产业更好地抓住这一发展机遇，在数字化发展中走在前列。

（三）加大数字监管与治理力度，保障数据资源安全

数据安全事关公民个人权益、产业健康发展甚至国家安全，切实的数字监管与治理是保障数字经济良好运行的必要措施。近年来，有关数据泄露、加密勒索等事件常常受到居民和企业广泛关注。2021 年 9 月，《中华人民共和国数据安全法》正式施行，我国数据安全步入法治化轨道。2022 年 2 月，《江苏省公共数据管理办法》实施，规范了数据共享开放尺度，明确了规章权限和安全边界。制定了数据保护分类分级的制度，要求对公共数据资源进行全生命周期安全保护，规定了公共数据处理中涉及个人信息与保密信息等情形依照相关法律、法规执行，保障了公共数据安全与利用规范。此外，省通信管理局等相关部门还通过开展网络与数据安全检查专项行动等方式排查数据安全隐患，保障数据安全，护航全省数字经济发展。

三　做强做优做大江苏数字经济亟待突破的难点

江苏的数字经济发展成效显著，但仍然面临数字发展顶层设计思路不够开阔、数字技术创新水平不高、数字经济城乡差距与区域差距较大、数字监管体系尚不完善等问题。

（一）数字发展规划有待完善

各地的数字发展规划内容趋于同质化、特色不足。通过查阅各地的推进数字经济相关发展规划，可以发现相关规划多集中于数字核心产业增量与增

速、制造业数字化转型、政务与社会治理数字化等领域。江苏各地应根据产业聚集特征，人力资源优势方向等发展相应的数字产业，实现差异化发展。此外，一些地区在数字经济发展的顶层设计中存在难点。相关扶持补贴政策不同。相关文件显示，苏州各地区对信息化和工业化融合发展均给出了奖励补贴政策；无锡市对"数转智变"解决方案给予奖励，而一些地区受财力所限，奖补政策力度有所差距。

缺乏长期的数字化发展规划。目前，各地的数字发展规划多集中于"三年行动计划"和"十四五"发展规划，制定发展规划不仅要关注当下的情况和近三年、近五年的发展方向，更要有超前意识，要加强对数字经济发展的长期战略谋划。

（二）数字科创水平有待提升

数字产品研发力度有待加强。江苏的数字经济与实体经济融合发展较好，但研发数字产品的创新型企业数量不多，知名度不高，数字产品推广力度不够。不仅要让数字化产品与技术在制造业中发挥作用，也要关注个人需求端产品的研发，扩大产品的数字化应用场景。在数字产品研发中充分考虑基本需求与个性化需求，助力消费升级。

数字技术优势不明显。在数字经济领域，江苏高校专利申请量占全省比重达32.6%，比全国水平高出近15个百分点，但江苏企业在数字经济领域的专利申请量与龙头企业相比尚有差距，截至2021年9月底，江苏企业数字领域专利申请量为9623件，与华为、阿里等企业相比呈现出巨大差距。江苏还需加强在高端芯片、人工智能、关键软件、区块链、隐私计算、城市空间操作系统等领域掌握关键核心技术，提前布局量子科技、类脑智能等未来科技前沿领域。

与数字化相配套的技术创新仍需加强。数字化虽然为经济发展赋能作用明显，但随之也产生了新的难点。比较突出的是数字化配套设备的耗能问题。机房、算力中心的运行和维护属于高耗能行业，如何优化用能降低能源消耗，打造绿色数据中心是目前亟待解决的问题。

（三）实体经济与数字经济深度融合程度有待进一步提高

党的二十大报告提出，要加快发展数字经济，促进数字经济和实体经济深度融合，打造具有国际竞争力的数字产业集群。江苏实体经济发达，加强实体经济与数字经济深度融合是江苏数字经济突破的关键，也是江苏的基础优势所在。

进一步推动传统产业数字化转型升级。数字化与传统产业的结合为传统产业焕发生机活力提供了新动能。作为推动传统产业升级重要抓手的"智转数改"需要进一步加快实施。传统产业全链条数字化转型有利于提升全要素生产率，要充分发挥数字技术对传统产业升级发展的放大、叠加和倍增作用。

培育新业态新模式拓宽实体经济发展空间。江苏数字经济核心产业占GDP比重高于全国，发展基础较好，实力较强。在围绕数字经济核心产业上下游发展，面向实体经济，从数字化、网络化、智能化方向对新兴产业链全方位布局方面的谋划有待进一步完善，催生数字经济核心产业的各类新业态、新模式，推动产生集聚效应。

加强数字化应用提升产业链供应链韧性和安全水平。数字技术在全要素、全链条、全环节的应用能够有效平衡供需，优化供应链组织模式。目前，江苏具备10个国家级先进制造业集群，但还需进一步推动制造业供给体系质量和竞争力提升、迈向价值链中高端，不断增强产业链韧性和安全性。

（四）数字经济城乡差距与区域差距较大

经济发展水平较高的地区，数字经济发展水平也较高，不同区域的发展差距较大。省内区域经济发展水平不平衡是导致数字经济发展水平差距的重要原因之一。经济发展与数字经济水平存在双向的因果关系。经济水平高的苏南地区数字经济起步较早，数字基础设施较为完善，经济水平低的苏北地区数字经济起步较晚，数字基础设施建设进程相对较慢。

投入数字技术发展的资金差距较大。经济发展较好的地区有更多的资金可以投入到数字化发展中，而经济基础较为薄弱的地区筹集发展资金较为困难。数字技术创新能力差距。一些先进地区通过数据驱动、人工智能、云计算、区块链等数字技术创新，建立了数字工厂，运用数字孪生技术，实现了规模化的柔性制造，自主创新能力明显增强。而有的地区不仅缺乏数字技术研发能力，对于数字技术的应用也处于较低水平。

乡村数字基建相对落后。江苏已经实现自然村 100% 通宽带，但在光纤接入、5G 网络覆盖等方面与城市还存在很大差距。乡村的产业分布、人口分布规律与城市有很大区别，所以在布局乡村数字基础设施上需要实地调研、因地制宜、精细谋划。由于乡村人口分布较为分散，预期收益较低，数字基建投资所需资金的人均投入成本相对较高，面临着不小的资金压力。

数字乡村人才队伍建设面临较多难点。数字经济相关技术和管理人才多集中在城市，乡村的数字科技人才数量和质量的欠缺制约了乡村数字经济发展。虽然数字化能够实现远程操作与协助，但数字乡村的建设在规划、设计、施工等方面需要深入实地实施。数字乡村的建设不仅需要高技能人才的远程协助，更需要乡村本地人才队伍进行日常的运营维护等。目前，乡村驻地缺少专业人才是普遍存在的现象。

（五）数字监管体系有待完善

数字化发展背景下的相关法规制度体系还需完善。早在 2021 年 3 月 1 日，全国首部以促进数字经济发展为主题的地方性法规《浙江省数字经济促进条例》正式实施。随后，各地方陆续出台了数字经济地方性法规，《江苏省数字经济促进条例》于 2022 年 8 月 1 日起施行，相对晚于一些省份。数据相关的立法和标准规范还未健全，产权界定等重点问题尚未形成具有共识和参考的规则。

数据治理、风险预警等有待进一步加强。2022 年 7 月，国务院同意建立有国家发改委牵头的数字经济发展部级联席会议制度，目前，江苏各级政府尚未形成相应的联席会议制度以更好地统筹数字经济发展工作。江苏在数据要素流通交易的监管机制、数据市场环境的整治、数据垄断防范等方面也

需要加强工作。

信息安全与公民个人隐私保护力度还需加大。信息安全除了依靠技术革新，管理机制也是保障信息安全的重要手段。应对公民个人信息的利用范围进行限制，加大公民数字信息保护力度。

四 做强做大做优江苏数字经济的对策建议

（一）优化数字基础设施建设布局与规划

数字基础设施建设是发展数字经济的基础支撑和着力点之一。数字基础设施不仅是提升数据配置、发展数字经济的重要载体，而且更是新时期推动经济社会发展的基础和保障。一方面有利于驱动数据和信息统一大市场的形成。构建全国统一大市场至少需要夯实规则统一、设施互联、主体协同三大支柱。另一方面有利于扩大内需。数字基础设施可以从自身和引致两个维度激发有效内需，并以此熨平增长波动、缩小区域差距、维持发展动力。

加快数字基础设施建设需要在区域范围内统一规划，避免不合理布局和重复建设。对于网络等连接类数字基础设施，要尽快在县级层面实现区域互联互通。江苏应以"泛在网络"为导向在全域加快布局5G、F5G等网络基础设施，比如加快重点场景、欠发达地区5G连片优质覆盖，加强"千兆城市""千兆县城"建设，推进5G与市政、交通、能源等公共基础设施规划的衔接与融合、综合利用等。积极推动长三角区域数字基础设施无缝对接，实现更大范围内的数据交流与合作、共享与互动。广泛拓展安全可靠灵活的数字基础设施的资金来源渠道，如探索以不动产投资信托基金（REITs）等方式获取更多的数字基础设施建设资金。

统筹布局存储和算力等功能类数字基础设施。江苏应抢抓国家实施"东数西算"工程新机遇，布局打造协同高效的存算基础设施集群，与"东数西算"同频共振，进一步提升发展效能。一方面围绕"东数西算"工程，通过建设新型数据中心、构建先进的算力支撑体系等手段不断完善相关的支撑配套，将各地市、县城的算力资源尽快融入全国一体化算力网络。另一方面加强存算基础设施与产业的深度耦合。充分挖掘江苏省的优势产业链和特色产业集群面向工业互联网的应用，统筹布局建设一批覆盖装备制造、轨道交通、新一代电子信息、生物医药、高端纺织等行业的高算力数据中心。

（二）全面释放工业互联网赋能作用

推动工业互联网应用是促进经济社会发展的重要抓手和着力点之一。数字产业化和产业数字化是发展数字经济必须做好的两篇大文章，根据《中国数字经济发展白皮书》，目前我国产业数字化规模占数字经济比重超过80%，因此，从市场规模来看，后者尤为重要。工业互联网不仅是激发产业数字化潜力的"牛鼻子"，而且还是促进区域协调发展的"催化剂"。

工业互联网的广泛应用能够加速企业融入产业链，特别是对苏中、苏北的企业。难以参与和融入产业链是制约过去一些地区企业发展的重要原因之一，进而造成要素支撑与市场开拓的难题，并由此陷入缺乏要素支撑与市场渠道进而影响生产发展的恶性循环。工业互联网作为新一代信息技术与制造业深度融合的产物，一方面能够实现企业内部人、机、物、系统等的全面连接，另一方面通过信息公开与交换增强了不同企业之间的产业链关联度，实现了要素配置与供需对接的高效互动，以平台的形式畅通产业链循环，提升了整个产业的生产效率和收益。由于工业互联网具有行业异质性的技术特征，易于在标准化、大规模、高精度、多工序的流程类行业率先落地。

为此，需要在全省范围内加快工业互联网的规模化应用。一是强化企业对工业互联网的正确认知。工业互联网不能仅作为一个高科技"光环"，而应与企业业务深度融合，要让工业互联网的应用真真切切为企业创造价值。可以通过组建联盟、开展培训、引进人才等方式不断增强企业运用工业互联网进行数据挖掘、业务创新的能力。促进长三角工业互联网一体化合作。江苏应积极主动作为，探索并推动实现长三角区域的工业互联网一体化合作机制。二是夯实工业互联网应用的信息化基础。正视很多企业特别是欠发达地

区的企业信息化基础仍较薄弱的现实，逐步推进工业信息化基础、数据分析处理基础、设备与网络连接基础的建设与完善，充分利用财政补贴、税收返还、成立专项投资基金、政府采购倾斜等形式支持和鼓励企业分阶段、分步骤、分范围对"智改数转"进行投资。构建持续投资的长效机制，积极探索与设备、软件、解决方案供应商等商讨创新更有效的成本收益分摊方式。三是增强工业互联网安全性。强化相关领域标准和规则制定，掌控话语权。推广工业互联网应用，设备安全和数据安全是第一位的。一方面要持续完善省级层面涉及工业互联网安全的顶层设计与技术标准；另一方面着力培育工业互联网安全市场，推动形成工业互联网安全产业生态圈。以相关"专精特新"企业的引进和培育为突破口，以资源整合和产品创新为手段强化工业互联网安全保障。四是加快突破工业互联网应用的要素约束。其一，鼓励企业加强顶层设计。可以结合自身实际制定"智改数转"策略，或一步到位，或分步实施。并不是所有改造都需要大投资，若已实现自动化，主要的投资点就是传感器。加快推动工业互联网在工程机械、电子信息、汽车等标准化、大规模、高精度、多工序的流程类行业率先落地。其二，引导企业创新商业模式。以政策支撑为保障，通过短期成本分摊，长期收益共享的形式创新商业化运营机制，整合资源、服务与能力，促成生产企业、设备企业、平台企业等形成深度合作的有机共同体。其三，完善招投标制度与政策。对工业互联网企业单列年度预算，建立政府产业基金、专项资金，提高投资效能，助力企业尽快加入工业互联网发展行列。其四，加强复合型人才培养。强化校企人才联合培养力度，鼓励本土头部企业或国有企业更多地承担"人才母机"功能，积极培养既懂信息技术、网络运营又懂产业领域的复合型人才，促进省内数字人才交流。

（三）协同推进智慧城市和数字乡村建设

强化智慧城市和数字乡村建设是完善社会治理能力重要抓手和着力点之一。一方面有利于要素流动与优化配置。联通是智慧城市、数字乡村建设的一个重要特征，可以有效推动城市内外、城乡之间信息、数据、人才等要素统一大市场的形成。另一方面有利于优化营商环境。进入新发展阶段，营商环境将是影响区域间竞争的核心变量。智慧城市、数字乡村建设将促进市场准入、投资和贸易便利化，优化营商环境，提升审批服务效率与质量，促进政府与企业和市场的互动，提升市场主体的获得感。

目前，江苏智慧城市、数字乡村建设呈现出一定的区域差异，大体上与各地经济发展水平相匹配，南京、苏州、无锡等苏南城市相对领先，主要表现为5G、物联网、大数据、云计算等数字技术与设施基础较好，应用特色化且普及率较高，数字政府建设也相对完善。对于智慧城市、数字乡村建设相对落后的地区应着重从四个方面突破，并以此推动省内区域协调发展。其一是正确认知。提升政府工作人员对于智慧城市、数字乡村建设的重要性、紧迫性和必要性的认知。坚持问题导向、应用导向、效果导向合理规划目标，确立实施途径。通过数字化城乡建设示范工程打造多元化应用场景，鼓励各地尝试和完善交通、市政、医疗、教育等公共服务领域的数字化应用。在应用场景开发上，鼓励企业运用新技术，创新产品设计。在对接机制上，建立和完善创新产品、方案与场景的衔接和推广。融合开放行业数据集，提升数据资源利用效率和数据挖掘程度。其二是聚焦县城。县城在江苏具有特殊地位，是连接城乡、都市圈、城市群的枢纽节点，是要素配置、扩大内需、产业发展等一切经济活动的重要载体，也是以数字化推动城乡融合、区域协调的关键环节。江苏省智慧城市、数字乡村建设要聚焦县城进一步完善顶层设计，面向市场、产业和人口，促进"数字化+县城"的特色化、品牌化。其三是要素支撑。吸引多元主体参与投资运营。随着各地逐渐进入以人为本、成效导向、统筹集约、协同创新的新型智慧城市发展阶段，政府单一主体的投资模式必须逐步向人民参与、政企协同、管运分离、合作共赢的模式转变。拓宽资金筹措渠道，例如，地方政府可以加强城市资源转化，联合智慧城市设计、建设、运营方等创新合作模式，盘活项目建设资金来源。与中国移动、中国电信、中国联通等通信企业合作，加快构建省级智慧城市运营统一平台。立足本地实际，挖掘本地特色，以项目吸引人才，创新信息化人才引进政策，加强南北挂钩城市间甚至全省范围内信息化人才的短期交流

和常态化培训。其四是统筹治理。加快构建统一数字政府。江苏融入长三角，除了基础设施相通、公共服务共享，重点是要打破各地政府的数据孤岛和垄断，一是可以减少信息不对称，提升数字经济发展过程中要素再配置的效率；二是有利于在区域内形成市场化、法治化、国际化一流营商环境，降低要素再配置的交易成本；三是便于数据管理和运用，提高数据质量，丰富数据产品，促进新产业、新业态、新模式的产生与崛起。主动对接长三角中心城市和其他兄弟城市，加快建立统一安全的政务云平台、一体化网上政务服务平台及大数据中心，打造一网通办的"互联网+政务服务"体系。不断提升政府数字化监管能力，建立健全数字政府服务管理的规定与政策，优化政务服务事项全流程，构建现代化公共服务体系。

参考文献

［1］程俊杰：《以工业互联网促进产业链现代化》，《创新世界周刊》2021 年第 7 期。

［2］程俊杰：《以全面数字化助力区域经济协调发展》，《群众》2022 年第 12 期。

社会与文化篇

Social and Cultural Topics

B.9

江苏共同富裕建设分析与展望

张 卫 后梦婷 鲍 雨*

摘 要： 江苏对标对表习近平总书记关于扎实推进共同富裕的要求，积极探索共同富裕的江苏道路。在提高生产力、促进区域协调发展、巩固脱贫致富成果、提升公共服务水平等方面取得了突出成效。但对标"两争一前列"的发展目标，江苏离建成共同富裕还存在着一定差距，突出表现为富民效应不明显、区域共建不完善、民生共享不健全等。2023年江苏要以高质量发展夯实推进共同富裕的经济基础，以富民增收、公平分配保障发展成果的全民共享，以乡村振兴、区域协同补齐推进共同富裕的实际短板，以提升保障水平、丰富文化生活确保共同富裕的实际效果，着力打造建设共同富裕的现代化社会的江苏样板。

* 张卫，江苏省社会科学院社会学研究所所长，二级研究员；后梦婷，江苏省社会科学院社会学研究所副研究员；鲍雨，江苏省社会科学院社会学研究所副研究员。

关键词： 江苏 共同富裕 成就 政策保障

共同富裕是全体人民通过辛勤劳动和相互帮助最终达到丰衣足食的生活水平，也就是消除两极分化和贫穷基础上的普遍富裕，这是一个需要科学谋划、稳步推进的渐进过程。新时代，我们追求的共同富裕涵盖了人民对政治、经济、社会、文化、生态文明等领域的发展要求。习近平总书记指出的，"人民对美好生活的向往，就是我们的奋斗目标"，① "让人民群众过上更加幸福的好日子是我们党始终不渝的奋斗目标，实现共同富裕是中国共产党领导和我国社会主义制度的本质要求"。② 2020 年 10 月，党的十九届五中全会审议通过的《中共中央关于制定国民经济和社会发展第十四个五年规划和二〇三五年远景目标的建议》将"全体人民共同富裕取得更为明显的实质性进展"作为到 2035 年基本实现社会主义现代化远景目标之一，突出强调了"扎实推动共同富裕，不断增强人民群众获得感、幸福感、安全感，促进人的全面发展和社会全面进步"，并且提出了一系列要求和举措。这为我们在"十四五"乃至更长一个时期推进共同富裕指明了方向、提供了遵循。

一 江苏共同富裕建设取得的成就

江苏历来是鱼米之乡，也是中国比较富庶的地区之一。新中国成立以来，尤其是改革开放以来，在中国共产党的团结带领下，全休江苏人民不懈努力，积极探索，使得江苏经济社会稳步发展，民生持续改善，人民生活水平不断提高，为实现共同富裕打下了良好基础。

党的十八大以来，中国特色社会主义进入新时代，我国社会主要矛盾也发生了转化，人民对美好生活的需求愈加强烈，广大人民群众对实现共同富

---

① 《习近平谈治国理政》，外文出版社，2014，第 424 页。
② 习近平：《在全国劳动模范和先进工作者表彰大会上的讲话》，人民出版社，2020，第 8 页。

裕有着更高的期待和新的要求。以习近平同志为核心的党中央审时度势，提出了一系列新理念新观点，丰富和发展了共同富裕的思想，鲜明地提出了共享发展新理念，并且采取了一系列重大战略举措，以全面建成小康社会为目标，稳定和扩大就业，提高城乡居民收入，发展教育事业，促进教育公平，建立健全覆盖全民的社会保障体系，提高医疗卫生保障水平，加快基本公共服务体系建设，把脱贫攻坚作为重中之重，实施脱贫攻坚战略，着力解决城乡、区域等方面的社会发展差距。经过党带领人民艰苦奋斗，居民收入水平稳步提升，就业的形势总体上趋于稳定、失业率保持在较低的水平，人民群众生活水平得到显著提高，高等教育进入普及化阶段，已经建成了全世界覆盖规模最大的社会保障体系，消除绝对贫困的艰巨任务得以完成。这一切，彰显了我国在推进全体人民共同富裕方面的重大成就。

进入"十四五"以来，江苏对标对表习近平总书记关于扎实推进共同富裕的要求，正确认识和把握实现共同富裕的战略目标和实践途径，系统化推进脱贫攻坚、就业、教育、医疗、养老、社会保障等各项民生事业全面发展，在共富领域取得了丰硕成效。2021 年江苏综合发展实力显著增强，全年实现地区生产总值116364.2 亿元，比上年增长 8.6%。全省人均地区生产总值137039 元，比上年增长 8.3%。①

（一）实施富民强省战略，巩固提高生产力

"富裕"反映的是一个国家整体社会财富的状况，"共同"反映的是全体社会成员占有社会财富的状况。"富裕"是"共同"的前提条件，只有把蛋糕做大，才能在此基础上把蛋糕分好，实现全民共享经济发展的成果。2017 年江苏省委、省政府出台《关于聚焦富民持续提高城乡居民收入水平的若干意见》，围绕聚焦富民提出了"富民33 条"。党的十九大之后，习近平总书记再次对江苏发展提出明确要求，省委十三届三次全会确定了推动高

---

① 《2021 年江苏省国民经济和社会发展统计公报》，江苏省人民政府网站，http://www. jiangsu. gov. cn/art/2022/3/31/art_ 64797_ 10398993. html? gqnahi＝affiy2。

质量发展走在前列的目标定位，提出了经济发展、改革开放、城乡建设、文化建设、生态环境、人民生活"六个高质量"的重点任务。截至2021年底，全省地区生产总值突破11万亿元，达到11.64万亿元，总量再上一个万亿元台阶（见图1）；人均生产总值达13.7万元；一般公共预算收入增长10.6%，总量迈上万亿元台阶，达到10015亿元，税收占比为81.6%。制造业增加值占地区生产总值比重达35.8%，占比全国最高。内需潜力进一步释放，固定资产投资增长5.8%，其中制造业投资和民间投资分别增长16.1%、6.3%，220个省重大项目完成投资超6000亿元；社会消费品零售总额突破4万亿元，达到4.27万亿元、居全国第二，同比增长15.1%。金融服务实体经济的能力进一步增强，金融机构人民币存贷款余额分别达到18.9万亿元和17.8万亿元，同比增长9.8%和15.2%。2022年上半年全省实现生产总值56909.1亿元，同比增长1.6%。其中，第一产业增加值1652.6亿元，同比增长4.9%；第二产业增加值25868.6亿元，同比增长1.3%；第三产业增加值29387.9亿元，同比增长1.6%。[①]

图1 2012~2021江苏地区生产总值

资料来源：根据2012~2021年《江苏统计年鉴》绘制。

---

① 《积极应对压力挑战 经济运行企稳回升——上半年全省经济社会发展情况新闻通报稿》，江苏省人民政府网站，http://www.js.gov.cn/art/2022/7/25/art_ 34151_ 10552088. html。

苏州宿迁工业园区高质量开发建设，谱写区域协同发展、实现共同富裕的江苏篇章。南北共建园区是江苏省委、省政府落实国家区域协调发展战略的重要载体，也是江苏探索"先富帮后富，最终走向共同富裕"的生动写照。根据省委、省政府的有关文件精神和苏州宿迁两地的统筹安排，2006年位于宿迁的苏宿工业园区开发建设正式启动，该园区先后被确定为省级经济开发区，省级生态工业园区，承担了为全省南北共建探索新路的光荣使命。苏宿工业园区持续优化营商环境，促进南北产业协同发展，初步形成了优势互补的经济循环链条。宿迁通过有规划有选择地接受苏州的转移产业，加快了产业体系培育与完善，累计承接来自苏州的各类投资项目 926 个，实际引资金额 686.3 亿元，带动近 20 万人就业。[①] 共同富裕离不开教育、公共交通等民生领域的合作发展。近年来，工业园区内的宿迁市苏州外国语学校连续在中考中创佳绩，3 所幼儿园竣工建成，公共自行车、智能充电桩和停车便利化工程等民生"微基建"从无到有、从有到优，增强了人民群众获得感、幸福感，实现了区域共同繁荣。[②]

（二）注重区域协调发展，坚持财力向农村、基层、欠发达地区倾斜

1. 乡村振兴战略深入实施

把握"三农"工作重心历史性转移，有机衔接脱贫致富奔小康与乡村振兴，农业农村现代化程度持续加深。农业综合生产能力进一步提升，新建高标准农田 390 万亩，粮食总产量 749.2 亿斤、创历史新高。乡村建设行动全面启动，实施新一轮农村人居环境整治，改扩建道路达到 2937 公里、桥梁改造达 979 座，新增加"四好农村路"全国示范市、示范县分别为 3 个、11 个，在全国率先基本实现城乡供水一体化。农村宅基地制度改革和集体经营性建设用地入市试点深入开展，国家城乡融合发展试验区改革探索迈出

---

① 《"南北共建"，谱写苏宿共同富裕新篇》，苏州新闻网，http：//www.subaonet.com/2021/ xssp/xssp_ yzkp/0112/140296.shtml。

② 《宿迁苏宿工业园区：拓展新发展，勇担南北共建"标杆典范"》，宿迁网百度百家号， https：//baijiahao.baidu.com/s？id=1688206994874128981&wfr=spider&for=pc。

坚实步伐。①

2.区域一体化的发展稳步推进

长三角一体化发展国家战略在江苏得到贯彻落实,长三角生态绿色一体化发展示范区建设也取得了积极进展,共同推动形成新一批41项制度创新成果,"水乡客厅"等65个重大项目顺利推进。南京都市圈发展规划成为国家批复的第一个都市圈规划,沿海地区发展规划也获国务院批准实施。大力实施扬子江城市群和江淮生态经济区、沿海经济带、徐州淮海经济区中心城市"1+3"重点功能区战略。《国家城乡融合发展试验区(江苏宁锡常接合片区)实施方案》获国家批复,全面赋予5项试验任务,体制机制创新活力更大程度释放。南北共建园区省级创新试点和省级特色园区建设全面展开。②

3.现代综合交通运输体系加快构建

连徐高铁开通运行,花果山机场建成投运,苏锡常南部高速公路、宜兴至长兴高速公路江苏段建成通车,连云港入选"十四五"首批国家物流枢纽,太仓港集装箱年吞吐量突破700万标箱,张皋过江通道开工建设,新孟河延伸拓浚、江河支流治理等重大水利基础设施建设全面推进。对口支援协作合作进一步加强,实施援助项目超过2100个,为受援地巩固脱贫攻坚成果贡献了江苏力量。③

(三)巩固拓展脱贫致富奔小康成果,深入实施富民强村帮促行动

在率先完成消除绝对贫困任务的基础上,按照"总量不变、适度调整"的原则,筛选出820个重点帮促村,按照每村160万元的补助标准,分批安排专项资金用于支持发展集体经济,到目前为止每村已经下达补助100万元,合计安排资金达到8.2亿元。

---

① 《江苏省政府2022年政府工作报告》,今日头条,https://www.toutiao.com/article/7057100037557486094/? wid=1671003255313。

② 《区域发展》,江苏省人民政府网站,http://www.js.gov.cn/art/2022/5/19/art_84331_10227371.html。

③ 《区域发展》,江苏省人民政府网站,http://www.js.gov.cn/art/2022/5/19/art_84331_10227371.html。

1. 健全"五方挂钩"帮促机制

省级层面继续推进向 12 个省级乡村振兴重点帮促村选派第一书记，并推动市、县同步选派第一书记，实现了重点帮促村第一书记全覆盖。

2. 深化片区联席会议制度

对"6+2"重点片区，协调牵头单位召开联席会议，编制片区帮促规划和年度计划，集中支持发展了 40 个重点项目。不断推动黄茅老区强村富民，对黄花塘老区重点帮促村实施"点穴式"帮促，加快乡村振兴步伐。

3. 以典型案例引领带动共同富裕

为全面总结全省各地在巩固发展农村集体经济、探索集体所有制有效实现形式等方面的实践经验，引领带动新时期全省新型农村集体经济发展，经各地推荐，在全省范围内遴选确定了 100 个有亮点、有特色、有贡献、可借鉴、可复制、可推广的新型集体经济发展典型案例，并从中择优选出新型农村集体经济高质量发展表率村十佳案例、新型农村集体经济引领共同富裕示范村十佳案例。[1] 这些案例充分反映当地农村集体经济发展水平和特点，起到了引领带动广大农民群众实现共同富裕的重要作用。

盐城市坚持开发式扶贫和救助式扶贫"双轮驱动"，切实提高脱贫攻坚成色。盐城市以发展产业为先，夯实脱贫根基，持续培育壮大经济薄弱地区优势产业，加强园区、专业合作社等各类载体平台建设，促进经济薄弱村和低收入农户稳定增收。2021 年，盐城市民政服务保障对象达 219.49 万人，占户籍人口总数的 27.33%，该市现有民政服务机构和设施 7874 个，2021年各级民政事业支出达 29.56 亿元。在江苏省创新开展"五个一批"兜底扶贫，通过动态管理纳入一批、核减支出保障一批、重点保障改善一批、缓退渐退扶助一批、临时救助兜底一批，将符合条件的 6018 户建档立卡低收入农户全部纳入相应保障范围，2021 年，盐城市民政局被省委省政府表彰为全省脱贫攻坚暨对口帮扶支援合作先进集体。同时在全省率先全面实现低

---

[1] 《全省典型！南京六合这 2 处入选新型集体经济发展典型案例！》，凤凰网，http：//js.ifeng.com/c/8E24QgIaHjW。

保标准城乡一体化，目前，盐城市共保障低保对象 5.68 万户 9.47 万人，低保保障标准达到每人每月 730 元，全市城乡特困供养基本生活标准分别达到每人每月 1600 元和 1300 元。①

南通市、连云港市、镇江市在富民强村帮促行动中取得显著成效。据统计，截至 2021 年 12 月，南通市级共拨付补助资金 4799.515 万元，农村发展新型合作农场的积极性得到有力调动；政策性农业保险得以落实，农场经营面积被纳入政策性农业保险，小麦、水稻分别按照最高保额 800 元/亩和 1200 元/亩提标承保，财政补助 80% 的保费；另外，进一步加大金融支持力度，为农场提供信贷支持及担保服务。目前南通已有 39 家新型合作农场得到 1620 万元贷款，财政贴息 54.53 万元，较好地解决了农场资金不足和融资难、融资贵的问题。② 连云港市在发展新型农村集体经济方面，注重"三抓三探"，村级集体经营性收入总额从 2018 年的 7.83 亿元提升到 2021 年的 11.19 亿元，三年增长了 43%。积极实施"五项监管"机制，全面推行村账乡代理和村务卡制度，大力推进农村产权线上交易，进一步规范了农村集体产权交易行为，促进了集体增收。大力发展农旅融合型经济、电商经济、"飞地"经济等促进村集体经济发展。通过"抱团"发展、"万企联万村、共走振兴路"行动、村社融合发展等方式促进村集体经济发展，推动富民兴村。③ 镇江则紧紧牵住产业兴旺这个"牛鼻子"，不断壮大农村经济实力，促进乡村振兴可持续发展。近年来，镇江大力发展高效农业，推进一二三产融合，让农业强起来，农民富起来。2021 年镇江全市农村居民人均可支配收入达 31354 元，较上一年增幅 10.4%，共同富裕迈出坚实步伐。④

---

① 《为民服务解难题助推民政事业高质量发展》，盐城市人民政府网站，http://www.yancheng.gov.cn/art/2022/7/22/art_ 49_ 3882527. html。

② 《江苏南通：破解"三难"，引领百万农民迈上共同富裕路》，中国经济网，http://tuopin.ce.cn/news/202203/23/t20220323_ 37427215. shtml。

③ 《连云港市 6 个村入选全省"共同富裕 百村实践"新型农村集体经济发展典型案例》，连云港市农业农村局网站，http://nync.lyg.gov.cn/lygnyxxw/zyxw/content/ad19aa85 - c89e - 44d5-9c11-3252ce0a7d58. html。

④ 《镇江：现代高效农业，奏响共同富裕新乐章》，中共江苏省委新闻网，http://www.zgjssw.gov.cn/shixianchuanzhen/zhenjiang/202205/t20220525_ 7555905. shtml。

（四）健全民生保障体系，进一步提升公共服务水平

截至 2021 年底，江苏民生支出占一般公共预算的支出比重为 78.4%，确定的 15 类 52 件民生实事得以全面完成，人民群众的"幸福指数"更有温度，也更有质感。

1. **多渠道稳就业，推进创业带动就业**

全年城镇新增就业 140.2 万人，比上年增加 7.4 万人，同比增长 5.6%。城镇调查失业率控制在预期范围以内。着力保障重点群体就业，高校毕业生年末就业率 95.6%，新开发公益性岗位安置就业困难人员 5.4 万名。努力推进"创响江苏"系列活动，支持成功自主创业 39.7 万人，创业倍增效应持续释放。

2. **"一老一小"服务保障得到加强**

养老服务体系加快建设，目前全省每千名老人拥有床位超过 40 张；新增普惠托育托位超过 8000 个，为"三孩"生育政策落实打下基础。

3. **社会保障体系加快完善**

退休人员基本养老金人均提高 4.5%，失业保险进一步扩围提标，基本医保市级统筹全面实现，困难群众基本生活得到更好的保障。

4. **教育现代化水平不断提升**

出台《江苏教育现代化 2035》和《加快推进江苏教育现代化实施方案（2019—2022 年）》等指导性文件，从供给侧打造现代化教育体系。基础教育优质资源供给持续增加，"双减"和规范民办义务教育发展工作有序推进，现代职业教育体系进一步健全，新高考方案平稳落地，新一轮高水平大学建设起步坚实。

5. **积极推进住房改造工程**

2022 年 8 月，江苏出台《江苏省"十四五"城镇住房发展规划》，明确提出要在 2025 年完成城镇棚户区（危旧房）改造，有效增加公租房、保障性租赁住房和共有产权住房供给。农村地区用 5 年时间完成全省 1980 年以前建的 50 万户以上的农村住房条件改善。省级财政每年拟预算安排 35 亿元，5 年总计安排 175 亿元。

6. 医疗卫生建设成效显著

医药卫生体制改革持续深化，公共卫生服务水平进一步提升，疾控机构建设全面加强，健康城市建设样板市总数、县级医院医疗服务能力达标率均居全国第一。推出与基本医保相衔接的普惠性商业医疗保险，群众医药负担明显降低。

7. 平安江苏、法治江苏的建设持续开展

社会治安防控体系不断完善，扫黑除恶斗争常态化推进，电信网络诈骗案件高发势头得到有力遏制，食品药品安全监管进一步加强，信访形势平稳有序。

8. 基本民生保障更加有力

全省共保障城乡低保对象 42.2 万户 72.4 万人，平均保障标准达到每人每月 803 元。持续完善分层分类社会救助体系，全面开展低收入人口集中认定和动态监测，认定低保边缘家庭和支出型困难家庭 9.2 万户 25.27 万人。实施临时救助 22.82 万人次。集中供养和社会散居孤儿平均保障标准分别为每人每月 2623 元和 1980 元。

无锡、常州、扬州、泰州等地创新探索基本公共服务标准化，覆盖城乡、普惠均衡的基本公共服务体系日趋完善，各领域公共服务供给水平显著提高。《无锡市基本公共服务实施标准（2022 年版）》，明确 14 个领域 31 类 100 项服务项目，保障基本公共服务普惠可及和公平享有；逐年增加民生支出，去年无锡一般公共预算民生支出 1038 亿元，支出比重较 2012 年提高近 10%；成立监测评价专班，跟踪公共服务实施情况，动态调整保障标准，居民基础养老金实现"十一连增"，企业退休人员养老金实现"十七连增"。常州市组织开展对全市所有乡镇的基本公共服务的摸底调查，通过财政资金倾斜、项目支持等手段加强薄弱地区的基本公共服务体系建设，全面促进城乡的基本公共服务同标定位、同步推进、统筹发展。2022 年，扬州市明确了 114 项基本公共服务功能配置标准，高于省定标准的有中心乡镇卫生院、自来水供应等 15 项，体现扬州特色的有生态体育休闲公园、颐养社区、24小时城市书房等 12 项，坚持试点先行，推进标准研究制定及普及应用。泰州市是全国承担国家基本公共服务标准化综合试点的三个设区市之一。开展试点以来，泰州市高度重视基本公共服务标准化工作，在社会服务、医疗卫生、城市管理、政务服务等重点领域，制定了 3 项国家标准、17 项省地方标准及 32 项泰州市地方标准，开展了 6 个基本公共服务标准化试点建设，通过标准化促进了基本公共服务均等化、普惠化，不断增强人民群众幸福感、获得感、满意度。①

南京、淮安、徐州推出一系列助残就业举措，促进重点人群稳定就业增收。残疾人是一类特殊的弱势群体，他们能否拥有稳定的就业和收入，直接关系到脱贫攻坚和共同富裕的成色和成效。南京市人民政府出台《南京市"十四五"残疾人事业发展规划》，计划投入约 35.45 亿元支持残疾人事业。到目前为止，全市 14031 名建档设卡残疾人脱贫，全市有 55898 人次的残疾人享受到最低生活保障；全市困难残疾人生活补贴、重度残疾人护理补贴的覆盖率达到 100%；残疾人基本社会保险实现全覆盖。淮安市推动实施就业脱贫工程，多措并举解决就业。一是为企业和残疾人双向选择搭建了双选平台，每年能为超过 1500 人次残疾人提供就业服务。二是为残疾人搭建辅助性的就业平台。通过 132 个有效运行的"残疾人之家"来帮助残疾人从事简单手工劳动、增加收入。三是为残疾人家庭搭建通过光伏发电增收的绿色平台。全市累计为符合条件的贫困残疾人家庭安装分布式光伏发电设备 1128 组。在发电机组并网发电后，残疾人家庭除了自家用电免费节约费用外，每年能增加超过 2000 元的纯收入。淮安市 2021 年就业年龄段持证残疾人就业 26355 人，就业率达 45.5%。②徐州市民政局、市财政局、市乡村振兴局联合印发《徐州市低收入人口认定和动态监测实施方案》，明确了工作目标、重点任务、实施步骤和相关要求，部署全市迅速开展低收入人口认定工作，采取申请审核一批、监测发现一批、摸底排查一批等方式，把符合条

①《泰州：让城市更美好 让生活更幸福》，中共江苏省委新闻网，http://www.zgjssw.gov.cn/shixianchuanzhen/taizhou/202009/t20200924_6813538.shtml。

②《淮安市搭建残疾人就业增收新载体》，中国江苏网，https://baijiahao.baidu.com/s？id=1688738921325185578&wfr=spider&for=pc。

件的低收入人口认定出来，并动态监测低收入人口。通过谋划部署、宣传发动、开展认定，建立低收入人口信息库、建立低收入人口信息共享机制，自2021年12月1日起，徐州市低收入人口认定工作转入常态化动态管理轨道。①

（五）物质文明和精神文明协调发展

江苏坚持为民育民、共建共享，持续深化文明城市、文明村镇、文明单位、文明校园、文明家庭创建。目前，全省共有全国文明城市29个、全国文明村镇273个、全国文明单位396个、全国文明校园35所、全国文明家庭37户，总数居全国前列。同时，全省文化事业和文化产业蓬勃发展，国家级文旅创建成果数量居全国前列，高水平建成扬州中国大运河博物馆，文化影响力不断得到提升。

1. 文旅行业稳步复苏

出台助企纾困"苏8条"，加大对旅行社、旅游景区、演出场所经营单位纾困帮扶力度。发布12条江苏"红色之旅"线路，20条"永远跟党走"红色旅游精品线路和20个红色研学旅游项目，5条线路入选全国"建党百年红色旅游百条精品线路"。2021年，全年接待境内外游客7.1亿人次，比上年增长49.6%；实现旅游业总收入11672.7亿元，同比增长41.5%。

2. 文化建设和旅游发展取得新成效

加强文化遗产保护利用，徐州土山汉墓考古发掘成果入选全国考古十大新发现，高水平建成开放扬州中国人运河博物馆，创新开展"无限定空间非遗进景区"活动、认定首批25个省级试点项目。国家级文旅创建成果数量居全国前列，11地上榜"中国民间文化艺术之乡"，新增11家全国乡村旅游重点村镇，3地入选首批国家级旅游休闲街区，公布首批13家省级智慧旅游景区。"水韵江苏"全球传播中心启动建设，江苏文旅品牌逐步打响。

---

① 《徐州全面启动低收入人口认定和动态监测工作》，徐州市民政局网站，http：//mz.xz. gov.cn/001/001002/20210826/49970fef-2bfc-4aff-b700-45c0df6354b4.html。

3. 广播电视业实现高质量发展

全省各级广电媒体制作广播电视节目 76.65 万小时。全年审查发行电视剧 12 部、审核发行电视动画片 26 部、审核上线网络影视剧 52 部。全省广播、电视综合覆盖率均达 100%。《江苏省广播电视公共服务实施办法》颁布实施，成为全国首部广播电视公共服务地方法规。启动实施智慧广电乡村建设工程，建成 200 个智慧广电乡镇（街道）。中国（江苏）、中国（苏州）广播电视媒体融合发展创新中心先后获批建设，江苏成为全国唯一拥有两个国家级媒体融合创新中心的省份。省广电总台、省广电网络公司入选"全国文化企业 30 强"，全省广电行业经营收入突破 400 亿元，同比增长 18.89%。

4. 公共文化服务水平不断提升

全省共有文化馆、群众艺术馆 116 个，公共图书馆 122 个，博物馆 366 个，综合档案馆 112 个，美术馆 48 个。全年出版报纸 18.7 亿份，出版期刊 1.2 亿册，出版图书 7.3 亿册。[①]

二 江苏共同富裕建设进程中存在的制约因素

（一）富民增收效应仍需提升

1. 当前城乡居民收入水平有进一步提高的空间

2021 年，江苏 GDP 达到 11.64 万亿，同比增长 8.6%，增速快于广东。2022 年江苏经济增长预期为 5.5%。据城乡一体化住户调查，截至 2021 年末，全省居民人均可支配收入 47498 元，比上年增长 9.5%。城镇居民人均可支配收入 57743 元，同比增长 8.7%；农村居民人均可支配收入 26791 元，同比增长 10.7%。这与浙江相比仍有一定的差距，截至 2021 年底浙江全年全体及城乡居民人均可支配收入分别为 57541 元、68487 元和 35247 元，比上年名义增长 9.8%、9.2% 和 10.4%（见图 2）。同时，江苏 2021 年全年居

---

① 《文化和旅游事业》，江苏省人民政府网站，http://www.jiangsu.gov.cn/col/col31383/。

民消费价格比上年上涨 1.6%，其中城市上涨 1.6%，农村上涨 1.5%，全年工业生产者出厂价格比上年上涨 6.3%。江苏经济虽然总量较大，居于国内发达省份前列，但普通民众共享经济发展成果的程度依然有待提高，并且随着近年来江苏经济增速逐渐放缓，城乡居民收入增长的难度也在逐渐加大。

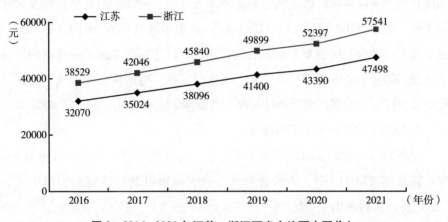

图 2　2016~2021 年江苏、浙江两省人均可支配收入

资料来源：根据 2016~2021 年《江苏统计年鉴》与《浙江统计年鉴》绘制。

2. 城乡居民收入仍有差距

经过"十三五"的经济发展和结构调整，江苏城乡收入差距正在逐渐缩小，到 2021 年底，城乡居民收入比由上年的 2.19∶1 缩小为 2.16∶1。但是，江苏城乡收入差距却始终高于浙江，自 2013 年始浙江城乡收入比快速下降，城乡居民人均可支配收入比值为 1.94。浙江的这一优势主要得益于其发达的民营经济以及一系列促进市场公平的政策安排，未来江苏推进共同富裕很重要的一个方面就是如何提高农村居民收入水平。

3. "扩中"和"提低"的任务艰巨

农村低收入人口脱贫成效有待巩固，重点群体稳收增收压力依然较大。2021 年江苏省城镇非私营单位就业人员年平均工资为 115133 元。其中，城镇非私营单位在岗职工年平均工资为 117868 元。2021 年，城镇私营单位就业人员年平均工资为 68868 元。收入最高的信息传输、软件和信息技术服务行业，与收入最低的农林牧渔业相差约 2~3 倍。纺织、建筑、服务行业等受疫情、外部环境和宏观调控的影响，行业从业人员对稳收增收信心不足。针对城乡低收入人口走向共同富裕的长效机制尚不健全,[①] 弱势群体抵抗负向冲击的能力较弱。

（二）区域内协调发展存在瓶颈

1. 区域、城乡差距进一步缩小存在较大难度

2021 年江苏城乡收入比下降到 2.16（浙江为 1.94），2016~2021 年下降 5.49%，低于浙江的 6.09%。2020 年江苏人均 GDP 最高和最低的比值仍高达 2.53（浙江为 2.21）。在经济下行压力较大的背景下，加之面临碳达峰、碳中和等多重因素制约，相对落后地区统筹兼顾经济增长和增长方式转型，进而缩小区域差距的难度较大。截至 2021 年底，苏南、苏中、苏北人均 GDP 分别为 17.53 万元、14.14 万元和 8.93 万元，全省三大区域的经济发展水平存在较大差距。由于发达的苏南地区集中了众多高端制造业、生产性服务业以及科技金融等产业，苏南、苏中、苏北城乡居民的收入差距仍会扩大。

2. 省内全域一体化格局有待进一步完善

对江苏而言，局部一体化先行，加强都市圈协作，是助推长三角区域一体化的有效路径。因此必须加快推进苏锡常、宁镇扬一体化发展以及锡常泰、苏通的跨江融合，扎实推进省内全域一体化，实现全方位融入长三角一体化和国内大循环。但目前来看，"水韵江苏"的品牌效应仍有待提高，沿江城市群东西向经济地理空间外溢效应仍未充分发挥，"1+3"功能区（"1"即扬子江城市群，"3"包括沿海经济带、江淮生态经济区和淮海经济区中心城市）的绿色发展网络辐射效应仍有待提高。

（三）民生共享机制亟须进一步健全完善

1. 高质量就业依然存在压力

尽管江苏稳定的经济增长为就业创造了良好的大环境，但受新一轮新冠

---

① 张立冬等：《江苏扎实推动共同富裕的路径研究》，《江南论坛》2022 年第 8 期，第 4~8 页。

肺炎疫情、国际局势变化等超预期因素影响，稳就业的压力陡增。2022年，江苏应届高校毕业生超66万人，截至8月，江苏高校毕业生去向落实率达到80%，接近往年，毕业生总体就业形势稳定，但仍有提高空间。

2.公共服务均等化水平还需提高

总体上来看，与城镇相比，全省农村在医疗卫生、教育、公共文化体育、劳动就业创业、残疾人服务、社会服务、社会保险等基本公共服务方面仍存在较大差距。从地区上看，江苏由南到北由于地方政府的财政能力差异，公共服务供给能力也表现出一定的梯度落差。社会保障水平在不同行业间发展不均衡，新产业、新业态群体社会保险权益存在缺失现象。

（四）精神富足体系建设尚需加大力度

1.公共文化供给水平和质量还存在明显的城乡差距

精神文明建设水平有待提高，表现为苏北等发展相对滞后地区尤其是农村地区，农民在现有公共文化活动过程中参与度不高。部分先富群体的"道德榜样"能力不足，发展滞后地区和低收入群体的内生动力不足。高额彩礼、人情攀比、厚葬薄养、铺张浪费、封建迷信等不良风气依然存在，还需进一步加强农村精神文明建设，实施乡风文明提升工程。

2.公共文化供给针对性不强，居民文化获得感有待提高

公共文化供给依然没有针对不同对象的需求进行调整，加上缺乏竞争机制和供给的垄断，公共文化的需求表达不畅，造成群众对公共文化供给满意度不高。

3.精神文明基础设施建设还要进一步完善

对江苏深厚的历史文化资源和红色文化资源挖掘还不够充分，部分文化场馆与设施利用率不高，还存在文物展示手段传统落后、红色景区配套设施不齐全、文化场馆管理维护人才匮乏等现象。

三　江苏推进共同富裕建设的对策建议

习近平总书记在江苏考察时对江苏全面推进现代化建设做出了重要指

示，要求江苏"在改革创新、推动高质量发展上争当表率，在服务全国构建新发展格局上争做示范，在率先实现社会主义现代化上走在前列"。① 2021 年省第十四次党代会将"六个显著提升"作为江苏未来五年的发展目标，其中"共同富裕水平显著提升"是落实以人民为中心发展思想，满足人民对美好生活向往的重点工作，是江苏开启区域现代化新征程的重要使命。② 2023 年是党的二十大胜利召开后的第一年，江苏要立足新背景，把握新特征，既要做大"蛋糕"又要分好"蛋糕"，全面构建共同富裕的动力机制、治理机制和保障机制，以高质量发展夯实推进共同富裕的经济基础，以富民增收、公平分配保障发展成果的全民共享，以乡村振兴、区域协同补齐推进共同富裕的实际短板，以提升保障水平、丰富文化生活确保共同富裕的实际效果，着力打造建设共同富裕的现代化社会的江苏样板。

（一）发挥先发优势，持续提升总体经济实力

做大蛋糕是分好蛋糕的前提，做大做好"蛋糕"，是江苏为全国经济发挥重要"压舱石"作用的具体体现。③ 2021 年江苏按经济总量和人均地区生产总值测算已整体迈入发达国家行列，为率先实现共同富裕的现代化奠定了经济基础。2023 年江苏要继续落实"疫情要防住、经济要稳住、发展要安全"④ 的重大要求，积极应对复杂严峻的宏观经济形势变化和国内疫情多发散发的影响冲击，有效实施稳经济政策措施，推动经济运行企稳回升，高质量发展稳步推进。

1. 以创新和绿色双动轮驱动经济高质量发展

江苏具有制造业大省的先发优势，2021 年制造业占地区生产总值的比重达到 35.8%，在全国各省份中排名第一，这是江苏推动共同富裕，提高

---

① 《习近平在江苏考察时强调 贯彻新发展理念构建新发展格局 推动经济社会高质量发展可持续发展》，新华网，http://www.xinhuanet.com//politics/leaders/2020-11/14/c_ 1126740143.htm。
② 吴政隆：《争当表率 争做示范 走在前列 奋力谱写"强富美高"新江苏现代化建设新篇章》，《新华日报》2021 年 11 月 29 日。
③ 张立东等：《江苏扎实推动共同富裕的路径研究》，《江南论坛》2022 年第 8 期，第 6 页。
④ 《全面贯彻落实总体国家安全观》，《人民日报》2022 年 9 月 20 日。

经济总量的关键。江苏要提升《"中国制造2025"江苏行动纲要》的落实成效,以创新驱动稳步推进制造业的转型升级,提高产品附加值,逐步形成位于价值链中高端的优势产业集群。用好江苏科教大省的领先优势,推进国家级人才中心和创新中心建设,加快推进高技术产业和战略性新兴产业的培育,下大力气解决"卡脖子"技术难题。大力推进高新产业和数字经济,加快其与现代服务业、先进制造业的有效融合。鼓励人工智能、大数据等新技术、新业态、新产业的不断壮大,鼓励传统产业与新兴产业融合发展、相互促进,以技术创新作为经济发展新动能。加快绿色低碳技术的研发推广,支持企业绿色转型,打造江苏"双碳"工作的创新体系。

2. 加大中小微企业政策扶持,释放各类经济主体活力

面对国内疫情多点散发,国际市场宏观经济形势复杂,江苏要加大力气盘活省内经济,在国内统一大市场建立过程中,鼓励多元经济主体蓬勃发展,释放推进共同富裕的主体活力。要在顶层设计上营造能够激发市场活力的制度环境,建立法治化、数字化、常态化的政企沟通渠道,完善民营企业,尤其是中小微企业的政策服务体系,优化省内营商环境。要大力推动要素市场化改革,多措并举支持民营经济高质量发展,持续提升实体经济质量与能级。要鼓励金融机构向中小微企业倾斜,支持中小微企业做优做精,做强做大。积极推动农业提档升级,鼓励规模经营,加快一二三产业的融合发展,适度延展农村经济产业链,推动城乡"双向开放"新机制。

3. 加快数字技术攻关,规范数字经济平台的监管

数字技术发展对经济高质量发展具有明显的促进作用。2023年江苏要在推进共同富裕中扎实嵌入数字经济发展。首先要提高数字技术的研发与推广,挖掘数字要素潜能,实现技术迭代,形成新增长点、增长极。其次要依托数字平台,加快传统产业的数字化转型步伐,鼓励传统产业与新兴产业融合发展、相互促进,实施"互联网+""智能+""区块链+"行动。再次要形成具有国际影响力的人工智能产业聚集区,提升共享经济、生物经济、平台经济等发展能级,以信息服务、科技研发以及金融等生产性服务业作为江

苏服务业的主导力量。最后要对数字平台加强规制与引导，改变数字资本无序扩张与平台垄断等问题，完善数字经济治理体系。

（二）缩小三大差距，扩大中等收入群体规模

形成橄榄型的社会结构是建设共同富裕的现代化社会的重要保证。江苏要着力提升城乡居民收入水平，缩小城乡之间、区域之间、群体之间收入水平的差距，不断持续推进"提低、扩中"发展战略，扩大中等收入群体在江苏的比例。

1. 持续推进高质量就业，提高收入水平

稳定就业是增加城乡居民收入的重要前提，江苏要以《江苏省就业促进条例》为主线，做好就业政策的相互配套和衔接，加快实施《江苏省"十四五"高质量就业促进规划》，消除各种不利因素对于就业的影响，稳步推进高质量就业。要破除就业服务障碍，完善就业服务体系，加强对重点群体的就业帮扶，建成覆盖城乡、五级贯通的公共就业服务体系和"15分钟人社公共服务圈"。[①] 要积极通过有效的财政政策为适龄劳动力提供技能培训，推进职业教育与产业发展相匹配，切实提高劳动者的职业技能，帮助他们提高与产业发展趋势相匹配的工作能力。要加大紧缺人才培训力度，深化技能人才评价改革，给予技能人才更广的上升空间。要着力营造双创生态系统，鼓励劳动力自由流动，鼓励多种形式的灵活就业，要着力完善创业服务政策、建好创业服务平台，通过多种方式鼓励创业创新，进一步促进经营性收入增长。

2. 完善三大分配，促进共同富裕的结果公平

促进共同富裕，要进一步完善三大分配机制，扩大中等收入群体比例，逐步形成"橄榄型"社会收入结构。第一，要提高劳动者报酬，不断优化初次分配。建立合理的工资增长机制，确保劳动者能够凭借知识、专利、资本等生产要素或贡献大小参与分配。第二，要确保政府兜底性政策向低收入

---

① 张宏伟：《大力提高城乡居民收入》，《群众》2022年第2期，第8页。

群体倾斜，筑牢低收入群体的社会保障网。加大税收、社会保障、转移支付等调节力度和精准性。第三，要积极营造回馈社会的良好氛围，发挥慈善等第三次分配作用，建立企业、社会组织、行业商业协会等捐赠行为的分类支持体系。

3. 推进乡村振兴，缩小城乡收入差距

全省要在脱贫攻坚、全面建成小康社会成效显著的基础上，通过实施精准帮扶来提高农民收入水平，让更多的低收入农民跻身于中等收入者行列，农民在中等收入群体中的比例得到提高。促进农民身份转变，夯实乡村振兴的制度基础。首先要推进农村土地产权制度改革，实现城乡建设用地同权同价。以赋权赋能为核心，探索农民承包地、宅基地等退出转换机制。要顺应农业现代化和规模化发展需求，鼓励土地规模经营，大力发展与当地农业密切关联的新型轻工业。强化对农民自身的职业技能培训，鼓励就近地缘性就业，增加农民转移性、经营性收入，健全常态化农村帮扶机制，巩固全面脱贫成果。要将美丽田园乡村建设以及农村人居环境改善结合起来，丰富乡村文化产品的供给与服务，保证农村人口素质的全面提升。

（三）强化南北联动跨江融合，促进区域协调发展

江苏省第十四次党代会明确提出要支持苏南引领、苏中崛起、苏北赶超，更大力度推进全省区域协调发展，助推长三角更高质量一体化发展。[①]2023年江苏要以"1+3"重点功能区战略激活江苏发展新动能，优势互补、创新机制、分类施策，促进省内区域协调发展。

1. 推动南北共建园区建设，深化省内南北合作

要用好苏南五市经济发展优势，增强苏南地区在建设共同富裕中的示范效应。统筹市场和政府作用，完善苏南苏北合作发展机制。要抓住苏南产业溢出的机遇，以苏北地区的产业现有定位和产业发展重点为基础，将苏南地区适合的产业按梯度转移，实现产业链的双向融合，促进苏北产业提档升

---

① 林康、边恩江：《绘就共同富裕的区域协调发展新画卷》，《群众》2022年第2期，第6页。

级。要着力打造南北共建园区高质量发展"升级版",培育数字经济特色产业,推动自动驾驶、无人物流快递等新数字技术在园区实体应用,积极向教育医疗、科教人才、健康养老等领域拓展。①

2. 促进跨江融合,着力打造"1+3"功能区

2023年江苏要以《江苏省沿江城市群城际铁路建设规划(2019—2025年)》为契机,通过网络化综合立体交通走廊和畅达高效的城际综合交通网络,打造"1.5小时通勤圈",给江苏沿江8市的跨江融合和一体化发展提供强有力的保障,释放北沿江城市的"群效应"。要进一步落实大运河文化带建设,凸显江苏县域经济的优势特点,明确每个功能区在江苏发展中的功能定位,促进功能区之间的连接。发挥扬子江城市群的龙头带动作用,推动沿海经济带、江淮生态经济区、徐州淮海经济区中心城市分工协作、特色发展、优势互补。② 同时聚焦省内经济薄弱地区,赋能支持苏北地区实现赶超。利用省内48个飞地经济工业园区示范效应,强化苏北高标准建设。

3. 全面融入长三角一体化发展

江苏要深入实施国家战略,不断提升南京特大城市枢纽能级和城市首位度。在省内要形成"机场+铁路"集疏运体系,深化跨区域对接联动共享,确保苏南、苏中、苏北联合发展。省外要对接长三角核心城市,加快城市间融合发展,特别是要推动江苏与上海的融合发展。对于近沪地区要加快与上海同城化的步伐,主动承接上海经济辐射,其中南通要成为更大格局跨江融合的重要支点,苏州(尤其是昆山地区)要深度参与上海各项经济社会建设,成为上海辐射带动作用的主要受益者。

(四)强化基本民生保障,提高治理服务水平

对标"两争一前列"的光荣使命,聚焦共同富裕,要始终将人民最关心的问题放在首位,完善民生保障体系,实现高品质的公共服务供给。要集

---

① 周金刚:《以南北园区共建推进区域协调发展》,《群众》2022年第13期,第41页。
② 张卫等:《"十四五"江苏推进共同富裕的目标、重点及思路》,《江南论坛》2022年第11期,第5页。

中力量和资源做好保基本的工作，稳步提高基本公共服务可及性和均等化水平，对于目前群众迫切关注的"一老一小"问题、"看病贵看病难"问题、教育资源均等化问题、就业问题等要集中精力做好统筹，使人民全生命周期的各类需求普遍得到更高水平满足。

1. 适当拓展基本民生保障范畴，做好兜底保障

要着力巩固脱贫成果，巩固已摘帽的原建档立卡低收入农户脱贫成果的问题，避免这些群体滑入更加困难的境况。[①] 要加大对低保边缘群体和支出型困难群体等低收入群体的常态帮扶，不但要保障基本生活，更要在医疗、住房、教育、就业等方面有针对性地提供社会救助。要建立重点群体数据库，实施动态监测，做好最低生活救助标准的动态调整，健全多元力量参与的社会救助服务体系。要科学确定基本民生保障标准，实施低保标准动态调整，既要使困难群众有较多的获得感，又要在财力的可承受范围内。要加强不稳定群体的动态监测预警，根据不同情况分档分级施策，建立因病、因灾等急难情况下的社会救助方案。

2. 健全多层次社会保障体系，筑牢筑密社会保障网

要进一步完善转移支付机制，实现城乡之间医疗、养老等资源的均等化配置。要提高城乡居民养老、医疗等社会保险覆盖面，健全缴费年限与待遇享受相挂钩的激励约束机制，引导和鼓励各类人员及早参保、长期参保和连续参保，提高参保缴费率。要建立居家养老与社区养老、医养与康养相结合的养老服务体系，完善鼓励家庭养老的政策支持体系，构建适应老龄化发展的社会文化环境。要积极落实医疗保险制度，防止因病返贫，加大城乡居民大病保险市级统筹力度，推动市场化保险机制参与医疗保险体系，推进市场保险规范化运作。

3. 深耕社会治理，提升公共服务水平

要科学把握全省市域社会治理规律特点，进一步完善多元共治、融合推进、精细管理的支撑机制，继续深入拓展"大数据+网格化+铁脚板"的市

---

① 周恒新：《聚焦共同富裕 强化基本民生保障》，《群众》2022年第2期，第10页。

域社会治理机制，推动大数据、人工智能等新技术的全面应用，实现数字化、智能化的治理新模式，建立省级统一、上下联动的政务服务平台。要强化社会治理机制在社会救助领域的应用，拓展社会力量参与渠道，加强基本公共服务绩效管理，提高资金使用效益和服务质量。要以"人的全面发展"为指引，深入挖掘文化资源，打造具有水韵江苏特色的文化样本，推动以人为核心的高质量公共文化服务现代化体系建设。

B.10
江苏社会建设分析与展望

孙运宏　陈云龙*

摘　要： 2022 年，江苏积极推进以民生为重点的社会建设，民生事业全面进步，公共服务和社会治理水平显著提升，社会建设取得新成就。经济社会持续高质量发展，人民生活水平不断提高；不断创新社会治理机制，治理效能提升显著；构建与居家社区机构相协调的养老服务体系，养老服务得到高质量发展；实施就业优先战略，推进更充分、更高质量的就业；不断深化新时代教育改革，高标准建设教育强省；应急管理体系和能力建设成效显著，风险防范能力不断增强。新时代新征程，江苏要深入贯彻"以人民为中心"的发展理念，大力解决发展不充分、不平衡的问题以及人民群众急难愁盼的问题，补齐社会建设领域存在的诸多短板，健全社会治理体系，积极构建优质均衡的社会公共服务体系，让人民群众的幸福感更可持续、获得感更为充实、安全感更有保障。

关键词： 社会建设　公共服务体系　优质均衡　江苏

　　2022 年是党的二十大胜利召开之年，也是全面贯彻落实江苏省第十四次党代会部署的开局之年。江苏坚持以习近平新时代中国特色社会主义思想为指导，积极应对复杂严峻的宏观经济形势和新冠肺炎疫情带来的挑战，聚

＊ 孙运宏，江苏省社会科学院社会学研究所助理研究员；陈云龙，江苏省社会科学院社会学研究所助理研究员。

焦社会建设领域的突出问题，着力推进以民生为重点的社会建设，围绕人民群众关心的"急难愁盼"问题，有针对性地出台惠民利民便民富民政策，让经济社会高质量发展成果更多、更公平地惠及全省人民。

一 江苏社会建设取得的成效

（一）经济社会持续高质量发展，人民生活水平不断提高

江苏经济总量实现新的历史性跨越，从 2014 年突破 6 万亿元到 2021 年迈上 11 万亿元新台阶，占全国 GDP 的比重已超过 10%。党的十八大以来，江苏对全国经济增长的贡献率超过 10%，经济高质量发展展现出强劲韧性，为稳定全国经济社会发展大局发挥了重要的"压舱石"作用。同时，江苏人均 GDP 连续 13 年居全国各省份（港澳台除外）之首，由 2012 年的 6.65 万元跃升到 2021 年的 13.7 万元，年均增长 8.36%，高出全国人均 GDP 水平 5.61 万元。2012 年全省人均 GDP 突破 1 万美元，2021 年突破 2 万美元，远超世界银行制定的高收入国家的收入标准。2012 年江苏全社会劳动生产率为 11.2 万元/人，2021 年提升至 23.9 万元/人，劳动者素质不断提高，科技创新水平显著提升。[①]

江苏财政收入稳定增长，财政实力显著增强。全省财政收支规模稳步扩大，2012 年全省一般公共预算收入仅为 5860.7 亿元，2021 年则实现一般公共预算收入 10015.2 亿元，财政收入实现持续稳定增长。稳步增长的财政收入也为政府提供公共服务、推进民生建设打下了坚实的经济基础。2021 年，江苏省一般公共预算支出 14586 亿元，比上年增长 6.6%，其中民生支出占比近 80%，全省的财力向民生、向基层倾斜的成效显著，人民群众的"幸福指数"不断提升。

---

① 《近十年江苏对全国经济增长的贡献率超过 10%——为稳定全国发展大局发挥重要"压舱石"作用》，《新华日报》2022 年 5 月 24 日。

全省居民收入迈上新台阶，收入分配状况不断得到改善和优化。聚焦"富民增收"这一核心议题出台的相关政策使居民分享更多经济社会发展红利，基本实现全省居民收入增长与经济增长同步。2012 年全省居民人均可支配收入为 2.24 万元，到 2021 年增长到 4.75 万元，十年间居民人均可支配收入累计实现增长 1.12 倍。不断拓宽居民收入渠道，居民收入来源日趋多元化。全省居民人均工资性收入和人均经营净收入呈现下降趋势，2021 年全省居民人均工资性收入占人均可支配收入的比重比 2012 年下降了 1.5 个百分点，人均经营净收入占比比 2012 年下降了 3.2 个百分点。由于市场投资渠道的多元化和财政转移性支付力度的不断加大，居民财产性收入和转移性收入则呈现较快增长的态势。2021 年全省居民人均财产净收入的比重比 2012 年提高 2.7 个百分点，人均转移净收入的比重比 2012 年提高 2 个百分点，居民财产性收入和转移性收入对居民增收的贡献率比 2012 年分别提高 10.2 个和 5.9 个百分点。同时，城乡居民之间的收入差距持续缩小，区域收入结构不断得到改善。随着全省大力推进乡村振兴战略，脱贫攻坚成果得到有效巩固，农民收入实现较快增长，2012~2021 年农村居民人均可支配收入年均增幅快于城镇居民人均可支配收入年均增幅 1.2 个百分点。2012 年江苏城乡居民收入比为 2.37∶1，2021 年缩小到 2.16∶1，成为全国城乡居民收入差距较小的地区之一。[①] 全省中低收入群体收入较快增长，农村建档立卡低收入人口得到有效保障。按照收入五等份分组，高低收入组居民收入之比不断缩小，最低收入组家庭人均可支配收入年均增长快于最高收入组家庭 3.4 个百分点。[②] 全省 254.9 万农村建档立卡低收入人口全面实现义务教育、基本医疗、住房安全和饮水安全保障，年人均收入已达 6000 元以上。

（二）不断创新社会治理机制，社会治理效能显著提升

推进社会治理现代化始终是江苏推进国家治理体系与治理能力现代化的

---

① 吴政隆：《在"中国这十年·江苏"主题新闻发布会上主发布稿》，《新华日报》2022 年 8 月 13 日。

② 《共谋"百姓富"，描绘"幸福江苏新画卷"》，《新华日报》2022 年 8 月 31 日。

核心议题。全省大力推动网格化社会治理的机制创新，逐步形成以"大数据+网格化+铁脚板"为核心特色的网络化社会治理的"江苏模式"。为规范网格工作的组织管理，充分发挥网格化社会治理的作用，在全国率先出台了省级政府规章《江苏省城乡网格化服务管理办法》。2021年，先后出台《法治江苏建设规划（2021—2025年）》《江苏省法治社会建设实施方案（2021—2025年）》，进一步凸显法治在省域社会治理现代化中的基础地位，一体推进法治江苏、法治政府和法治社会建设，充分彰显江苏社会主义现代化建设的法治底色。针对在新型农村社区中存在的共建共治协同推进乏力、社区居民参与治理能力不足、社区治理和服务水平不高等突出问题，尤其是有的地区面临跨行政村混居、人口流动性大、外来人口多等新的社会治理难题，江苏专门出台《关于加强新型农村社区治理与服务的意见》，明确新型农村社区治理与服务的目标任务，提出提升新型农村社区治理与服务水平的相关政策和保障措施。

高位推动市域社会治理，打造市域社会治理现代化的"江苏样本"。市域社会治理在国家治理体系中具有承上启下的重要作用，是一项枢纽性质的系统工程。市域社会治理既事关顶层制度设计落地落实，又事关市域行政区划内的安定和谐有序。江苏把推进市域社会治理现代化作为加强和创新社会治理的重要抓手和切入点，通过试点示范引领、提前部署谋划、加强分类指导，打造上下联动、部门协调的工作格局，在省委平安江苏建设领导小组中专门设立市域社会治理工作协调小组，统筹推进市域社会治理和平安建设工作。所有试点市均成立由党政主要领导担任组长的推进市域社会治理现代化领导小组，并组建实体化运作的试点工作推进专班。全省各地在制定出台市域社会治理现代化相关实施意见基础上，积极探索制定专项规划，将市域社会治理相关要求纳入地方"十四五"经济社会发展规划。江苏全省群众安全感从2012年的94%提高到2022年上半年的99.14%，被公认为全国最安全的省份之一。

夯实基层基础，持续建强基层阵地平台。组织实施"精网微格"工程，着力筑牢网格化治理的基础，推动全省各地进一步科学划细做实基层网格，

将网格细分为若干个"微网格"，构建"乡镇（街道）—村（社区）—网格—微网格—户"的工作体系。江苏全省设立网格10.5万个、微网格41.7万个，配备专职网格员8.8万名（城市3.8万名、农村5万名），兼职网格员41.5万名，所有设区市全面建成网格学院，群众对网格工作满意率高达97.68%。统筹各方资源力量，在市县乡推动建立社会治理现代化指挥中心。泰州、扬州、常州、徐州、镇江、南通、无锡、淮安、宿迁9市已成立市域社会治理现代化指挥中心（正处级），全面统筹协调，形成综合协调全市各级各有关部门的工作体系。苏州、盐城等地县级中心通过建立分流指派、人员调度、检查督查、工作问责和考核奖惩等工作机制，聚焦平安稳定，加强风险隐患排查、重点人员管控、重要节点稳控，创新发展一站式解决模式，集中受理、统一协调处理各类矛盾纠纷。南京、连云港等地整合资源、充实力量，健全乡镇（街道）政法委员统筹协调综治中心和社会治理局等工作机制，加强实有人口、特殊人群、重点人员等服务管理，凝聚融合平安志愿者、社会组织、热心群众等专业化、职业化、社会化力量，打造服务群众前沿哨所，开展疫情防控、风险隐患排查等工作。社会治理现代化指挥中心已经成为社会治理资源调度的"主平台"、平安建设风险防控的"主阵地"、政法服务群众回应诉求的"主窗口"。

（三）构建居家社区机构相协调的养老服务体系，养老服务得到高质量发展

江苏是老龄化大省。第七次人口普查数据显示，全省常住人口老龄化率比全国平均水平高3.14个百分点。为进一步健全普惠性养老服务体系，江苏在全国率先出台《关于加强养老服务人才队伍建设的实施意见》《关于促进养老托育服务高质量发展的实施意见》，不断完善人才、土地、资金等要素供给，加快补齐在养老服务能力方面的短板，持续扩大养老服务的有效供给，稳步提升养老服务的提供能力。为推动居家社区养老服务提质增效，江苏省民政厅等12部门联合出台《江苏省居家社区养老服务能力提升三年行动工作方案（2022—2024）》，着力打造让老年人享有"身边、家边、周

边"的居家社区养老服务。针对农村养老服务特点，省民政厅等12部门联合出台《关于推动农村养老服务高质量发展的指导意见》，推动政府主导与社会参与并行、设施建设与能力提升并举、事业进步与产业发展并重、家庭尽责与乡邻互助结合的农村养老服务高质量发展。

加强养老服务设施建设。省级已经出台面向养老机构的建设补贴政策，不同所有制养老机构实行统一补贴标准，各地出台了养老机构和居家社区养老服务中心综合运营补贴等政策。截至2021年底，全省共建成各类养老床位74.2万张，其中社会力量举办或经营的养老床位占全省床位总数的70%。共建有养老机构2317家、居家社区养老服务中心站点近2万个，街道日间照料中心589个，老年人助餐点7000多个，城市街道综合性养老服务中心237个，农村特困供养服务机构数量881家，形成了较为完备的服务设施网络。全省建有二级以上老年医院21家、康复医院108家、护理院310家，两证齐全的医养结合机构837家。有80%的养老机构成功和相应医疗机构建立比较稳定的双向转诊、预约就诊等合作机制。同时加强养老服务的标准化建设。制定出台《江苏省养老机构等级划分与评定评分细则（第一版）》，督促各地开展本地区一至四级养老机构等级评定工作，省级评定首批五级养老机构22家，发挥标杆示范作用。引导各地制定机构等级与运营补贴等政策挂钩制度，进一步调动养老机构的参评积极性。

加强养老服务领域综合监管和人才队伍建设。出台《江苏省养老服务市场失信联合惩戒对象名单管理实施办法（试行）》，积极构建以信用为基础的新型养老服务监管体制。推行养老服务监管评估制度，做到"凡服务必评估"。开展防范养老服务领域非法集资宣传，坚决维护广大老年人合法权益。着力强化养老服务人才队伍建设。全省已有2万余人通过护理员职业技能认定，全省各地对具备养老护理员资质的人员给予一次性补贴，对符合相应学历条件和工作年限的养老护理员发放3万~6万元的入职奖励金。全省共有31所高职院校和24所中职学校开设养老服务相关专业。民政厅与南京中医药大学合作共建全国首家本科起点的养老服务与管理学院，首届招收本科生169名、研究生20名。全面推进养老护理员职业技能等级认定工作。

从 2022 年起，原则上所有财政支持的养老护理员政策待遇都与技能等级挂钩。

（四）实施就业优先战略，推进更充分更高质量的就业

就业是最大的民生，就业稳则民心安。2021 年，全省城镇新增就业人数为 140.21 万人，同比增长 5.6%，占全国近 1/9，为推动经济发展和保障改善民生发挥了重要作用。江苏大力推进全省各级政府部门建立健全重大项目拉动就业以及公共投资评估机制，持续强化政府帮促就业的责任。持续优化平台经济的发展环境，大力促进社会就业，培育就业新增长点。建立并落实用工余缺调剂机制，帮助企业搭建用工信息对接平台。积极建立以人才领导创业、以创业促进就业的体制机制，提升创业的效果与层次。尤其是要围绕核心产业、特色园区以及传统技艺不断打造劳务品牌，最大限度发挥创业就业的吸附效应。面对疫情持续冲击等因素给部分企业带来的经营困难，围绕稳岗拓岗的主要目标，2022 年江苏创新出台"苏岗贷"作为稳定就业和金融的服务产品，仅 3 个月就向全省 1798 户中小微民营企业精准投放信贷资金总计 77 亿元；仅 2022 年上半年江苏就已经出台"助企纾困 12 条"政策，相应援企稳岗专项政策资金落实也已经达到 240 亿元。在实施更加积极的就业政策中，江苏全省落实属地就业的优先责任，从领导力量、政策制定以及组织推动等多个层面压实相关部门的责任，着力破除条块的层层壁垒，真正推动人才和就业工作的一体联动与深度融合。

全面落实《江苏省就业促进条例》的要求，以有效促进共同富裕为主要目标，推进劳务品牌建设，激发就业活力，协同推动相关职能部门、社会组织、市场主体以及人力资源服务相关机构，加大力度实现政策筹岗、纾困稳岗和市场拓岗。尤其针对今年高校毕业生再创历史新高导致的学生就业压力持续增大的情况，全省各部门想方设法扩大就业容量，展开"服务攻坚行动"，着力解决离校未就业的高校毕业生的各种困难：为有创业意愿的毕业生免费提供包括咨询辅导、创业培训、项目推介以及跟踪

扶持等在内的创业服务；免费为有就业意愿却没有就业的毕业生提供 3 次岗位推荐以及职业指导和职业培训或就业见习机会各 1 次。

着力强化就业优先理念，以产业带动就业。依托乡村资源和特色产业，建立有利于农民灵活就业和适应新就业形态特点的用工制度，拓宽转移就业渠道。对于返乡入乡创业人员建设各类双创园区和孵化实训基地，对双创主体开展一体化、全链条孵化服务，进一步完善创业补贴、税收优惠政策，优化乡村创业创新环境。此外，持续深入开展"五方挂钩"和片区整体帮促活动，大力推进农村一二三产业融合发展，建设一批与地方优势特色产业关联度高、辐射能力强、参与主体多的发展载体，有效挖掘产业内部增收潜力，让更多农民分享产业增值收益。比如，南京市高淳区桠溪街道蓝溪村石墙围自然村充分挖掘自身生态环境优势，依托地理区位、历史渊源和文化特色，对村庄进行全面整治，成为远近闻名的热门旅游网红打卡地。不少村民抓住机遇办起了民宿和农家乐，村民人均年收入达到 3 万多元，民宿经营户人均年收入更是达到 6 万多元。

（五）不断深化新时代教育改革，高标准建设教育强省

基础教育更公平更有质量。2021 年，全面完成省政府确定的新建改扩建 50 所普通高中和 200 所幼儿园、改造提升 800 所义务教育学校教室照明等民生实事任务。学前教育更加普惠健康，2021 年新认定省优质幼儿园 286 所，全省已覆盖超过 85% 的普惠性幼儿园。义务教育的发展更加优质和均衡。2021 年新认定的省义务教育优质均衡发展县（市、区）有 5 个，随迁子女就读公办学校的比例已超过 88%。高中教育更特色、多样。2021 年完成高中晋星评估共 21 所，在三星级以上的优质高中就读的学生已超过 90%。特殊教育全纳融合发展，全面落实 15 年的免费特殊教育，对那些有接受教育能力的残疾儿童已经实现义务教育全覆盖。

初步形成"双减"政策保障体系。为全面贯彻落实中央发布的"双减"意见，全省各地印发落实"双减"工作实施方案，出台课后服务经费保障文件，落实课后服务工作专项经费，并将"双减"工作成效纳入县域和学

校义务教育质量评价体系。省级的相关部门已经先后印发包括作业管理、课后服务、考试管理和校外培训机构规范等不同方面在内的相关政策30余项。首先，全面加强学生的作业管理。全省各义务教育学校出台相应作业管理规范，并且实施作业公示制度，增强作业统筹，确保作业总量和时长符合中央文件要求，配合印发《江苏省义务教育学生作业管理规范》，以便能严控义务教育学生的作业总量，优化作业的结构设计，切实减轻中小学生的作业负担。全省已经建立作业公示制度并且出台相应作业管理办法的学校达到100%。其次，全面推行学校的课后服务。江苏省教育厅等4部门联合印发《关于全面推进中小学课后服务进一步提升课后服务水平的实施意见》，课后服务时间达标的学校已达到100%。目前全省有50.01万名教师、750.95万名学生参加了课后服务，教师与学生的参与率分别为92%和94.15%。全省的义务教育学校外聘参与课后服务工作的人数共计16310人。江苏全省全面推行课后服务"5+2"模式、"一校一案"制定课后服务方案，努力挖掘校内外教育资源，丰富课后服务课程，满足学生多样化发展需求，基本实现义务教育学校和有需求的学生"两个全覆盖"。再次，全面加强学生考试管理。全省义务教育学校加强教育教学管理，严格落实国家课程标准，在小学起始年级全面实施零起点教学，规范考试管理，强化校本教研，努力提升学校教育质量。最后，规范校外培训机构。江苏出台《江苏省文化艺术类非学科类校外培训机构准入指引（试行）》《江苏省青少年（幼儿）体育类校外培训机构管理办法（试行）》《关于加强义务教育阶段学科类校外培训收费监管的通知》等，大力推进学科类校外培训机构"营转非"、线上培训机构"备改审"工作，推动资金监管全覆盖。

教育评价改革全面启动。省委、省政府印发《江苏省深化新时代教育评价改革实施方案》，"1+2+N"政策体系加速形成。比如，在教师评价方面，修订《江苏省特级教师评选和管理办法》，删除对申报教师学历、职称、论文课题数量级别的刚性要求。教育投入水平持续提升。义务教育教师的平均工资不低于当地公务员的平均工资的要求得以落实。

（六）应急管理体系和能力建设成效显著，防范风险的能力不断增强

江苏省委、省政府高度重视应急管理体制改革，专门制定《中共江苏省委 江苏省人民政府关于推进安全生产领域改革发展的实施意见》《关于推进防灾减灾救灾体制机制改革的实施意见》，进一步推动全省应急管理体制改革走向纵深。坚持从体制机制入手，持续高位推进应急管理机构改革，省级、市级、县（市、区）级应急管理部门全部组建完成，综合性消防救援队伍改制全面完成。针对安全生产监督管理，建立并完善巡查制度，力争覆盖省域各级，各地安委办也已逐步实现实体化运转，常态有序开展各项工作。抓实抓牢领导干部安全生产责任制，出台了《江苏省党政领导干部安全生产责任制规定实施细则》，以年度安全生产重点工作清单为抓手，抓实抓细领导干部安全生产责任制。灾害事故治理水平不断提升，基本实现全灾种统筹协调应对、全链条严丝合缝覆盖、全过程综合追踪管理，有力保障了人民群众生命财产安全。

安全风险防范化解成效显著。江苏紧紧围绕"三年大灶"目标任务和国务院安委会指导的5个重点行业领域，全面排查相关领域的风险隐患，聚焦企业主体责任，根据行业特点细化重点事项，推动落实落地"20条"重点事项清单，强化企业主体责任。在防范化解危化品安全风险方面，2021年全部设区市完成出台"禁限控"目录，压减相关危化品生产企业；推进危化品生产和使用安全专项整治，全省24.53万家企业完成风险评估报告，实现管理"一图一表"；全省29个化工园区投入专项资金开展整治，风险隐患排查治理36个大型油气储存企业和653家重大危险源企业。在矿山安全风险防范化解方面，煤矿瓦斯、冲击地压等重大灾害防治力度不断加大，实行"二道门"制度，率先在全国探索建成非煤矿山风险监测预警系统；开展煤矿和重点非煤矿山"解剖式"监察检查。加强部门协同联动，深化应急管理与交通运输、市场监管、生态环境、住房建设和农业农村等部门的交流合作，通过相关领域的专项整治，有效防范和化解了农村桥梁、城镇燃

气、渔业船舶等一大批重大风险隐患。

应急救援队伍专业化能力不断增强，应急综合保障能力显著提升。针对专职消防救援队伍建设短板与不足，聚焦队伍长远发展的稳定性和队员权益福利保障，江苏出台政府专职消防救援队伍管理办法，激发广大青年人才积极投身消防救援事业。重点推动谋划区域应急救援基地建设，在南京、徐州、无锡江阴、连云港徐圩新区等地建成国家级、省级应急救援基地，涉及危险化学品、油气管道等领域。及时高效处置重（特）大爆炸事故、特大龙卷风、特大暴雨洪涝灾害等突发事件，有力保障了人民群众的生命和财产安全。社会应急力量规范发展，按防火、防汛、地震等专业及综合类别开展救援队伍和能力水平评价工作，健全社会应急救援机构与应急管理部门的联络协调机制，实施信息畅通工程，完善灾害、事故应急响应机制。根据省域自然灾害风险特点和风险隐患点，江苏聚焦应急综合保障建设，100多个应急综合保障库逐步建立，全省所有的设区市都已正式纳入省级应急救援物资的储备网络，应急救援装备和救灾储备物资涵盖10个大类、200多个品种。同时，着力推进应急综合保障能力信息化建设，不断完善应急管理信息化、网络化架构，初步形成"一网一池一平台"。江苏省消防救援总队在驰援河南防汛抗洪中，应急通信保障队伍充分发挥高新装备优势，助力应急救援科学高效开展。县级以上应急机构小型便携式应急通信终端配备率达100%。

二　江苏社会建设存在的短板

（一）社会建设重点领域发展与人民群众高品质生活需求存在一定差距

优质的公共服务资源和群众的高品质生活需求之间还存在不匹配问题，就业、养老、教育和社区服务等社会领域的矛盾凸显。比如，社会治理工作面临治理结构拓展不足、党建引领有待优化、治理平台尚未完善、中介组织法治建设有待加强等方面的问题。基础教育资源特别是优质资源供给依然不足，尤其是随着适龄人口持续增长以及外来人口不断增多，部分地区存在教育资源紧张和大班额的现象，在一定程度上拉响了教育资源的需求预警。养老服务供给相对不足、专业化程度不够、养老产业发展不充分、医养结合水平有待提升。在就业领域，既存在就业信息不对称、就业平台运营不规范等问题，也面临新业态下灵活就业人员社会保障不完善等新挑战。应急管理能力建设方面仍存在诸多短板弱项，专业化、职业化的应急救援力量建设仍存在不足。江苏的综合性消防救援人员数量严重不足，仅有 8020 名，远低于世界中等发达国家消防员占比 0.5‰ 的平均水平，甚至低于全国 0.13‰ 的平均水平，与江苏经济规模和发展定位不相称。

（二）社会建设资源在城乡、区域、群体间配置不够均衡

面向经济薄弱地区、农村地区及弱势群体与外来人口提供的社会服务仍存在一定短板，城乡之间的治理水平存在一定差距。长期以来，农村地区在社会建设领域的"欠账"较多，教育、养老等公共服务和社会事业发展相对滞后。这也成为城乡发展不平衡、农业农村发展不充分问题的表征。以农村养老为例，由于农村地区的老人收入较低、居住相对分散等，加上农村养老机构基础设施相对不足，存在农村养老服务供给低质、养老服务内容单一、养老服务水平不高、养老护理人员匮乏等问题。经济薄弱地区受制于区域财力不足等因素，应急管理监管执法专业人员配备不足，基层应急管理能力较为薄弱，经费保障机制还不完善。此外，社会建设水平也存在群体的差异，女性、儿童、残疾人、农民工和退役军人等群体有待建立有针对性、符合群体特征的民生共享体系。

（三）社会建设供给的方式和手段较为单一

党的十九届四中全会通过了《中共中央关于坚持和完善中国特色社会主义制度、推进国家治理体系和治理能力现代化若干重大问题的决定》。这一决定指出增进人民福祉、促进人的全面发展是立党为公、执政为民的本质要求，因此要创新公共服务的提供方式，满足人民群众的多层次、多样化的

生活需求，使改革和发展的成果能更多、更公平地惠及全体人民。随着江苏经济社会的快速发展，全省居民不仅对教育、就业、养老等公共服务提出均衡化的发展需求，还对社会建设提出差异化和多样化的发展需求。他们对社会建设的需求已经从"数量"层面的需要逐步转变为对"品质"层面的关注。江苏作为中国特色社会主义现代化建设的前沿阵地，在公共服务体系建设和基层治理创新上形成了诸多的典型案例，但是社会建设体系设计碎片化、资源供给总量非均衡化等问题亟待解决。大数据、物联网、区块链、人工智能等信息技术在社会建设中的场景应用不够，运用大数据分析结果辅助完善社会建设相关政策的自觉性不强，社会建设的智能化水平还有待提升。

（四）社会治理在基层存在较突出的能力不足问题

随着人民群众生活水平的不断提高和参与意识的持续增强，他们对基层社会治理也提出了更多元化、差异化和优质化的公共服务需求。但就江苏目前的发展情况来看，由于资金投入、人才队伍、服务能力等多方面的因素制约，一些地区仍然存在基层社会治理机制缺乏有效创新、基层社会治理能力不足等问题，过多运用行政手段干预，过多依赖硬性的管理规定，为民服务意识不强，公共服务机制没有完全跟上，缺少与人民群众互动沟通的载体和平台，基层社会治理难以有效满足人民群众利益诉求的问题。比如，个别地区在疫情防控期间突出表现为社区治理能力不足，如疫情管控措施的简单粗暴"一刀切"、民生保障物资"最后100米"配送能力不足、属地应急资源动员协调能力欠缺等问题。

三　深刻把握江苏社会建设的阶段性特征

当前，江苏经济社会发展正处于高质量发展的重要转型期和重大机遇期。这对社会建设水平提升提出了新的要求。江苏推进社会建设要充分把握这些新的阶段性特征。

（一）百年未有之大变局对社会建设提出新要求

当今世界正经历百年未有之大变局，国际环境日趋复杂，世界经济持续低迷，经济全球化遭遇逆流，外部风险挑战明显增多，经济下行压力将可能向民生保障端传导。江苏要深刻认识国际环境带来的新矛盾、新挑战，坚持底线思维，发挥经济体量大、韧性好、潜力足、创新强的优势，更好兜住民生保障底线，为经济社会健康发展建立有效"安全网"。

（二）社会主要矛盾转化对社会建设带来新挑战

当前，江苏已进入以高质量发展推动全省现代化建设新阶段。而在社会建设问题上，人民群众的目标要求也已从之前的"有没有"转向现在的"好不好"，正盼望更多样化和优质化的公共服务供给。经济新常态下民生领域补短板兜底线的任务更加艰巨。新时代新征程，需要更加准确地把握人民对改善民生、发展民生的新期待和新要求，要更加注重高质量发展和高品质生活导向，还要继续加强社会建设，以便更好地实现社会的全面进步。

（三）构建新发展格局要求社会建设显示新作为

党中央赋予江苏省的一项重大使命是在服务全国构建新发展格局上争做示范省。社会建设的一头连着民生福祉，另一头则连着经济发展。完善社会建设体制机制，有助于营造安定和谐有序的良好社会发展氛围，不断夯实高质量发展的根基，是促进增长、扩大内需、稳定投资并惠及民生的重要着力点。这不仅能促进社会建设特别是民生领域的供给侧结构性改革，而且能有力提升内循环的效率和顺畅程度，加快培育形成高效内需体系。

（四）人口结构及老龄化给社会建设带来新变量

随着江苏人口老龄化程度不断加深以及家庭结构持续变化，这种趋势深刻影响到江苏社会建设的进程。老龄化进程加快，养老护理与医疗护理需求将急剧增长。国家"全面二孩"政策放开后出生人口增加，将会导致基础

教育等相关公共服务需求大幅增长。在新型城镇化的背景下，稳步推进城镇基本公共服务向常住人口全覆盖已成为基本要求，对教育、就业培训、就业服务等公共服务的需求也将相应增长。尤其是苏南地区的外来人口超过户籍人口，这将成为推进社会建设的重点难点，需要加强在土地、人才、编制、学位、资金等方面的支撑保障，持续优化完善社会建设资源的供给结构、资源布局和配置机制。

（五）智能社会迅猛发展为社会建设带来新手段

物联网、大数据、云计算、人工智能等新一代信息技术快速发展，为社会建设的智慧化提供了新契机。通过新技术的应用推进社会建设提质增效，不断提升人民群众的生活品质，已成为大势所趋。江苏科教资源丰富、综合实力强劲、高层次人才汇集，有基础推进新一代信息技术在社会建设领域广泛集成应用，从而实现养老、就业、公共安全、应急管理等领域的精准化治理、惠民便民。

四　推进江苏社会建设的总体思路与对策建议

新时代新征程，江苏要深入践行"以人民为中心"的发展思想，着力解决发展不平衡、不充分问题和人民群众急难愁盼的问题，补齐社会建设领域的诸多短板，着力完善社会治理体系，构建优质均衡的公共服务体系，努力让人民群众的幸福感更可持续、获得感更加充实、安全感更有保障。

（一）推进江苏社会建设的总体思路

要通过深刻把握社会建设的价值导向来系统全面地推进新时代的社会建设。建议增设省委社会建设委员会，负责全省社会建设工作的统筹协调、督促指导、整体推进，研究全省社会建设领域重大政策和改革，协调全省涉及社会建设的重大事项，坚持统分结合、同题共答、共建共享，构建整体智治、高效协同、执行有力的工作体系。探索社会建设领域的立法，充分发挥立法引领作用，增强江苏社会建设的法治保障。坚持将高水平社会建设与高质量经济发展"同频共振"，促进社会公平正义。要创新理念思路，深刻把握好公平和效率的关系。社会建设要与经济发展水平相适应，谋深落细社会事业领域改革，注重社会建设可及性、共享性和可持续性。完善社会组织参与社会建设的体制机制，以"分类管理、动态赋权"为重点激发社会组织活力。明确社会组织参与社会治理的主体地位，从政策帮扶向提升能力转变，从导入要素向组织创新转变，不断激发社会组织发展的内生动力。立足社会建设的基层视角，聚焦社会建设中的基层能力提升。加强社区社会机制建设，在社会分化中重建社会的有机团结，从塑造物理空间向营造社会空间转变，推动"网络化治理、专业化服务"，提升社区应急管理能力，实现常态治理与应急治理的有效衔接。以数智化驱动社会建设体制机制改革，持续提升社会治理效能。推动社会建设的数智化水平，精准识别、预测人民群众服务需求，辅助科学决策，深化数据赋能赋权，加强社会活力建设。

（二）推进江苏社会建设重点领域发展的对策建议

1. 聚焦基层基础，以强化制度优势推动社会治理效能提升

着力推进市域治理体系能力现代化，秉持"人人有责、人人尽责、人人享有"的核心理念建设社会治理共同体，认真打造"共建共治共享"的社会治理格局，持续提升基层社会的治理效能。一是充分发挥党的领导优势，以更高的标准体系支撑市域社会治理，创优争先。要善于将党的领导和社会主义的制度优势转化成社会治理的优势，以此不断完善市域社会治理的统筹机制，把党建工作与市域社会治理有机融合起来，健全市级统筹协调、县（市、区）组织实施、镇（街道）强基固本的社会治理体系。探索党建引领物业管理，搭建街道社区、小区业主、业委会、物业服务项目部"四位一体"的党建共建平台。以法治精神引领推进市域社会治理，推动多层次多领域依法治理，充分发挥法治的保障、服务和促进作用。二是夯实基层治理根基，构建基层社会治理的新格局。要以党组织领导为前提，积极建构自治和法治、德治紧密结合的城乡基层治理体系，着重发挥行业协会和商会

的自律功能，发挥社会组织和群团组织的正面作用，以此实现政府治理、社会调节以及居民自治的良性互动。要创新社区本身与社会工作者、社会组织、社区志愿者以及社会慈善资源的整合联动机制，进一步完善社区力量参与基层治理的相关激励政策，探索形成以社区为平台、以社会工作者为支撑、以社区社会组织为载体、以社区志愿者为辅助、以社区公益慈善资源为补充的现代社区治理行动框架。着力提升社区服务供给水平，探索社区服务综合体建设。优化"全科社工"服务模式，建立专业化、职业化的基层社会治理队伍。提升基层社会治理智慧化水平，借鉴浙江未来社区建设经验，突出应用场景营造，优化迭代社区智慧应用程序，建设社区智慧治理样板城市。推进网格化治理标准化建设，推动"多网合一""一网统管"，探索闭环分层分类治理机制，在网格化治理中践行新时代"枫桥经验"，认真确保网格内矛盾得到化解、问题得到解决、群众认可满意。三是积极推进智慧社区建设，打造基层治理创新平台。依托江苏政务服务"一张网"，以深化业务协同、促进应用创新为牵引，加快各级社会治理大数据中心建设，实现社区和网格信息统一采集、数据共享，做到网格统一划分、资源统一整合、人员统一配备、信息统一采集、服务统一标准。指导各地加大"互联网+居民自治""互联网+社区服务"探索力度，系统整合区域性社区服务交互信息平台，及时有效提供精准化、便捷化社区服务，积极引导互联网企业和各类社会力量、市场主体参与居家养老、儿童关爱、文体活动、家政服务、电子商务等社区层面的便民服务。

2. 实施积极应对人口老龄化国家战略，推进多层次养老服务体系建设

要从战略高度积极谋划应对人口老龄化，走出一条与江苏高质量发展相适应的老龄工作新路子。一是加强老龄化社会宏观战略研究。进一步加强全省人口发展和老龄化形势分析监测，为科学制定养老服务政策提供有力支撑。按照终身教育规律和老年教育需求，完善全生命周期的老年教育体系。注重老龄人力资源开发，优化老龄劳动者就业环境，实现老有所为。引导全社会以积极心态看待人口老龄化，营造关爱老年人的良好社会氛围，逐步形成适应老龄化社会特点的道德伦理和社会文明。二是不断完善养老服务体制

机制。强化对养老服务工作的组织领导，重点统筹好民政、卫健（老龄办）、人社、教育等相关部门的职能，形成推动江苏养老服务发展的合力。结合江苏省情实际和老年人群体特点，不断完善老年长期照护、老年教育、老年就业促进、老年健康、老年人社会保险等一系列法规和政策，为养老领域治理体系和治理能力现代化提供制度保障。三是全面提升养老服务能力水平。推动居家养老服务网点和智慧养老服务平台建设，完善生活照料服务制度，提升社区卫生服务能力，打通养老基本公共服务的"最后一公里"。优化养老机构的布局结构，高效配置各类机构养老资源，建立兜底保障型养老机构、普惠型养老机构、高端个性化养老机构相结合的机构养老体系，探索发展城区中小型和小微型介入式养老机构，就近解决中低收入老人的养老问题。结合实施乡村振兴战略，保障好农村高龄、留守失能失智、计划生育特殊家庭老人的养老需求。支持社会力量通过市场化运作方式举办医养结合机构，推动医养协作、医养融合、服务集成的多样化医养结合模式，加大优质医疗资源对养老服务需求的支持力度，推动基层社区卫生服务中心充分发挥对社区居家养老的支撑作用。要推进养老服务与互联网设施的深度融合，大力提升养老服务的智能化水平，建立统一的养老服务数据信息共享平台，为老年人提供更加便捷的养老服务。四是强化养老服务人才队伍建设。建立健全养老服务人员培养培训体系，引导有条件的高校和职业学校设置养老服务相关专业，鼓励相关职业院校积极参加与护理、养老等问题相关的"1+X"证书试点。要继续强化养老服务人员的实际操作技能训练和综合能力素质培养，提升服务人员技能水平。建立养老服务专业人员薪酬体系，促进养老服务从业人员劳动报酬合理增长，推进养老机构的医务人员与医疗卫生机构的医务人员享有同等的职称评定、继续教育等待遇。

3. 着力促进重点群体就业创业，实现就业创业服务提质增效

深入贯彻党中央、国务院关于稳住经济大盘和稳就业保就业决策部署，进一步做实做细就业创业服务，全力以赴促进重点群体就业创业。一是做好基本公共就业服务。健全重点群体公共就业服务体系，完善动态监测和主动服务机制，对有劳动能力和就业意愿的劳动者，实施"一人一档""一人一

策"精准帮扶，免费提供政策咨询、岗位信息、职业指导、职业介绍等服务，充分运用大数据比对分析手段切实完善针对重点群体就业的各项扶持政策。要定向组织企业前来招聘，高频次开展重点群体专场小型精准对接活动，提升供需对接成功率。结合区域产业特色和资源禀赋优势，对有创业意愿的重点群体提供项目推介、创业培训、开业指导、融资等创业服务。加大重点群体培训组织力度，向离校未就业高校毕业生、脱贫人口、登记失业人员等重点群体定向推送培训信息。二是为高校毕业生等青年群体提供品质化就业服务。聚焦有特殊困难的未就业毕业生，组织实施结对帮扶。广泛收集就业岗位，结合区域内行业需求和青年群体求职意愿，重点开展小规模、专业化、有针对性的专场招聘。组织开展就业岗位"云"招聘、职业规划"云"指导、职业技能"云"培训，提供不断线就业服务。三是为脱贫人口开展稳岗就业服务。摸清辖区内脱贫人口就业失业状态，动态掌握就业人员、失业人员、返乡人员、有意愿外出人员状况。做好留乡返乡脱贫人口有序承接，打造特色劳务品牌，挖掘就近就地就业岗位，支持脱贫人口返乡入乡创业和灵活就业。做好兜底保障，稳定乡村公益性岗位规模。四是为困难人员实施就业援助服务。实施困难人员就业帮扶专项行动，有力有效促进困难人员就业创业。对长期失业人员提供职业指导、心理疏导等关心关爱服务，帮助其提振信心、明确方向。对难以通过市场渠道顺利实现就业的人员，要利用公益性的岗位给予托底性安置。对参保失业人员及时发放失业保险金、失业补助金，切实保障其基本生活。五是强化灵活就业人员权益维护。探索建立适应新业态健康发展的管理服务机制。积极推动新业态行业建立集体协商制度，引导行业工会、企业代表组织、平台企业与平台从业人员通过集体协商确定劳动定额、劳动报酬、休息休假、职业安全保障等事项，为平台从业人员理性合法表达利益诉求提供畅通的渠道和有效的途径。加大对新业态平台企业的用工指导力度，建立健全劳动规章制度，制定合理的劳动报酬分配办法，科学确定平台从业人员工作时长和劳动强度，切实保障新业态从业人员的劳动报酬和身心健康，推动新业态健康持续发展。推进各级工会职工法律援助中心（站）建设，为合法权益受到侵害的职工提供法律援助服务，帮助企业开展劳动用工风险评估和"法律体检"，督促企业依法规范劳动用工。

4.以推进各级各类教育高质量发展为抓手，提高基本公共教育服务均等化水平

各级各类教育高质量发展是教育现代化的核心内涵。江苏要紧紧围绕建设现代化教育强省和人才强省的发展目标，构建更加开放、更好质量、更高水平的现代国民教育体系。一是推动学前教育普惠发展。健全省市统筹、以县为主、县乡共建的管理体制，坚持以公办为主、非营利民办为辅的发展模式，科学合理推进幼儿园规划布局与建设，重点发展公办幼儿园，积极扶持非营利性民办普惠园，规范营利性民办幼儿园发展。加大学前教育经费保障力度，健全政府投入、社会举办者投入、家庭合理分担的机制，建立以公共财政投入为主的农村学前教育成本分担机制。加快提升幼儿园教师数量规模和能力素质，使师资队伍与学前教育事业发展要求相适应。二是提升义务教育的优质均衡发展水平。大力推动义务教育向优质均衡方向发展，着力健全城乡一体化的义务教育发展机制，持续巩固义务教育发展基本均衡的宝贵成果。进一步完善义务教育的学区制划分和集团化办学，推动义务教育迈向优质均衡的督导、评估和认定工作。重点提升农村义务教育保障水平，围绕控辍保学、农村小规模学校和乡镇寄宿制学校建设、家庭经济困难学生资助等方面，进一步补齐农村义务教育发展的短板。同时，平稳有序推进"双减"各项工作，继续深化校外教育培训常态化治理，深入整治地下、隐形、变异培训，加强对体育类、科技类、文化艺术类培训机构的分类监管。三是推进普通高中优质特色多样化发展。加大普通高中建设发展力度，科学调适高中阶段教育结构，合理配置高中阶段教育资源。全面实施高中阶段教育普及攻坚计划，深化普通高中的内涵建设。鼓励高品质示范高中与高水平大学开展联合培养试点，创新人才培养模式，增强学生的创新精神和实践能力。四是深化职业教育产教融合。强化中等职业教育的基础性作用。协同推进长三角都市圈职业教育改革创新，打造高质量发展样板，支持具备条件的高职院校开展本科层次职业教育试点。强化产教融合和校企合作，积极打造校企共商共建共享的责任共同体。鼓励中高职和行业企业积极探索现代学徒制、企业新型学徒制，支持发展一批品牌化、连锁化、中高职衔接的职业教育集团。五是推进特殊教育优质融合发展。全面推进融合教育发展，保障具备条件的残疾儿童在普通学校就学。逐步形成以普通学校随班就读为主导、以特殊教育学校为骨干，并以送教上门等方式为补充的多元统一的特殊教育发展格局，以此构建一个布局合理、学段衔接且医教结合、普职融通的特殊教育体系。

5. 围绕应急管理体制机制创新，深入推进应急管理体系建设

要秉持统分结合，无缝衔接应急管理部门和行业监管部门"防"和"救"的责任链条，落实明晰各层级应急管理职责。一是完善领导指挥体制。进一步优化完善减灾、安全生产、消防安全等议事协调机构和防汛防旱防风、森林防灭火、抗震救灾等专项指挥机构，实现应急管理职责全覆盖。二是健全基层应急指挥机制。要推动应急管理工作重心下移。通过对基层应急管理资源和力量的有效整合，杜绝"九龙治水"现象，打造多部门协同统筹联动的应急管理机制，健全覆盖县（区）、乡镇（街道）、村（居）的应急管理工作网络，提升基层应急管理工作部门之间防范突发事件的衔接紧密度。三是健全考核巡查机制。提升应急管理工作在江苏高质量发展和干部政绩考核评价指标体系中的权重，领导干部要提高政治站位，保持安全生产的时刻"清醒"、时刻"在线"，以"时时放心不下"的责任感抓应急管理。推动实施应急管理责任制考核，建立健全应急管理巡查督导机制，推动各级各部门履职尽责。四是不断提升综合性消防救援队伍能力和水平。推动消防救援站建设与城市基础建设同步发展，注重基层基础建设，严格按有关规定和标准配齐配全消防站点和专职消防救援力量。科学编制并严格落实城乡消防规划，推动消防救援站建设与城乡基础建设同步发展，优化完善综合性消防救援队伍区域布局和编制分配，建议省级出台相关规定标准，进一步加强基层消防站点建设，强化专业消防员队伍建设，消除乡镇（街道）、功能区和县域消防站"空白点"。五是充分发挥数智化在应急管理中的作用。加强对全省各级各类的应急管理大数据库的统筹建设，加强相关应急管理数据资源的整合，制定全省应急管理数据标准规范，提升应急管理大数据的兼容性、标准化，打破"数据壁垒"，提升应急管理大数据的运行效能。依托大数据建设的风险分级动态管控系统，推动实现安全风险精准研判，实现安全风险精准预警，提升应急管理相关信息发布的科学性和权威性。此外，针对基层应急管理工作的实际情况，进一步推动安全生产治理网格化，打造基层安全生产治理的"大数据+网格化+铁脚板"。充分借鉴运用江苏网格化社会治理的经验做法，推动安全监管力量下沉，加强基层安全监管工作嵌入社会治理的工作创新，建立常态化基层安全生产治理网格化工作机制。聚焦风险感知、采集信息，打造消除化解安全生产风险隐患的"第一触角"和最前沿阵地。

B.11
江苏城乡融合发展分析与展望

赵锦春　顾纯磊　张　良*

摘　要： 构建基于城乡"经济融合""空间融合""基础设施融合""公共服务融合"四大领域的指标测度体系，评价江苏县域城乡融合发展的整体现状、空间差异及演进趋势。结果显示，江苏县域城乡融合发展综合指数由 2010 年的 0.832 提升至 2020 年的 1.079。三大区域间城乡融合发展呈现明显的空间"梯队"特征。苏南和苏中的城乡融合水平存在 5 年的时空差序。苏北城乡融合水平与省内其他区域仍存在较大差距，城乡经济融合对城乡融合的平均方差贡献率为 29.2%，高于空间融合（21.4%）、基础设施融合（24.0%）以及公共服务融合（25.4%）。以数字技术、数字经济以及交通基础设施为代表的城乡"新基建"融合对新时代江苏县域城乡融合的动力贡献日趋明显。当前，乡村产业发展内生动力不足、要素"空心化"、城乡基础设施与公共服务差距仍是制约江苏推进城乡高水平融合发展的重难点问题。城市资源下乡、乡村资产资源市场化、乡村宜居宜业环境、人本制度体系等领域仍存体制性障碍。鉴于此，江苏应夯实乡村主体功能地位、汇聚高端优质发展要素、打通体制"痛点""堵点"、探索"城乡两栖"群体保障新制度，创建现代化进程中县域城乡高水平融合发展的"江苏路径"。

关键词： 乡村全面振兴　城乡融合发展　动力变革　机制创新　政策保障

---

* 赵锦春，经济学博士，江苏省社会科学院农村发展研究所副研究员；顾纯磊，经济学博士，江苏省社会科学院农村发展研究所助理研究员；张良，管理学博士，江苏省社会科学院农村发展研究所助理研究员。

一 江苏城乡融合发展的特征与动力机制变革

（一）从分割走向融合是江苏城乡关系演变的基本脉络

1. 城乡融合发展的政策演进与目标内涵

从分割走向融合是中国城乡关系演变的基本脉络。[①] 党和国家始终致力于推进城乡融合发展。从 2002 年的城乡统筹战略，到 2007 年的城乡一体化发展，再到党的十九大提出的乡村振兴战略，中国城乡融合发展经历了城乡统筹—城乡一体化—城乡融合发展三个政策实施阶段。尤其是 2018 年《乡村振兴战略规划（2018—2022 年）》的提出，标志着中国已迈入以重塑乡村内生发展动力、推动城乡二元结构转型的新时期。2019 年《中共中央 国务院关于建立健全城乡融合发展体制机制和政策体系的意见》明确提出，要以缩小城乡发展差距和居民生活水平差距为目标，破除体制机制弊端，促进城乡要素自由流动、平等交换和公共资源合理配置。党的二十大报告指出，全体人民共同富裕的现代化是中国式现代化的特征之一，要在高质量发展中推进城乡共同富裕。因此，新时代城乡融合发展的目标内涵，就是构建城乡连续体的新发展范式，让城乡资源要素对流畅通、产业联系紧密、功能互补互促，明显提升城乡居民福利水平。

2. 江苏城镇化率与城乡居民收入的变迁

作为东部沿海发达省份，江苏城乡融合整体水平处于国内各省份的领先位置。学界通常以城镇化率和城乡居民收入倍数两个指标初判城乡融合发展水平。参照这一做法，可以对比江苏与国内主要发达省份之间城乡融合发展的差异。首先，江苏城镇化率居于国内领先水平。2021 年，江苏城镇化率为 73.94%，远高于全国平均水平的 64.72%，城乡居民收入倍数则为 2.16∶1，同样低于全国

[①] 于东山：《国家治理视角下的乡城关系 70 年变迁及展望》，《中国农业大学学报》（社会科学版）2019 年第 5 期。

2.5∶1 的平均水平。同时，江苏城镇化率低于上海（89.30%），高于浙江（72.7%）和安徽（59.4%）。另外，江苏城乡居民收入差距较小。2021 年江苏城乡居民收入倍数略高于浙江（1.94∶1），但明显低于安徽（2.34∶1）、山东（2.26∶1）以及广东（2.46∶1）。①

其次，江苏城乡融合与城乡居民收入之间存在多均衡稳态特征。图 1 展示了 1998~2021 年江苏城镇化率和城乡居民收入倍数的动态变化趋势。可以发现，首先，1998~2021 年，江苏城镇化水平逐年提升，江苏城乡居民收入倍数先上升后下降。这反映出江苏城乡关系演进客观上存在"低城乡融合度—低城乡居民收入"的低水平均衡与"高城乡融合度—高城乡居民收入"的高水平均衡两个平衡增长路径的多重均衡稳态特征。

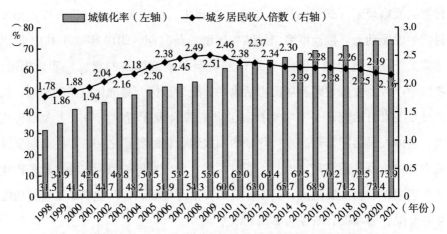

图 1　1998~2021 年江苏城镇化率与城乡居民收入倍数

资料来源：数据来自相应年份《江苏统计年鉴》，经作者计算后绘制。

（二）以乡村振兴推动江苏城乡融合发展的动力机制变革

1. 乡村振兴推动江苏城乡融合发展的特征事实

综观国内外城乡融合发展的实践与路径可以发现，改变传统"以城带乡"

---

① 江苏及国内相关省份城镇化率以及城乡居民收入数据来自 2021 年山东、安徽、浙江和广东省国民经济和社会发展统计公报，计算城乡居民收入倍数后进行对比分析。

发展格局,重塑乡村内生发展动力才是实现城乡融合发展的根本遵循。[①] 乡村振兴战略的本质就是党和国家应对全球经济社会变革"百年未有之大变局",推动城乡融合高质量发展的重大战略调整。"十二五"以来,江苏城镇化率进入缓慢增长期,尤其是"十三五"时期,江苏城镇化率仅提升 1.71 个百分点,增速明显放缓。值得一提的是,城乡居民收入倍数在"十五"和"十一五"时期还有所增长,说明当时城镇化率的提升并未带动城乡居民收入差距的缩小,反而有所扩大。2018 年,乡村振兴战略实施意见出台,江苏城乡居民收入差距进入加速缩小期。尤其是 2021 年,江苏城乡居民收入倍数差距比 2020 年下降 1.78,是历史上江苏城乡居民收入差距缩小最快的时期(见表 1)。江苏具备以乡村全面振兴率先实现城乡融合发展的现实基础和优势条件。

表 1　江苏城镇化率和城乡居民收入倍数变化情况

时期	城镇化率变化(个百分点)	城乡居民收入倍数变化
十五	6.47	3.59
十一五	3.74	1.34
十二五	2.18	−1.42
十三五	1.71	−0.82
十四五	0.68	−1.78

注:2018 年乡村振兴战略正式提出,时处"十三五"中期;表中"十四五"时期的变化率为 2021 年对应指标数值;数据为各时期年变化率均值。

资料来源:数据来自相应年份《江苏统计年鉴》,经作者计算后绘制。

2. 乡村振兴促进城乡融合发展的理论基础

一是城乡资源要素等值化变革。传统的城乡关系下,城乡经济地位存在诸多不平等。首先要解决的是传统城乡关系下土地增值收益分配的不平等。[②] 城乡二元体制下,农民收入普遍较低、乡村经济发展普遍滞后的本质

[①] 郑瑞强、翁贞林、黄季焜:《乡村振兴战略:城乡融合,要素配置与制度安排——"新时代实施乡村振兴战略与深入推进农业供给侧结构性改革"高峰论坛综述》,《农林经济管理学报》2018 年第 1 期;刘俊杰:《我国城乡关系演变的历史脉络:从分割走向融合》,《华中农业大学学报》(社会科学版)2020 年第 1 期。

[②] 林光彬:《等级制度、市场经济与城乡收入差距扩大》,《管理世界》2004 年第 4 期。

在于农用地和以集体经营性建设用地为主的乡村集体土地资源在参与城乡土地利用平台交易时并不能获得与城市建设用地价值同等的经济收益。① 新的《土地管理法》明确了集体经营性建设用地"入市"的制度规范，结合农村"三权分置"改革，新制度框架下，城乡土地资源同权同价的进程明显加快，必将促进城乡资源等值化发展。② 二是城乡市场主体权利平等化变革。乡村振兴战略要求乡村产业发展走出不同于城镇发展的新路径。"四化"同步、农业园区载体建设等政策的实施，就是要明显提升乡村产业的核心竞争优势，彰显农业发展的优势和特色。乡村产业振兴、人才振兴的重点也都要求乡村尽快建立基于现代企业经营制度的新型农业经营业态和特色产业生产与经营体系。在转变传统"小农户—大市场"对接模式的前提下，造就城乡市场经济主体和市场经济权利平等化发展格局。③ 三是城乡发展空间融合化变革。"因地制宜、分类施策"是乡村振兴的基本思路。随着城乡融合体制机制的日臻完善，大量城市人口流向农村地区开展乡村旅游、民宿等"三产融合"的新型乡村业态，而传统工业化生产经营模式融合农业生产则主要体现在农产品加工、品牌农业、传统粮食加工企业的高端化和品质化发展等诸多方面。乡村振兴背景下的城乡融合发展更注重着力打造工业和农业在城乡相互融合、交叉布局的新型产业空间布局。乡村振兴引领的城乡融合发展不是要求乡村彻底融入城市，也不是要求城市一味地反哺乡村，而是在充分发挥城乡功能的基础上，实现城乡功能定位的动态互补的融合发展新格局。四是城乡公共服务均等化变革。乡村全面振兴要求在提升乡村经济势能和市场主体权利地位的前提下，加强对乡村地区公共服务软硬件设施的建设，实现城乡公共服务均等化。以乡村全面振兴提高农村公共服务发展质量，弥补农村公共服务设施供给的不足，持续丰富农村多层次多样化生活服务供给，有助于构建优质均衡的城乡公共服务体系。

---

① 梁运文、霍震、刘凯：《中国城乡居民财产分布的实证研究》，《经济研究》2010年第10期。
② 郑振源、蔡继明：《城乡融合发展的制度保障：集体土地与国有土地同权》，《中国农村经济》2019年第11期。
③ 袁莉：《基于系统观的中国特色城乡融合发展》，《农村经济》2020年第12期。

二 江苏城乡融合发展水平的测度、 驱动因素及趋势

(一)江苏城乡融合发展水平评价

1. 评价指标与数据来源

报告围绕乡村振兴推动城乡融合发展四个方面的动力机制变革,对江苏城乡融合发展水平进行测评。众多研究表明,县域经济社会发展是联结城乡发展的纽带,县域位于城乡两头的交会点,具有独特的辐射带动作用。[①] 2021 年中央"一号文件"提出加快县域内城乡融合发展。县域是决定城乡融合水平的重要空间尺度。基于此,报告在借鉴国内外城乡融合发展测度相关文献的基础上,[②] 选择如下指标评价江苏城乡融合发展水平。(1)经济融合,纳入了城乡产业结构、城乡消费结构、城乡收入结构、城乡经济总量和城乡就业结构 5 个二级指标。(2)空间融合,则包含城乡空间集聚和城乡土地利用两个指标。(3)基础设施融合,引入了交通基础设施、数字金融发展以及信息基础设施 3 个指标。新时代,数字经济和数字普惠金融的发展是助力城乡融合的重要新驱动力。数字基础设施建设更是影响数字乡村建设,促进城乡融合的关键要素。[③] (4)公共服务融合,引入城乡基础教育、城乡文化设施及城乡卫生水平 3 个二级指标。由此,报告构建了拥有经济融合、空间融合、基础设施融合、公共服务融合 4 个一级指标、13 个二级指标、13 个三级指标的江苏县域城乡融合发展指标测度体系(见表 2)。

---

① 常明杰:《以"人"的融合促县域内城乡融合》,《光明日报》2022 年 4 月 8 日。

② 刘明辉、卢飞:《城乡要素错配与城乡融合发展——基于中国省级面板数据的实证研究》,《农业技术经济》2019 年第 2 期;高波、孔令池:《中国城乡融合发展的经济增长效应分析》,《农业技术经济》2019 年第 8 期。

③ 谢璐、韩文龙:《数字技术和数字经济助力城乡融合发展的理论逻辑与实现路径》,《农业经济问题》2022 年第 11 期。

表 2　江苏城乡融合发展指标评价体系

一级指标	二级指标	三级指标	指标属性
经济融合	城乡产业结构	非农产业与农业产出比、城乡二元对比系数*	+
	城乡消费结构	城乡居民恩格尔系数比值	−
	城乡收入结构	城乡居民收入倍数	−
	城乡经济总量	县域 GDP 占城市 GDP 比重	+
	城乡就业结构	县域全社会非农与农业从业人员比	+
空间融合	城乡空间集聚	常住人口城镇化率	+
	城乡土地利用	县域建成区面积与土地面积比重	+
基础设施融合	交通基础设施	县域人均公路里程	+
	数字金融发展	数字普惠金融指数	+
	信息基础设施	县域邮电业务总量占 GDP 比重	+
公共服务融合	城乡基础教育	县域中小学教师占地级市比重	+
	城乡文化设施	县域公共图书馆占地级市比重	+
	城乡卫生水平	县域卫生机构数占地级市比重	+

＊城乡二元对比系数又称二元生产率对比系数，用第一产业劳动生产率和二三产业劳动生产率比值表示。

资料来源：如无特殊说明表中数据主要来自 CNKI 中国经济社会大数据平台以及 2011~2021 年《江苏统计年鉴》《中国县域统计年鉴》《中国城市统计年鉴》。其中，数字普惠金融指数则来自"北京大学数字普惠金融指数"。

　　在考察时期和样本地区选择上，为了更好对比"十三五"以来，江苏城乡融合发展水平变化趋势及动力机制转变，报告选择 2010~2020 年的事实数据对江苏 13 个地级市及其所辖的共 44 个县（市、区）的城乡融合发展水平进行系统测度及评价，力求在较长的时间跨度内考察不同时期江苏城乡融合发展动力机制的变迁以及乡村振兴战略实施对于江苏城乡融合发展的影响及重要性。数据主要来自 CNKI 中国经济社会大数据平台以及 2011~2021 年《江苏统计年鉴》、《中国县域统计年鉴》和《中国城市统计年鉴》，年鉴中部分县域缺失数据则来自各县域统计公报。

　　2. 主成分分析法指数构建

　　城乡居民收入差距和城乡消费差距均不利于城乡融合发展。因此，在表 2 中，除城乡居民恩格尔系数比值以及城乡居民收入倍数为负向指标以外，剩余 11 个指标均为正向指标。使用主成分分析方法计算地级市城乡融合发展水平，记作 URIP。以使用主成分分析后所获得的第一特征向量值作为各指标权重，加权计算城乡融合发展总指数。同时，使用单个二级指标加权计算各分因子对地级市城乡融合发展的贡献率。

（二）江苏城乡融合发展水平评价结果分析

1. 整体趋势与区域差异

第一，江苏城乡融合发展水平逐年提升且已进入平稳推进期。表3是基于表2评价指标体系，使用主成分分析方法测算的江苏城乡融合发展水平。2010 年，江苏城乡融合发展综合指数为 0.832。2020 年则提升至 1.227。苏南、苏中和苏北城乡融合发展水平均出现不同程度的提升。对比不同时期江苏城乡融合发展水平的变化率可以看出，2012 年以及 2013 年江苏城乡融合进程明显加快。2011～2017 年，江苏城乡融合发展水平逐年提升。尤其是 2018 年，全面推进乡村振兴战略提出以来，江苏城乡融合发展水平同比提升 7.98%，尽管这一变动率仍低于 2012 年的历史高位，但进入城乡深度融合时期，与城镇化率的变动一致，城乡融合发展速度也必然会出现下降，但 2019 年仍能保持较快增速，也反映出江苏以乡村振兴推进城乡融合发展具有现实可行性（见表3）。

表3　2010～2020 年江苏城乡融合发展水平评价结果

年份	江苏		苏南		苏中		苏北	
	均值	变化率	均值	变化率	均值	变化率	均值	变化率
2010	0.832	—	1.464	—	0.809	—	0.465	—
2011	0.791	-4.93%	1.377	-5.94%	0.792	-2.10%	0.438	-5.81%
2012	0.943	19.22%	1.536	11.55%	0.897	13.26%	0.610	39.27%
2013	1.041	10.39%	1.636	6.51%	1.006	12.15%	0.703	15.25%
2014	1.053	1.15%	1.603	-2.02%	1.010	0.40%	0.745	5.97%
2015	1.104	4.84%	1.693	5.61%	1.044	3.37%	0.783	5.10%
2016	1.200	8.70%	1.838	8.56%	1.271	21.74%	0.779	-0.51%

年份	江苏		苏南		苏中		苏北	
	均值	变化率	均值	变化率	均值	变化率	均值	变化率
2017	1.204	0.33%	1.980	7.73%	1.146	-9.83%	0.769	-1.28%
2018	1.19	-1.16%	1.976	-0.20%	1.196	4.36%	0.716	-6.89%
2019	1.285	7.98%	2.159	9.26%	1.211	1.25%	0.799	11.59%
2020	1.227	-4.51%	2.127	-1.48%	1.116	-7.84%	0.745	-6.76%
平均	1.079	4.20%	1.763	3.96%	1.045	3.68%	0.687	5.59%

注：苏南、苏中和苏北为相应区域县级市观察值的年度均值。

第二，从城乡融合发展趋势看，2020年江苏城乡融合发展水平为1.227，尽管相较于2019年有所下降，但也处于历史较高水平。当前，江苏城乡融合发展已进入以乡村振兴推动城乡融合发展的新阶段。乡村五大振兴从根本上重塑了乡村内生发展动力，转变传统"以城带乡"的发展模式。因此，可以预期的是，江苏城乡融合发展增速将有所放缓，但高质量均衡的稳态提升趋势仍将延续。

第三，就江苏区域城乡融合发展的差异而言，苏南、苏中、苏北不同区域城乡融合发展呈现明显的时空依次发展的"梯队"特征。首先，苏南、苏中、苏北城乡融合发展水平依次递减。与江苏区域经济发展水平的差异类似，江苏城乡融合发展水平同样是苏北最低、苏中居中、苏南最高。其次，苏南苏中苏北城乡融合发展高增长期依次存在3~5年左右的增速"换挡期"。具体而言，苏南、苏中、苏北城乡融合发展水平增速最快的时期是2012年、2016年。① 事实上，就经济发展水平和发展阶段而言，苏南、苏中、苏北正好依次相差5年。报告发现，苏中加速推进城乡融合发展的时序与苏南相差5年，与经济发展阶段差距较为一致。"十三五"以来，苏北城

---

① 尽管苏北地区城乡融合水平增速在2012~2013年也分别呈现出39.27%和15.25%的高增速。但城乡融合发展水平绝对值较低，即便2020年苏北城乡融合水平达到0.745，但也仅接近于苏中地区的2011年的0.792，处于省内较低水平。

乡融合加速期与苏中仅相差 3 年，出现在 2018～2019 年。[①] 说明提升江苏全域城乡融合水平的重点领域仍在苏北相对滞后发展地区。这一结论验证了江苏以乡村振兴加快推进城乡融合发展的科学性，也指明"十四五"时期江苏建设高水平现代化城乡融合发展新格局的战略重点。

2. 驱动因素与动力变革

进一步比较 2010～2020 年四大领域融合的变化趋势及其对江苏城乡融合整体贡献率，以揭示新时期江苏城乡融合发展的驱动因素。图 2 列示了考察期内江苏城乡融合四个一级指标的变化情况。在城乡融合 4 个一级指标中，经济融合指数整体上呈下降趋势。公共服务融合指数在 2010～2015 年快速提升，但 2016～2020 年出现下降。空间融合指数的变化趋势则呈现"波浪式"变动，但进入"十三五"以来，江苏城乡空间融合指数再次出现整体上升趋势。四大领域城乡融合中，基础设施融合提升的速度尤为明显。2010 年，江苏城乡基础设施融合指数仅为 0.11，到了 2020 年则提升至0.55，增幅为 4 倍。城乡基础设施融合指数中包括交通基础设施、数字金融发展以及信息基础设施三个细分指标，既包含了传统交通基础设施，也包括城乡新型基础设施发展情况。因此，报告认为，在江苏城乡深度融合进程中，城乡经济融合提升速度正逐年放缓，而以数字技术、数字经济以及交通基础设施为代表的城乡"新基建"融合对新时代江苏城乡融合的推进作用日趋明显。

比较城乡四方面融合对江苏城乡融合发展的贡献率，以探究影响江苏城乡融合发展的核心因素，使用因子分析中方差贡献率，揭示新时期江苏城乡融合发展的动力机制转换。从表 4 的分析结果可以看出，第一，尽管经济融合对江苏城乡融合整体贡献率下降，但经济融合依然是衡量城乡融合发展水平的重要变量。考察期内，经济融合对城乡融合的平均方差贡献率为29.2%，高于空间融合（21.4%），同样高于基础设施融合（24.0%）以及公共服务融合（25.4%）。因此，提升城乡经济融合度，增强城乡产业链、

---

① 苏北城乡融合发展水平差距与其在江苏省内区域经济发展差异一致。

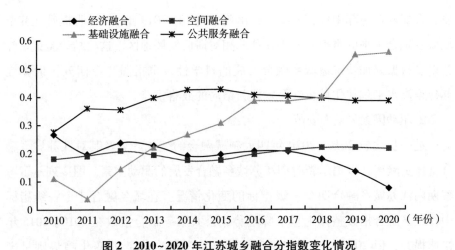

图2　2010～2020年江苏城乡融合分指数变化情况

资料来源：结合四维度城乡融合指数测算结果绘制。

价值链融合发展能力仍是江苏推动城乡融合发展的关键环节。第二，基础设施融合对江苏城乡融合发展整体贡献度明显提升，从2010年的19.3%提高至2020年的27.2%，且自2018年实施乡村振兴战略以来，基础设施融合贡献率的提升更为明显。由此可见，推动城乡基础设施融合是驱动江苏城乡融合的"加速器"。第三，受制于城乡土地要素利用与开发模式的政策，空间融合对城乡融合的贡献率仍处于较低水平，这也表明，盘活乡村土地资源、推进城乡土地开发"同地同权"更能激活江苏城乡融合的新潜能与增长空间。第四，公共服务融合是仅次于经济融合的第二大关键要素，平均贡献率达到25.4%。因此，江苏以乡村振兴推动城乡融合发展还需关注如何缩小城乡教育、医疗、文化等公共服务领域的现实差距，着力构建城乡一体化的社会服务体系。

诚然，表2的指标评价仅对江苏城乡融合发展的四个维度进行了测度。事实上，城乡融合发展还应包括：城乡协同规划、城乡协同治理等较难量化的重点领域。《江苏省乡村振兴战略实施规划（2018—2022年）》特别强调了城乡统一规划的重大意义。新时代推进城乡融合发展要坚持统筹规划、多规融合，实现城乡互补、融合发展，形成田园乡村与现代城镇各具特色、城乡共同繁荣的发展形态。如宁锡常综合改革试验区坚持城乡统一规划，率先探索出以规划先行带动农旅融合，以农地改革破解用地难，以人才引领解决农村发展问题的城乡融合发展新路径。此外实现城乡社区一体化发展、融合发展已成为新时代中国基层治理现代化的必然要求。当前，社区网格化、数字化、智能化治理模型已在苏南部分地区率先实践。本质而言，数字乡村建设就是要利用大数据与互联网智能系统，构建城乡统一的基层治理范式。目前，江苏已将数字乡村纳入"十四五"规划和2035年远景目标任务，率先出台高质量推进数字乡村建设实施意见，全面推进数字乡村建设"五天行动"，建立数字乡村发展统筹协调机制，4个国家级和10个省级数字乡村试点扎实推进。着力构建数字乡村赋能城乡基层治理现代化的新格局。

表4　2010~2020年江苏城乡融合各分因子方差贡献率

年份	经济融合		空间融合		基础设施融合		公共服务融合	
	均值	变化率	均值	变化率	均值	变化率	均值	变化率
2010	30.4%	—	23.4%	—	19.3%	—	26.9%	—
2011	29.1%	-4.3%	21.8%	-6.5%	23.3%	20.4%	25.8%	-4.1%
2012	30.4%	4.6%	24.2%	10.9%	20.2%	-13.2%	25.2%	-2.4%
2013	29.6%	-2.8%	22.7%	-6.3%	22.0%	8.7%	25.8%	2.5%
2014	29.7%	0.4%	18.2%	-19.8%	25.1%	14.2%	27.0%	4.9%
2015	29.3%	-1.5%	18.2%	0.3%	26.2%	4.3%	26.3%	-2.6%
2016	29.9%	2.2%	21.0%	14.9%	23.5%	-10.3%	25.7%	-2.5%
2017	29.4%	-1.6%	21.7%	3.6%	24.8%	5.9%	24.0%	-6.4%
2018	28.9%	-1.7%	22.4%	3.2%	25.0%	0.5%	23.7%	-1.3%
2019	27.5%	-4.8%	21.0%	-6.4%	27.2%	8.7%	24.4%	2.7%
2020	27.2%	-1.1%	21.2%	0.9%	27.2%	0.1%	24.4%	0.3%
平均	29.2%	-1.1%	21.4%	-0.5%	24.0%	3.9%	25.4%	-0.9%

注：使用方差分解方法测度城乡融合4个一级指标对城乡融合综合指数变动的方差贡献率，变化率为同比增长率。

（三）江苏以乡村全面振兴推动城乡融合发展的展望

1. 涉农新产业新业态推进城乡经济融合

江苏乡村涉农新产业新业态新模式快速发展，农产品深加工行业加快发展，城乡产业链、价值链加快融合，城乡经济联结日趋紧密。一是农业现代化平台载体建设全国领先。2017 年以来，农业农村部和财政部批建 151 个全产业链发展、现代要素集聚的国家现代农业产业园，江苏获认定 6 个，居全国第二。2022 年初，江苏拥有 49 家国家级食品产业园区，国家现代农业产业园主导产业产值占比超 80%。① 二是新产业新业态新模式发展势头强劲。乡村旅游、精深加工、文化创意、冷链物流、农业电商等新产业新业态不断涌现，特色小镇、田园综合体、家庭农场及生态农业综合发展取得显著成效。截至 2022 年初，江苏的中央农村一二三产业融合发展试点县（市、区）已达到 26 个。乡村休闲旅游农业综合收入持续增长，乡村休闲旅游农业年综合收入突破 800 亿元，农产品电商交易额、休闲旅游农业等增速接近 30%。②

2. 农地开发模式创新助力城乡空间融合

江苏农村"三块地"开发利用模式不断创新，盘活乡村土地存量增量资源，城乡土地要素"同权同价"进程加快。一是"三权分置"改革持续深化。当前，江苏农村承包地"三权分置"改革持续深化，农村土地承包经营权确权登记颁证率达 98.4%，承包地流转比例达 60%，超过 99% 的村居完成农村集体产权制度改革试点任务。③ 二是土地承包流转效能不断提升。截至 2021 年初，全省家庭承包耕地流转面积超过 3000 万亩，流转率达 60%，以淮安市金湖县银涂镇为例，其累计流转农田 9 万亩，农业

① 《江苏省高质量建设现代农业产业园 打造农业农村现代化高地》，农业农村部网站，http：//www. jhs. moa. gov. cn/xdnyjs/202204/t20220413_ 6396297. htm。

② 《江苏省推进农村产业融合发展经验》，国家发展和改革委员会网站，https：//www. ndrc. gov. cn/fggz/nyncjj/njxx/202201/t20220121_ 1312567_ ext. html。

③ 《高位高质推进改革 创新创优走在前列》，江苏省农业农村厅网站，http：//coa. jiangsu. gov. cn/art/2021/3/25/art_ 13275_ 9714494. html。

适度规模经营比例高达98%。① 三是夯实农村土地经营权流转交易制度。2018~2021年，江苏连续四年编制农村土地经营权流转交易价格指数并通过省农村产权交易信息服务平台向全社会发布。②

3. 美丽数字乡村建设促进城乡基建融合

江苏都市圈内城乡经济融合发展，美丽乡村建设为城乡基础设施融合提供新机遇，数字乡村建设也为信息化赋能城乡融合发展提供新动力。一是乡村宜业宜居条件明显改善。2018~2022年初，苏北地区累计改善30多万户农民群众住房条件，改善农户的满意率达93.3%。"十二五"期间，建成1300多个美丽宜居乡村。446个省级特色田园乡村实现涉农县（市、区）全覆盖。③ 二是数字乡村建设破除城乡"数字鸿沟"。2021年全省数字农业农村发展水平达65.4%，农业生产数字化水平达到33.5%。截至2022年初，江苏共建成全国农业农村信息化示范基地12家、数字农业新技术应用类省级数字农业农村基地158个。在上述数字乡村基础设施建成的背景下，江苏累计开设地方特产馆345个，拥有淘宝镇280个、淘宝村745个，以农产品销售为主的淘宝村数量全国第一。④

4. 铸牢民生保障加速城乡公共服务融合

江苏持续推进城乡基本公共服务均等化，扩大普惠性非基本城乡公共服务供给，构建优质均衡的城乡公共服务体系，加速公共服务融合进程。一是城乡教育服务均衡。义务教育基本均衡发展县比例达到100%，高等教育毛入学率从47%提高到65%的普及化阶段。二是城乡医疗服务均衡。城乡居民基本医疗保险制度实现"六统一"，低收入人口参加基本医保动态全覆

---

① 《全省土地流转面积超三千万亩 土地流转率达百分之六十》，中国江苏网百度百家号，https://baijiahao.baidu.com/s? id=1692981371950467249&wfr=spider&for=pc。

② 《江苏省农村土地经营权流转交易价格指数（2021年四季度）》，江苏省农村产权交易信息服务平台网站，http://www.jsnc.gov.cn/jyfx/jyfx/2022/04/08210056181.html。

③ 《奋进新江苏 建功新时代 | 美丽乡村，越来越宜居》，交汇点客户端百度百家号，https://baijiahao.baidu.com/s? id=1736787909288737055&wfr=spider&for=pc。

④ 《江苏省"十四五"数字农业农村发展规划》，江苏省农业农村厅网站，http://nynct.jiangsu.gov.cn/art/2022/1/18/art_51418_10320407.html。

盖。三是提升城乡民生兜底标准。2022 年江苏全面落实低保标准和特困供养人员基本生活标准动态调整机制。率先以设区市为单位全面实现低保标准城乡并轨、同城同标。城乡居民基本养老标准提高至每人每月 187 元，基本医疗财政补助最低标准提高至每人每年 640 元。城乡基本养老、基本医疗保险参保率达 98.24%，社会保障卡覆盖率达 99.9%。四是城乡生活文化服务设施一体化推进。截至 2022 年初，江苏在全国率先实现城乡区域供水一体化。基层综合性文化服务中心建设深入推进，行政村（社区）综合性文化服务中心覆盖率 100%。

三 制约江苏城乡高水平融合发展的重难点问题

（一）乡村产业发展内生动力不足

1. 产业高质量发展动力失衡

一是城乡产业空间与区域分布不均衡。江苏绝大部分的优质产业仍集中在城市，乡村产业占 GDP 比重较低，2021 年第一产业增加值占比仅为 4.1%，乡村第二产业的规模较小，特别是农产品加工业大多规模偏小，乡村生产性生活性服务业发展不足。二是乡村产业组织化程度较低。江苏家庭农场等新型农业经营起步较晚，生产经营的组织化程度还不够，家庭农场等新型农业经营主体适应市场竞争和规避市场风险的能力还不强。如徐州市沛县，2019 年在工商注册登记的农民合作社共有 2207 家，其中国家级示范社仅有 6 家、省级示范社只有 15 家，国家级示范社和省级示范社占比分别为 0.3% 和 0.7%。

2. 城乡劳动生产率悬殊

2020 年，江苏省全员劳动生产率为 21.6 万元/人，二三产业劳动生产率为 23.3 万元/人，而农业劳动生产率只有 7.4 万元/人，全员劳动生产率是农业劳动生产率的 2.92 倍，城市的劳动生产率只会比全员劳动生产率水平更高，由此凸显出城乡之间劳动生产率的巨大差距。目前，江苏农业生产技术水平与国际前沿相比还有较大差距，不少高端农业机械设备尚需进口，农业领域卡脖子技术较多，攻克难度同样不低。此外，高校、科研院所、高新技术产业和战略性新兴产业大多分布在城市，空间阻隔、技术差距以及制度障碍导致城乡科技创新"产学研"转化率较低，城乡产业深度融合难度较大。

3. 乡村发展规划落实不够

尽管根据国家《乡村振兴战略规划（2018—2022年）》，江苏出台了《江苏省乡村振兴战略实施规划（2018—2022年）》，各地级市乃至县（区）级层面都制定了乡村振兴战略实施规划，同时也印发了《国家城乡融合发展试验区（江苏宁锡常接合片区）实施方案》等，对各地区的乡村振兴和城乡融合发展等进行细致规划，但是受疫情冲击、市场风险、动力不足以及非理性预期等制约，江苏省部分地区的乡村发展规划落实不够，特别是乡村产业发展规划落实不够，没有实现预期的发展结果，乡村实际发展仍略滞后于规划要求。

（二）乡村要素"空心化"现象依然存在

1. 劳动力"乡—城"单向转移

2021年末江苏省常住人口城镇化率达73.94%，已经越过70%的城镇化率门槛，意味着江苏省城镇化从"农民进城"的上半场开始步入"人口进一步向中心城市聚集"的下半场。城镇化率的不断提高是经济发展的必然结果，但是不应忽视城市繁荣对乡村各种资源造成的"虹吸现象"，警惕乡村发展资源"空心化"。劳动力是经济发展的基础资源，但在城乡发展差距依然明显、城乡工作收入差距悬殊的情况下，虽然政府加大了对农业农村的资源投入力度，但是依然难以吸引农村青壮年劳动力的回流，造成比较严重的乡村人口"空心化"现象，乡村以留守老人、留守妇女和留守儿童为主，年轻家庭举家外出的情况越来越多，乡村宜居宜业宜创环境也难以满足人才多元化需求，导致城市人才不愿下乡。

2. 资本"城—乡"流动规模较小

2021年，全省固定资产投资比上年增长5.8%，但是第一产业投资比上年下降12.3%。多数经济薄弱村是在扶贫资产注入情况下才实现了产业资本从无到有的突破。虽然省政府为了鼓励社会资本下乡参与乡村振兴，于2018年发布了《关于引导社会资本更多更快更好参与乡村振兴的实施意见》，但是由于宏观经济不景气、农村土地制度改革不彻底等，社会资本下乡目前仍然顾虑重重。截至2022年初，江苏土地流转面积超过3000万亩，土地流转率达60%，但是依然有将近40%的土地处于分散小农经营状态。此外，传统"土地增减挂钩"的城乡利益转移模式本质上是以牺牲乡村"发展权"为手段，用"时间换空间"的"以城带乡"的帮扶措施，"退耕复垦""非粮化"等政策引致省内多数乡村土地资源开发程度基本接近"饱和"。课题组赴苏北泗洪L村的调研发现，即便新《土地管理法》实施开放了集体经营性用地"入市"，但该政策对提升乡村土地利用效能作用有限。因此，自身资本积累能力弱、社会资本参与积极性低、制度性因素共同造成资本"下乡"规模不足。

（三）城乡基础设施与公共服务存在差距

1. 乡村基础设施质量低管护不足

江苏农村各项生产性生活性基础设施实现普遍覆盖，但乡村基础设施的质量不高，乡村大部分基础设施建设质量标准低于城镇，如公路等级、网络带宽、污水处理效能等与城镇基础设施质量差距明显，这在苏北地区表现得尤为明显。乡村基础设施管护缺乏专门机构和专业人员，乡村基础设施管护的资金的承担主体不明，对经济薄弱的乡镇来说基础设施使用和管护的资金缺口较大，建而不管的情况还比较严重，导致乡村基础设施损耗折旧较大，也制约了乡村产业发展的动力和潜力。

2. 乡村优质基本公共服务匮乏

乡村优质公共服务匮乏，特别是优质教育和医疗资源，乡村教师和乡村医生老龄化严重，知识老化。如南通市乡村医生60岁以上的占41%，部分地区甚至高达 50% 以上；苏北乡村教师大多在 50 岁左右，年轻医生和教师不愿下沉乡村。城乡社会保障方面，2021 年，江苏城乡居民基本养老保险省定基础养老金最低标准进一步提高，但仍有 73.05 万名困难人员由财政代缴城乡居民基本养老保险费，这说明在乡村不乏仅能领到最低基础养老金的老年农民。2022 年农村合作医疗个人缴费标准为每人 320 元，这对于乡村人口较多家庭来说已构成一定经济压力。此外，最低生活保障水平的城乡差距、区域差距明显。

四 江苏以乡村全面振兴推动城乡融合发展的体制机制障碍

（一）政府与市场合力促进城市资源下乡的机制有待健全

1. 政府与市场合力推动资本下乡

建立健全政府与市场合力促进城市资源下乡的体制机制，需要明晰政府与市场在推动城市资源下乡过程中的差异性作用，强化政府职能与市场功能的协同互补，降低资源要素由城市向乡村流动的制度性交易成本，让市场在城乡资源配置中发挥决定性作用，更好发挥政府作用。应进一步深化江苏省农村改革，特别是农村土地制度改革，加强乡村基础设施和配套设施建设，出台税收优惠政策，加强财政资金引导和招商引资，适合落户乡村的重大项目或者对位置没有特别要求的重大项目向乡村倾斜，提升乡村对于城市资本的吸引力。市场方面，优化乡村营商环境，让资本自愿下乡，在法律法规允许的范围内给予资本足够的经营自主权。

2. 政府与市场合力推动人才下乡

政府要建立各类人才下乡的激励机制，对于大学生、农民工等各类从城市到农村就业创业的人员要给予一定的补贴，帮助他们在农村扎下根来。打破体制内人员下乡服务三农的各种限制，支持科技人员下乡创办领办项目，允许科技人员以资金、技术、专利等多种生产要素入股从事生产经营活动，

推动公务员、事业单位和国企员工定期到乡村挂职服务。在利用市场吸引人才方面，要鼓励乡村企业、新型农业经营主体主动向城市招聘高素质人员，同时加大宣传，吸引城市高端人才到乡村发掘创业机会。

3. 政府与市场合力推动技术下乡

政府要鼓励体制内的技术人员特别是农技人员定期到乡村开展技术讲座和提供技术指导，并允许合理收取报酬，提高技术人员服务乡村的积极性。完善科技特派员制度，提高科技特派员服务乡村的主动性和积极性。在市场方面，大力培育和发展面向乡村的科技服务企业和中介机构，通过市场供求关系来满足乡村生产生活对各类技术的需求。

（二）乡村资产资源市场化的巨大潜力亟待释放

1. 涉农贷款抵押物变现存在难度

近年来，江苏省出台一系列关于金融服务乡村振兴的政策，各地积极推进农村承包土地的经营权贷款，开展农民住房财产权抵押贷款和农业生物资产抵押试点，在一定程度上缓解了其融资难的问题。然而对于家庭农场、农民专业合作社等新型农业经营主体而言，依然面临一定程度的融资难问题：一方面流转土地的经营权抵押需经承包农户同意，导致承包土地经营权抵押权能受限；另一方面抵押物处置机制不完善，一旦发生借款人不履行到期债务，农户承包地经营权和农民住房财产权的变现存在难度，无法有效维护农业经营主体和农户的权益。

2. 集体经营性建设用地入市的集约盘活仅局限于少数地区

农村集体经营性建设用地入市既有利于通过市场化的方式合理配置城乡之间的建设用地，也有利于促进强村富民。目前，对于农村集体经营性建设用地入市，江苏省仍只有小部分承担国家和省级改革任务的地区才有权能实施，省内大部分地区难以推进此项工作。此外，对于承担此项改革实验任务的地区，农村集体经营性建设用地目前也仅仅是存量成熟地块的入市，通过盘活零散地块实现集约利用的手段不多。

3. 农村闲置房屋的盘活潜力尚未充分挖掘

有效盘活农村闲置房屋既有助于提高农户的财产性收入，还能充分发挥乡村的生活、生态等特有功能，并为返乡入乡人员提供创业和居住场所。除苏南部分地区外，省内其他地区在农村闲置房屋的盘活上尚处于点状分布状态，大部分地区对于农村闲置房屋盘活政策、数据库查询平台建设、多元化利用模式等尚未有系统性谋划，无法有效激发将农村闲置房屋这一"死资产"变为"活资产"的潜力。

（三）乡村宜居宜业的村居环境亟待改善

1. 乡村生活环境仍需进一步改善

在全面推进农村人居环境整治以来，农村长期以来存在的脏乱差局面得到扭转，村庄人居环境基本上实现干净、整洁。2021 年，全省建立"组保洁、村收集、镇转运、县（市）处理"农村生活垃圾收运处置体系，全省农村生活垃圾集中收运率超过 99%，全省农村生活污水治理率达 37%，农村水环境综合整治和垃圾治理成效显著。[①] 另外，相关部门加强农村地区环保意识宣传工作，农村群众环保意识逐渐增强，特别是在垃圾处理方面，已有部分村民有意识地开始将自家垃圾分门别类，但也有部分村庄的生活环境存在一定问题，特别是苏北地区农村厕所改造、生活垃圾集中分类处理等仍有不足。从垃圾处理方式来看，苏南地区农村按照规范的处理流程，在村内垃圾分类处理资源化站点将垃圾处理干净，人居环境得到明显改善，而苏北部分农村仅仅将垃圾集中收集，然后填埋或运输到城郊处理。[②] 从污水处理覆盖面来看，村庄有集中处理污水能力的在苏南农村地区达到 73.4%，但苏北地区仅有 23.6%。[③]

---

① 《农村生活垃圾集中收运率超过 99%！江苏持续改善提升农村人居环境质量》，《扬子晚报》百度百家号，https：//baijiahao.baidu.com/s? id=1739423557251132440&wfr=spider&for=pc。
② 陈子怡：《江苏省农村人居环境整治存在的问题与对策》，《农村经济与科技》2021 年第 15 期。
③ 成强、徐剑、薛飞、刘绍贵：《扬州农村人居环境建设长效管护机制研究》，《江苏农村经济》2020 年第 1 期。

2. 农业面源污染依然严重

2020 年江苏省全省化肥施用量 280.75 万吨、农药施用量 6.57 万吨、农用塑料薄膜使用量 11.18 万吨，较 2019 年化肥施用量 286.21 万吨、农药施用量 6.74 万吨、农用塑料薄膜使用量 11.42 万吨有所减少，但减少的幅度不大，该数据说明江苏省农业化学生产资料施用总量仍然较大。从单位播种面积化肥施用强度来看，2020 年江苏省化肥施用强度 610.8 千克/公顷，较全国平均水平（379.5 千克/公顷）高 60.95%。已有研究发现，我国氮肥利用率为 30%~35%，钾肥使用率为 35%~50%，而磷肥使用率仅有 10%~20%。过多使用化肥造成农田氮磷过剩，未被农作物使用的化学物质残留在土壤中，随着水流汇入河流湖泊，造成江苏水体氮磷浓度升高。此外，相关数据证实，我国农膜使用量居世界第一位，江苏农膜使用量并没有减少，农膜使用产生的"白色污染"是造成江苏面源污染的重要因素之一。

（四）适应"城乡两栖"的人本制度体系尚未建立

1. 户籍制度制约农村人口市民化

江苏常住人口城镇化率远远高于户籍人口城镇化率，造成农村户籍城镇常住的居民及其子女在教育、医疗与就业等公共服务上难以与城镇户籍居民享有同等的待遇。部分农民工缺乏医疗与教育保障，且随迁子女只能就读打工子弟学校。当前江苏城市除南京、苏州及所辖县级市外，户籍制度基本放开，少数农民工有能力融入城市经济、社会的，可以留在城市，但在农民工调查中发现，城镇生活成本高、照顾家庭等是影响农民工回流的主要因素。①

2. 农村公共服务与生活设施发展缓慢

农村生活基础设施与公共服务是吸引年轻人流向农村、扎根农村的关键。随着乡村振兴战略实施，农村公共服务有了明显改善，较城市良好环境

---

① 刘玉侠、石峰浩：《农民工回流动因的影响分析》，《浙江社会科学》2017 年第 8 期。

相比，农村发展空间相对单一，不利于城镇人才与农村精英回流，主要体现在数字网络、幼儿园等公共服务基础设施不足，产业发展环境欠缺，最关键的是农村平均劳动报酬远远低于城市水平。

3. 城乡流入地社会保障体系有待完善

现阶段，"城乡居民养老保险"与"新农合"为农村居民提供了最基本的医疗和养老保障，但支付水平相对较低难以发挥好其保障功能。2021 年江苏省"新农合"的标准是农村居民每人每年缴纳医保险 320 元，但报销的类型受限。城乡居民养老保险保障水平相对低下，对农村居民生活基本需求起到的作用不大，难以支付农村养老需要的费用。

4. 农村产业融合体系不够完善

以农业生产为载体，延长农业产业链，创建农业生产园区，构建完善的生产体系、经营体系与产业体系，提升农产品附加值，实现一二三产业融合是促进农村经济社会发展的关键。然而，通过对江苏省抽样农村调查发现，2020 年与 2021 年村庄有现代农业产业的分别为 28 个和 22 个，占比分别为63.64%和55.00%，而加工制造业、旅游业、"互联网+"产业占比相对较低。说明现阶段农村依然以传统农业生产为主，农产品加工业等二三产业发展相对缓慢。

五 城乡融合视角下激发江苏乡村内生发展潜能的政策保障

（一）夯实乡村主体功能地位，重构城乡"共生共荣"融合新范式

1. 推进城乡空间融合，打造城乡新型经济高地

首先，城市和农村发展规划协同发展，从整体性视角考虑城市和农村布局的合理性。如农村地区拥有独特的生态优势和资源优势，可以在农村发展环保型农产品加工企业、农业生态旅游产业，打造农业生产专区，发展现代农业。在乡村产业振兴过程中，需要将城市现代教育、医疗、文化、生态等

公共服务资源向农村地区延伸，推动城乡在经济、社会方面融合发展。其次，将农业农村自然元素纳入城市规划，城市内可以适当保留农业用地，可以合理布局农业生态体验、森林公园等项目，逐渐推动工业、农业与生态在城乡之间科学合理布局。

2. 推动城乡产业融合，提升农产品附加值

首先，完善农村产业融合发展的基础设施。一方面，加快农村物流体系建设，缩短城乡时间距离，促进生产资料下乡，农产品进城，解决农产品销售难的问题。另一方面，加快农村生活基础设施与休闲娱乐设施升级，提升农村服务业服务能力，吸引城市人口下乡体验、游玩、休闲，此外，搭建农村数字经济平台，完善直播带货与电商产业，拓展农产品销售途径，发展智慧农业。其次，分区域合理布局二三产业。在城乡接合部地区，打造适宜农业加工企业园区，延长农业产业链，将农业初级农产品加工成商品，提升附加值。在离城镇较远的地区，引导培育农业新型经营主体发展，特别是将家庭农场、种粮大户、农民专业合作社统筹协调发展，提升农业专业化程度，提高农业生产效率，形成品牌，提高市场影响力，增加农产品附加值。

（二）汇聚高端优质发展要素，激发乡村内生发展潜在新动能

1. 培养新型农业经营主体

一是优化顶层设计，构建新型农业经营主体培训体系。以乡村振兴战略与实现共同富裕为目标，构建农业社会化服务体系和完善新型职业农民培育体系，需要政府相关部门引领、法律保障护航，并依托相关部门公共服务职能推动新型农业经营主体发展。二是发挥农村"精英"的带头作用。农民是农业经济发展的参与者，是农业农村现代化的操作者。因此，发挥农村能人的带动作用至关重要。三是相关政策向农业新型经营主体倾斜。推进农业新型经营主体和新型职业农民的协同发展，支持新型主体侧重产业项目、技术服务、金融保险等方面发展，加大对新型农民提供技术培训和社会保障等的政策支持力度。[①]

2. 激励外部企业家入驻乡村。

农村产业兴旺是促进乡村振兴的关键。传统小农户既不具有技术创新能力，也没有强大资本创建规模性企业，更不能形成自己的农业品牌。因此，促进乡村产业发展需要开放农村经济，鼓励企业家到农村，发展乡村产业，延长农业生产产业链。一是成立农业经营股份合作社。依托合作社，搭建产权交易平台，将农户土地经营权整合，集中土地，形成规模经营，为吸引企业家投资产业奠定基础。二是推动农业生产园区形成。相关部门制定合理政策引导同类型企业入驻农业生产园区，促进要素集聚，如企业家的集合和产业的集群成长，带动周边农户实现非农就业。

（三）打通体制"痛点""堵点"，构建城乡要素双向流动新格局

1. 完善农村土地资源产权保障机制

借鉴土地制度改革方案确定农村土地资源的分配机制，如农村居民可以土地资源的产权化和股份化的方式吸引城市资金、技术与人力等资源要素下乡，促进城乡资源要素双向有序、稳定流动，合理配置资源，提高农村产业生产效率。在现实中，农民财产性收益主要通过出租土地经营权获得租金（财产性收入），在总收入中占比相对较低。因此，需要盘活和开发农村土地财富，特别是创新农村宅基地交易机制，打破宅基地在村民内部交易的传统机制。[②]一方面，推进宅基地确权登记，为宅基地自由流动奠定基础；另一方面，完善健全农村宅基地流转交易机制，明确农村宅基地交易市场主体、健全交易规章制度等措施，指导农村宅基地合法交易，保障农村土地产权交易有序进行。

2. 发挥财政扶持保障作用，促进资源要素城乡间双向流动

市场调节难以改变农村资源要素向城市单向流动的局面，政府财政是

[①] 张亮、樊梦瑶：《新型农业经营主体与新型职业农民"两新融合"机制构建》，《河北学刊》2022年第4期。

[②] 钟甫宁等：《"加快推进乡村振兴、扎实推动共同富裕"主题笔谈》，《南京农业大学学报》（社会科学版）2022年第3期。

进行宏观调控和资源分配的重要手段。要实现资源要素在城乡间双向流动需要财政发挥作用。一是加大农村财政投入力度，完善农村基础设施，补齐农村经济短板，扶持乡村的优势产业、特色产业，提高农业生产投资回报率。二是营造良好的营商环境，降低城市资源涌入农村的流动成本与机会成本。三是推动政策性产业向农村集聚。通过政策性产业发展基金，引领社会资本参与乡村振兴，带动工商资本下乡投资，促进农村一二三产业融合发展。四是营造良好农村金融环境，给予商业银行政策优惠，合理、科学设计适合农民、农村企业的金融产品，破除"三农"发展金融需求难的问题。①

3. 发挥数字技术的作用，降低资源要素城乡流动成本

数字经济已成为促进经济高质量发展的新动能，体现在经济社会的各个方面。一是数字要素在乡村振兴中发挥着重要的作用，应在农业经营上实现标准化、规模化，且有效避免由于信息不对称引起的供需不匹配问题，降低搜寻成本与物流成本，丰富生产资料购买与农产品销售途径。为了发挥数字经济重要作用，聚焦工作如下：一是加快农村数字经济基础设施建设，缩小城乡之间的差距；二是完善数字经济运行监督体系，营造良好可靠的发展环境；三是完善农村数字技术技能培训体系，推动数字技术在乡村传播和普及。

（四）坚持人本城镇化理念，探索"城乡两栖"群体保障新制度

1. 完善农业转移人口市民化户籍制度

户籍制度是限制农村人口向城市流动的关键因素。从城镇户籍准入条件来看，中小城市将稳定收入、固定住所等作为限制条件，大城市则设定更高的准入条件。推动农村转移人口市民化，需要从以下几个方面入手：一是降低大中小城市准入门槛，简化农村人口城市落户的程序；二是坚决保证进城

---

① 王向阳、申学锋、康玺：《构建城乡要素双向流动机制的实证分析与创新路径——基于以资本要素为核心的视角》，《财政科学》2022年第3期。

落户、暂时性城市居住农民在农村享有与农村常住居民的权利，如土地承包权、宅基地使用权等；三是呼吁政府、企业等部门共同承担农村转移人口市民化的成本。

2. 完善农业转移人口市民化的社会保障机制

一是增加农业转移人口技能投资。通过政府、社会、企业三方共同投资，大力发展农村职业教育，构建农村转移人口教育培训体系，提高农村人口在城市就业的能力。二是增加农业转移人口社会资本积累。相关部门应引导农村转移人口积极参与所在企业、社区举办的集体活动，增进其与城市同事、邻居的情感，形成新的社会网络。三是加大财政对持城市暂住证居民的社会保障投入力度，保障农村流动人口在医疗、教育、就业等方面享有与城市人口同等的待遇；四是构建农业转移人口社会救助体系。推进农村转移人口失业保障体系完善工作，将其纳入城镇失业保险体系，同时推动最低生活保障制度和社会救济制度的构建工作。

3. 完善城市人才下乡激励机制

《乡村振兴战略规划（2018—2022年）》强调，"人才振兴才是乡村振兴的硬支撑"。一是搭建城市人才发挥才能的农村平台。因地制宜，发展现代农业产业体系、生产体系、经营体系，推动农业一二三产业协调发展，提升农村经济社会对城市人才的吸引力。二是构建城乡人才交流体系，推动企事业单位、科研院所、医疗单位等工作人员，定期、定时、定岗服务乡村，依据相关人员服务时间、效果，在职级晋升、职称评定、表彰奖励方面给予适当倾斜。三是完善企事业单位定点帮扶机制。帮扶单位有义务向定点农村提供人才、资金等，提供管理经验与技术，激发农村经济内生动力，改善农村经济发展环境。四是加大农村社会保障、金融产品政策扶持力度，鼓励高校毕业生、农村社会精英、优秀工商业者返乡就业、创业，明确城市返乡人员的社会保障费用缴存的优惠政策。五是鼓励多元主体参与乡村治理。以村内新时代文明实践站为载体，解决基层社区（村庄）社会治理难题。一方面，通过搭建村（居）民议事会、道德评议会等组织，拓宽群众参与基层社会治理的渠道，探索社会治理德治新路径，推进矛盾纠纷化解在基层；另

一方面，通过组织老人、妇女、青少年等村（社区）文明实践志愿服务队以激发群众参与社会治理的潜能，最大限度凝聚社会治理合力。此外，制定科学合理的村规民约，如积分制的"小岗经验"在乡村治理中就发挥了重要的作用。

B.12
江苏法治建设分析与展望

钱宁峰　林海　徐静*

摘　要： 2022 年是江苏"十四五"时期法治规划正式实施的第一年。江苏各部门各地区积极按照法治规划制订本年度法治建设计划，在法治建设领导、科学立法、严格执法、公正司法和全民守法方面落实法治建设各项任务，取得了卓有成效的成绩，为保障党的二十大顺利召开提供了有力的法治保障。江苏在法治建设过程中不断创新创优，为全省乃至全国提供了法治建设各方面样本；围绕中心工作开展法治建设活动；加强数字法治政府建设；继续做好法治惠民项目实施；抓好普法责任制落实；通过典型案例推动经济社会发展。2023 年，江苏法治建设要贯彻落实党的二十大精神，在法治江苏建设、法治政府建设和法治社会建设三个方面谋篇布局，落实常规法治建设和年度法治建设任务。

关键词： 法治建设　法治江苏　法治政府　法治社会

2022 年是江苏"十四五"时期法治规划正式实施的第一年。江苏继续以习近平新时代中国特色社会主义思想为指导，深入学习习近平法治思想，

---

* 钱宁峰，江苏省社会科学院法学研究所所长、研究员；林海，江苏省社会科学院法学研究所副所长、副研究员；徐静，江苏省社会科学院法学研究所副研究员。报告材料来源除明确标注出处外，主要取自于江苏司法厅网站、江苏法院网、江苏检察网，文中不再一一标注。

扎实推动法治江苏建设。从总体来看，江苏各部门各地区积极按照法治规划制订本年度法治建设计划，在法治建设领导、科学立法、严格执法、公正司法和全民守法方面落实法治建设各项任务，取得了卓有成效的成绩，为保障党的二十大顺利召开提供了有力的法治保障。

一　2022年江苏法治建设状况

（一）加强对法治江苏建设的领导，稳步提升法治建设水平

2022年，各级法治建设领导机构继续发挥上下联动机制，不断强化法治建设水平。江苏省委全面依法治省委员会及其办公室充分发挥在法治江苏建设中的主导作用，加强对地方法治建设的督导，推动各地法治建设顺利展开。2022年4月21日，江苏省委全面依法治省委员会办公室召开全体会议，总结2021年依法治省工作，部署推进2022年依法治省重点工作。会议通报了省委全面依法治省委员会办公室2021年工作情况，审议了《中共江苏省委全面依法治省委员会2022年工作要点（送审稿）》《关于进一步落实普法责任制的意见（送审稿）》《江苏省贯彻落实〈法治政府建设实施纲要（2021—2025年）〉实施方案重要举措分工方案（送审稿）》，以及省委全面依法治省委员会2021年工作总结报告、各协调小组2021年工作总结报告等文件。① 此后，江苏省委全面依法治省委员会出台2022年工作要点，明确七个方面38项重点任务，其中，七个方面包括要深入学习宣传习近平法治思想、要加强党对法治江苏建设的集中统一领导、要坚持围绕中心服务大局、要着力完善立法工作格局、要扎实推进法治政府建设、要深化司法体制综合配套改革、要大力培育全民法治意识。江苏各地依照全面依法治省工作要点对本年度本地法治建设做出了相应要求。为了确保各项法治建设任务

---

① 《江苏省委全面依法治省委员会办公室召开全体会议》，江苏政府法制网，http：//sft. jiangsu. gov. cn/art/2022/4/22/art_ 48513_ 10423145. html。

落实到位，2022 年 5 月 30 日，江苏省委全面依法治省委员会办公室召开市县法治建设工作督察动员部署会。此次督察工作由省委全面依法治省委员会部署，省委依法治省办牵头组织实施，从省各有关方面抽调力量组成 6 个督察组，分赴各设区市进行实地督察。① 各设区市也根据自身情况开展法治督察工作。例如，淮安市通过法治督察工作推动法治政府建设。②

（二）积极开展地方立法，推动科学立法、民主立法和依法立法

江苏省人大及其常委会和设区市人大及其常委会积极加强地方性法规制定，根据各自立法权限积极开展地方立法工作。

首先，江苏省人大及其常委会认真完成年度立法计划，保证正式立法项目顺利实施。一是制定省级地方性法规。截至 2022 年 9 月底，江苏省人大及其常委会先后制定地方性法规《江苏省数字经济促进条例》《江苏省精神卫生条例》《江苏省土壤污染防治条例》《江苏省洪泽湖保护条例》《江苏省院前医疗急救条例》《江苏省就业促进条例》《江苏省教育督导条例》《江苏省知识产权促进和保护条例》《江苏省公共交通治安管理条例》《江苏省对台经济文化交流合作促进条例》《江苏省行政程序条例》《江苏省哲学社会科学促进条例》《江苏省公共法律服务条例》《江苏省交通建设工程质量和安全生产监督管理条例》《江苏省养老服务条例》等。二是出台具有立法性质的决定。江苏省人大常委会出台了《关于加强省级预算审查监督的决定》《关于加强经济工作监督的决定》《关于认真落实中央生态环境保护督察和全国人大常委会环境保护法执法检查整改要求持续改善生态环境质量的决定》《关于促进学生全面发展的决定》《关于促进科技人才发展的决定》《关于加强高标准农田建设的决定》等决定。三是推动长三角区域一体化立法。江苏省人大常委会制定了《江苏省推进长三角区域社会保障卡居民服

---

① 《江苏省召开市县法治建设工作督察动员部署会》，国际在线，https：//js.cri.cn/20220530/f1f7fcce-99e0-7612-391f-ca4f89933735.html。

② 《淮安"五个注重"开展法治督察推动法治政府建设》，法润江苏普法平台，http：//frjs.jschina.com.cn/31022/31028/202204/t20220421_7512649.shtml。

务一卡通规定》。四是及时批量修改或者废止地方性法规。2022年1月，江苏省人大还修订了《江苏省人民代表大会议事规则》。2022年6月，江苏省人大常委会修改《江苏省实施〈中华人民共和国母婴保健法〉办法》和《关于禁止非医学需要胎儿性别鉴定和选择性别人工终止妊娠的决定》。2022年7月，江苏省人大常委会对《江苏省实施宪法宣誓制度办法》《江苏省实施〈中华人民共和国全国人民代表大会和地方各级人民代表大会代表法〉办法》《江苏省人民代表大会常务委员会讨论决定重大事项的规定》《江苏省人民代表大会代表建议、批评和意见处理办法》《江苏省各级人民代表大会常务委员会人事任免工作条例》《江苏省乡镇人民代表大会工作条例》《江苏省市辖区、不设区的市人民代表大会常务委员会街道工作委员会工作条例》等七部法规进行修改。2022年7月，江苏省人大常委会修改《江苏省保护和促进香港和澳门同胞投资条例》，改名称为《江苏省保护和促进香港澳门投资条例》。2022年7月，江苏省人大常委会废止《江苏省人民代表大会常务委员会关于加强对法律法规实施情况检查监督的若干规定》和《江苏省授予荣誉居民称号条例》。

其次，设区市人大及其常委会积极开展地方立法工作，制定相应的地方性法规，并得到了省人大常委会的批准。截至2022年10月底，南京市制定了《雨花台烈士陵园保护条例》《南京市长江岸线保护条例》；徐州市制定了《徐州市城乡网格化服务管理条例》《徐州市基础教育促进条例》《徐州市骆马湖水环境保护条例》《徐州市水路交通运输条例》；苏州市制定了《苏州市文明行为促进条例》《苏州市平安建设条例》；南通市制定了《南通市文明行为促进条例》《南通市机动车停车条例》；淮安市制定了《淮安市农贸市场管理条例》《淮安市建筑垃圾管理条例》；扬州市制定了《扬州市生活垃圾分类管理条例》《扬州市城市书房条例》；镇江市制定了《镇江市节约用水条例》；宿迁市制定了《宿迁市骆马湖水环境保护条例》；常州市制定了《常州市租赁住房安全管理条例》；盐城市制定了《盐城市养犬管理条例》。此外，泰州市、淮安市、连云港市、苏州市、南京市、南通市、徐州市和无锡市等设区市人大常委会还废止或修改了以往制定的地方性法规。

需要注意的是，南京市人大常委会和镇江市人大常委会也运用决定权制定了《关于加强长江江豚保护的决定》。

再次，做好备案审查工作。2022年，江苏省人大常委会办公厅通报了2021年度规范性文件备案审查情况。根据统计，2021年，省人大常委会共收到报送备案的规范性文件93件。其中，政府规章35件，其他规范性文件58件。规章报备的有：省政府10件，盐城市政府4件，南京、无锡、常州、扬州市政府各3件，苏州、南通、宿迁市政府各2件，连云港、淮安、镇江市政府各1件。其他规范性文件报备的有：省政府15件，省高院6件，省检察院2件，省监委1件，南通、泰州市人大常委会各6件，无锡、镇江市人大常委会各4件，盐城、宿迁市人大常委会各3件，南京、常州、扬州市人大常委会各2件，苏州、连云港市人大常委会各1件。同时，设区市人大常委会继续抓好备案审查工作。各地通过召开全市备案审查工作会议的形式进一步推动本年度备案审查工作。一些人大常委会在备案审查工作方面采取了一些有力措施。例如，盐城市人大常委会公布了2021年度盐城市人大常委会规范性文件备案审查目录，明确了规范性文件名称和报备文号、发文时间和制定机关。通过备案审查工作，使地方立法以及规范性文件得到有效监督。又如，2022年7月20日，南通市人大常委会主任会议讨论通过《南通市人大常委会关于进一步加强规范性文件备案审查工作的意见》，这是全省设区市人大制定的首部关于加强规范性文件备案审查工作的具体实施意见。值得注意的是，县级人大备案审查工作日益得到重视。例如，南通市如皋市人大常委会制定了《如皋市人大常委会规范性文件备案审查办法》。

最后，加强执法检查工作。截至2022年10月底，江苏省人大常委会先后围绕《中华人民共和国残疾人保障法》《江苏省残疾人保障条例》实施情况、《中华人民共和国家庭教育促进法》《江苏省家庭教育促进条例》实施情况、《中华人民共和国种子法》《江苏省种子条例》实施情况、《江苏省人民代表大会常务委员会关于促进大运河文化带建设的决定》实施情况进行执法检查。各设区市和县级人大常委会围绕本地立法开展了相应的执法检查工作。

（三）法治政府建设继续推进，依法行政能力不断提高

第一，正式出台法治政府建设规划。作为法治建设的三大规划之一，2022年初，江苏印发《江苏省贯彻落实〈法治政府建设实施纲要（2021—2025年）〉实施方案》，并进一步制定了分工方案。各地进一步公布了相应的法治政府建设规划，如《苏州市法治政府建设实施方案（2021—2025年）》《无锡市贯彻落实〈法治政府建设实施纲要（2021—2025年）〉实施方案》《常州市贯彻落实〈法治政府建设实施纲要（2021—2025年)〉实施方案》《镇江市贯彻落实〈法治政府建设实施纲要（2021—2025年）〉实施方案》《扬州市贯彻落实〈法治政府建设实施纲要（2021—2025年）〉实施方案》《泰州市贯彻落实〈法治政府建设实施纲要（2021—2025年）〉实施方案》《盐城市法治政府建设工作规划（2021—2025年）》《淮安市法治政府建设实施方案（2021—2025年）》、《连云港市法治政府建设实施方案（2021—2025年）》等。有些设区市还进一步制定了工作清单，如《连云港市法治政府建设实施方案（2021—2025年）重点工作任务清单》。

第二，公布法治政府建设报告。法治政府建设报告是推动法治政府建设的重要手段，既可以总结往年法治政府建设情况，又可以形成社会对法治政府建设的监督。江苏各级政府及其部门已经形成了对外公布法治政府建设报告的工作制度。2022年4月，江苏省人民政府发布《江苏省2021年度法治政府建设情况报告》，该报告对深入践行习近平法治思想，从八个方面进行了阐述。江苏省级部门，如省教育厅、省司法厅、省农业农村厅、省交通运输厅、省商务厅、省广播电视局、省应急管理厅、省地方金融监督管理局、省卫生健康委员会、省民政厅、省水利厅、省税务局、省退役军人事务厅等部门公布了本部门法治政府建设报告。各设区市政府如扬州市、苏州市、宿迁市、南通市、淮安市、泰州市、盐城市、无锡市、连云港市、南京市、徐州市、常州市等也公布了本地区法治政府建设报告。县级政府也公开了本级政府法治政府建设报告。这些报告成为了解江苏省各级政府及其部门法治政府建设的窗口。

第三，加强政府立法工作，提高政府立法质量。江苏省人民政府先后制定《江苏省生态文明教育促进办法》《江苏省行政规范性文件管理规定》《江苏省税费征管保障办法》等省政府规章。同时，废止和修改了一批省政府规章。先后废止《江苏省个人信用征信管理暂行办法》《江苏省企业信用征信管理暂行办法》《江苏省食盐加碘消除碘缺乏危害实施办法》《江苏省高层建筑消防安全管理规定》等四件省政府规章。修改了《江苏省长江防洪工程管理办法》《江苏省长江河道采砂管理实施办法》《江苏省建设项目占用水域管理办法》《江苏省水产种苗管理规定》《江苏省基础测绘管理办法》《江苏省测绘地理信息成果管理规定》《江苏省林业有害生物防控办法》《江苏省〈森林防火条例〉实施办法》《江苏省农村抗震防灾工作暂行规定》《江苏省建设工程勘察设计管理办法》《江苏省城建档案管理办法》《江苏省廉租住房保障办法》《江苏省建设工程造价管理办法》《江苏省餐厨废弃物管理办法》《江苏省公共租赁住房管理办法》《江苏省苏南运河交通管理办法》《江苏省农村公路管理办法》《江苏省内河交通事故处理办法》《江苏省船舶检验管理办法》《江苏省邮政普遍服务保障监督管理办法》《江苏省国内船舶搭靠外轮管理办法》《江苏省政府制定价格成本监审办法》《江苏省价格监测预警管理办法》《江苏省农村消防管理办法》《江苏省烟草专卖管理办法》《江苏省自然灾害救助办法》《江苏省产品质量监督管理办法》《江苏省价格监督检查办法》《江苏省制止不正当价格行为和制止牟取暴利规定》《江苏省合同监督管理办法》《江苏省公墓管理办法》《江苏省工程建设场地地震安全性评价工作管理规定》等32件省政府规章。设区市政府也制定或者修改了部分政府规章，并对部分政府规章进行了专项清理。南京市制定了《南京市房屋租赁管理办法》；常州市制定了《常州市游泳场卫生管理办法》《常州市起重机械安全管理办法》；镇江市修改了《镇江市城市绿化管理办法》；无锡市制定了《无锡市行政规范性文件制定和备案审查管理办法》；苏州市制定了《苏州市地下文物保护办法》和《苏州市地方政府储备粮管理办法》；泰州市制定了《泰州市快递市场管理办法》《泰州市城市管理办法》《泰州市国土空间批后服务与管理办法》；淮安市制定了

《淮安市节约用水管理办法》，废止《淮安市市区停车场管理办法》；宿迁市制定了《宿迁市电梯安全管理办法》。

第四，加强重大事项决策程序建设。一是细化重大行政决策程序规定。省民政厅推动修订《江苏省民政厅重大行政决策程序制度》，并改名为《江苏省民政厅重大行政决策程序实施细则》。二是建立政府重大决策向人大报告制度。2022年9月29日，江苏省人大常委会通过了《关于省人民政府重大决策出台前向省人民代表大会常务委员会报告的决定》。这一决定在全国省级层面首次以法规性决定的形式明确政府重大决策出台前向同级人大报告。三是各地各部门年度重大行政决策事项目录均予以公布。省外事办、体育局、文化和旅游厅、财政厅、农业农村厅、自然资源厅、人防办、发展改革委、工业和信息化厅、政务服务管理办公室、知识产权局、审计厅、商务厅、水利厅、应急管理厅等省级部门均在其门户网站公布2022年度重大行政决策目录，认真落实重大行政决策规范化、程序化等要求。扬州、常州、宿迁、连云港、泰州、镇江、南京、南通等设区市也在当地政府门户网站公布年度重大行政决策目录，认真履行重大行政决策实施的法定程序。各级也在落实《重大行政决策程序暂行条例》《江苏省重大行政决策程序实施办法》方面加强重大行政决策规范化建设，提升行政决策科学化、民主化和法治化水平。

第五，完善行政执法体制改革和运行机制。2022年，江苏加强应急管理综合行政执法体制改革。江苏省应急管理厅以"强队伍、固基础、促改革"为目标，全面落实应急管理综合行政执法改革工作任务。各地也出台了相应改革实施方案。2022年9月，南京市出台《关于深化应急管理综合行政执法改革的实施方案》，从体制机制、队伍建设、规范执法等7个方面提出23项措施，推动应急管理体系及能力现代化，进一步提高全市安全防范水平。该方案规定了清晰的执法权责，建立了标准化的综合执法目录清单。针对如危化品、金属冶炼等特殊行业领域进行重点管理，形成跨区域、跨部门的合力执法局面。此外，还确立使用应急管理"181"信息化系统，大大提升行政执法规范化、数字化、智能化、可视化水平。南通市应急管理局统筹谋划，科学制定《南通市深化应急管理综合行政执法改革实施方案》，广泛征求意见，形成强劲合力。定期专题研究改革五大重点任务，梳理 21 项改革举措清单，厘清职责、逐项分解，用"时间表""路线图"的方式稳步推进改革。

第六，加大行政复议力度，加强对行政执法的监督。江苏及时在网上公布省政府行政复议决定书和省司法行政复议决定书。同时，对 2021 年全省行政复议工作进行总结分析。2021 年，全省各级行政复议机关共收到行政复议申请 14635 件，同比增长 28.70%；决定受理 12769 件，同比增长 29.29%。从涉及领域看，治安管理、市场监管、自然资源、房屋征补、人力资源和社会保障等领域的行政复议申请事项占比较高，涉及行政处罚、信息公开、行政确认、行政不作为、行政强制等权力事项的行使。2021 年，经行政复议直接纠错的事项相较于 2020 年有所提升；以调解、和解等方式结案 3723 件，占 31.65%。①

（四）加强公正司法工作，做好审判和检察服务工作

首先，加强法院工作。2022 年江苏各级法院积极落实审判任务，发挥通过审判服务经济社会发展的作用。一是积极出台司法性文件。省高院、省检察院、省公安厅、省民政厅、省妇联联合出台《关于在涉未成年人案件中开展家庭教育指导工作的实施意见（试行）》，推动涉未成年人案件中的家庭教育工作。省高院制定《关于进一步规范查封、扣押、冻结财产工作指引》，规范执行程序中的查封、扣押、冻结行为。同时，省高院制定《执行异议及执行异议之诉案件办理工作指引（一）（二）（三）》，规定以下问题：（1）执行异议及执行异议之诉案件办理原则及程序性问题；（2）不动产执行标的引发的执行异议及执行异议之诉案件的办理；（3）涉及租赁及抵押财产、动产所有权以及其他财产性权利的执行异议及执行异议之诉案

---

① 《2021 年江苏收到行政复议申请 14635 件，审结率达 92.16%》，腾讯网，https：//view. inews. qq. com/k/20220420A07DB706？web_ channel＝wap&openApp＝false。

件的办理。省高院印发了《江苏省高级人民法院关于适用人身损害赔偿标准有关问题的通知》，规定人身损害赔偿新标准。省高院和江苏省工程造价管理协会印发了《关于建立建设工程价款纠纷联动解纷机制的意见》，有效解决建设工程领域专门性争议问题。省高院出台了《江苏省高级人民法院公安行政案件若干问题审理指南》，统一全省公安行政案件审理裁判尺度。省高院制定了《江苏省高级人民法院全装修商品房买卖合同装修质量纠纷案件审理指南》，细化商品房买卖合同装修质量纠纷案件审理尺度。省高院出台了《关于充分发挥司法职能作用服务保障全国统一大市场建设的指导意见》，充分发挥司法职能作用，为加快建设全国统一大市场提供高质量司法服务和保障。省高院和省司法厅联合印发《诉前调解案件诉讼辅助事项办理工作指南（试行）》，深化诉讼与非诉讼对接机制建设，提升诉前调解工作效能。二是通报法院受理案件情况，加强案件审结工作。2022 年 5 月 11 日，江苏省高级人民法院通报 2021 年度行政审判工作情况：2021 年，全省法院受理各类行政诉讼案件 35687 件，同比增长 6.05%；审结 29231 件，同比增长 13.84%。2022 年 9 月，江苏省高级人民法院通报 2020~2021 年江苏法院公司审判情况：2020 年和 2021 年，江苏法院共新收公司纠纷 19561 件，审结 19047。按地区划分，收案量居前三的地区分别是苏州、南京、无锡，占比分别为 23.93%、18.71%、13.64%。同时，江苏法院还通过集中宣判案件等方式加大特定领域案件审理力度。例如，江苏法院多次集中宣判养老诈骗案件，保护老年人合法权益。三是加强法院执行力度。2022 年 3 月底，江苏法院启动"优化法治化营商环境执行年"1+4 专项行动，助力市场主体纾困解难。7 月，江苏高院精选十件 2021 年各级法院处理的抗拒执行、规避执行典型案例，加大对此类行为的打击力度。四是加强智慧法院建设。2022 年 5 月 30 日，江苏法院公布《江苏智慧法院建设白皮书》，对 2018 年以来江苏全省法院信息化建设进行总结，目前，江苏法院已经初步建成全面覆盖、移动互联、跨界融合、深度应用、透明便民、安全可控的人民法院信息化 3.0 版。

其次，加强检察工作。2022 年，江苏检察机关履行检察职能，加强自身服务，推动高质量发展。

在刑事检察方面，进行审查逮捕和审查起诉，强化刑事诉讼监督和刑罚执行监督。2022年1~9月，全省检察机关共批准逮捕和决定逮捕各类犯罪嫌疑人12716人，共决定起诉60786人，已办理的审查起诉案件中，适用认罪认罚从宽制度审结67742人。2022年1~9月，全省检察机关监督侦查机关实际立案1710件。2022年1~9月，全省检察机关在审查逮捕和审查起诉环节中，纠正侦查机关遗漏提请逮捕及遗漏移送审查起诉同案犯合计2069人。2022年1~9月，全省检察机关共提出刑事抗诉297件，法院同期审结裁判131件，其中采纳抗诉意见改判和发回重审100件。2022年1~9月，全省检察机关对"减刑、假释、暂予监外执行"不当提出书面纠正2288人，对刑事执行活动违法（非监外执行）提出书面纠正3857件，对监外执行活动不当提出书面纠正548人，对财产刑执行履职不当提出书面纠正1580件，对超期羁押提出纠正4人，监督脱管6人、漏管4人。

在民事检察方面，加强对民事审判活动和执行活动的监督。2022年1~9月，全省检察机关共对民事生效裁判提出抗诉75件，提出再审检察建议534件，法院当年改判、调解、发回重审、和解撤诉共298件。2022年1~9月，全省检察机关共对民事审判活动违法行为提出检察建议1147件。2022年1~9月，全省检察机关共对民事执行活动违法行为提出检察建议1651件。2022年1~9月，全省检察机关对民事生效裁判、调解书提出抗诉案件中，涉及虚假诉讼28件；提出再审检察建议案件中，涉及虚假诉讼292件；对民事审判活动检察建议中涉及虚假诉讼45件；对民事执行活动监督检察建议中涉及虚假诉讼73件。

在行政检察方面，加强对行政审判和执行活动的监督。2022年1~9月，全省检察机关对行政生效裁判监督案件，提出抗诉7件，提出再审检察建议11件。2022年1~9月，全省检察机关对行政审判活动违法行为提出检察建议351件。2022年1~9月，全省检察机关对行政执行活动违法行为提出检察建议1269件。2022年1~9月，全省检察机关实质性化解行政争议案件791件。

在公益诉讼检察方面，加强公益诉讼检察力度。2022年1~9月，全省检

察机关共立案审查公益诉讼案件 8558 件，其中，民事 1458 件、行政 7100 件。2022 年 1~9 月，全省检察机关共开展公益诉讼诉前程序 6670 件，其中，民事 1273 件、行政 5397 件。2022 年 1~9 月，全省检察机关共提起公益诉讼 594 件。2022 年 1~9 月，法院裁判支持 467 件、调解结案 132 件，因被告行政单位履行职责、检察机关公益诉讼请求全部实现而撤回起诉 4 件，因刑事附带民事公益诉讼请求全部实现而撤回起诉 15 件。

在未成年人检察方面，加强未成年人检察工作。2022 年 1~9 月，全省检察机关共批准逮捕未成年犯罪嫌疑人 388 人，不捕 314 人。同期，对侵害未成年人犯罪批准逮捕 1565 人。2022 年 1~9 月，全省检察机关共对未成年犯罪嫌疑人决定起诉 617 人，不起诉 252 人，决定附条件不起诉 1090 人。同期，对侵害未成年人犯罪决定起诉 1848 人。

在控告申诉检察方面，积极处理群众信访案件。2022 年 1~9 月，全省检察机关共接收群众信访 48736 件，受理国家司法救助 4716 件，实际救助 4766 人。

在职务犯罪检察方面，加强职务犯罪打击力度。2022 年 1~9 月，受理审查起诉职务犯罪 948 人，经审查后，起诉 778 人，其中处级以上干部 73 人。2022 年 1~9 月，全省检察机关共立案侦查司法工作人员相关职务犯罪 39 件。①

（五）推进市域社会治理现代化建设，提高社会治理法治化水平

首先，积极推动市域社会治理现代化建设。一是推动社会治理立法工作。2022 年，无锡市向社会公开征求对《无锡市社会治理促进条例（草案）》的意见，推动社会治理促进立法工作。二是加强市域社会治理指挥中心建设。镇江市整合了"镇江市社会治安综合治理中心""镇江市网格化服务管理中心""镇江市大数据管理中心""镇江市政府公共热线服务中心"

---

① 《2022 年 1 至 9 月江苏省检察机关主要办案数据》，江苏检察网，http://www.jsjc.gov.cn/jianwugongkai/bxgkcth/202210/t20221031_ 1451442. shtml。

四个中心的原有职能，成立镇江市市域指挥中心，形成功能强大的现代化联动指挥体系，有力地提升了镇江市社会治理能力。三是开展市域社会治理现代化试点工作。一方面，积极推动市域社会治理试点工作验收，如南京市。另一方面，推动省内试点地区纳入全国市域社会治理现代化试点城市，如扬州市获批全国首批市域社会治理现代化试点城市。四是健全市域社会治理现代化运行机制。南通市出台《关于推行"红网格、通通建"筑牢党建根基提升网格化服务管理工作的实施意见》，着力推行"红网格、通通建"工作，构建党建引领下的基层网格融合建设，提升网格化服务管理水平。

其次，积极化解矛盾纠纷。江苏继续强化基层调解工作，特别是利用"苏解纷"非诉服务平台开展矛盾化解工作。一些地方进一步加强行政复议和行政调解对接机制。2022 年 1 月，无锡市市级行政争议调处平台正式启用，县级平台建立 7 家，依托镇（街道）公共法律服务中心（非诉服务中心）先后设立 33 个行政争议调处窗口，"行政复议和行政调解"对接成功案件群众息诉率达到 100%。①

最后，完善公共法律服务工作。2022 年，江苏积极加强公共法律服务工作。一是继续加强公共法律服务中心建设。苏州市姑苏区司法局继续推动司法所新建改造工作，推动所容所貌统一规范和"智慧司法所"建设。二是加强公共法律服务立法和政策工作。2022 年 4 月 13 日，江苏发布《江苏省"十四五"律师行业发展规划》，到"十四五"期末，实现律师行业发展与江苏经济社会发展、人民法治需求相适应的目标，推动江苏律师行业发展继续走在全国前列，努力实现"律师大省"到"律师强省"的跨越。同时，2022 年 9 月 29 日，江苏省人大常委会表决通过了《江苏省公共法律服务条例》。三是开展公共法律服务行动。江苏省司法厅在线上线下集中开展"法润江苏·2022 春风行动"，为困难群众提供法律援助和法律咨询、涉外事务办理等服务。同时，江苏省司法厅部署开展园区公共法律服务"法企对接"

---

① 罗莎莎：《江苏无锡：构建"多元解纷"机制有效化解基层矛盾纠纷》，《法治日报》2022年 8 月 23 日。

活动，组织园区公共法律服务中心、法律服务产业园、法律服务团深入园区企业，对接园区大中型企业、小微企业、园区管理部门，加大仲裁服务企业力度，按照《全域公共法律服务项目清单（试行）》3个大类19个项目指引，积极开展知识产权保护等法律服务，组织开展法治体检，为企业提供法律建议。

（六）积极开展法治宣传工作，加强法治文化建设

首先，加强习近平法治思想学习宣传落实工作。2022年，江苏继续推动习近平法治思想学习宣传落实工作。一是将习近平法治思想作为法治江苏建设的指导思想。各地在法治建设规划和法治建设计划中均体现了对学习宣传习近平法治思想的具体安排。二是积极开展习近平法治思想宣讲活动。各地在学法用法过程中专门安排习近平法治思想专题讲座、报告会，推动习近平法治思想的普及。2022年5月9日，江苏省委举办主题为"习近平法治思想的内在逻辑和实践要求"的学习报告会。三是科学安排习近平法治思想学习方式。各地努力创新习近平法治思想学习机制，采用多样化的学习方式，努力将习近平法治思想和工作实践有机结合。2022年2月17日，南京市委理论学习中心组学习会暨市委全面依法治市委员会2022年第一次会议召开，专题学习《习近平法治思想学习纲要》。

其次，进一步加强法治宣传工作。2022年，江苏法治宣传工作体制机制更加完善。中共江苏省委全面依法治省委员会先后出台了《关于进一步健全普法责任制的意见》，进一步健全普法责任制，深入构建党委领导、政府主导、人大监督、政协支持、部门各负其责、社会广泛参与、人民群众为主体的全民普法领导体制和工作机制。江苏省法治宣传教育工作领导小组办公室印发了《江苏省落实普法责任制联席会议各成员单位2022年法治宣传教育工作联动事项》，明确法治宣传教育联动事项范围。中共江苏省委宣传部、江苏省法治宣传工作领导小组办公室、江苏省司法厅印发《2022年全省普法依法治理工作要点》对2022年普法工作进行部署。在此基础上，江苏积极开展法治宣传工作。2022年4月26日，省委宣传部、省司法厅、省

农业农村厅、省法宣办决定在全省开展第二届"民法典宣传月"活动。此外，先后开展全民国家安全教育日宣传活动和以"学法律护稳定喜迎二十大"为主题的第十六届"农民工学法活动周"活动。一些单位和地方创新工作机制，建立普法基地和普法队伍。江苏高院在高邮建立江苏省高级人民法院服务乡村振兴（高邮）实践基地。无锡市首个湿地自然科普暨普法志愿服务队在无锡大溪港湿地公园成立。

最后，深入推进法治文化建设。2022 年 5 月 27 日，中共江苏省委宣传部、中共江苏省委全面依法治省委员会办公室、江苏省法治宣传教育工作领导小组办公室、江苏省司法厅、江苏省文化和旅游厅、江苏省广播电视局出台《江苏省省级法治文化建设示范点管理办法（试行）》，进一步加强省级法治文化建设示范点的管理，提高省级法治文化建设示范点的建设水平。江苏省农业农村厅出台《关于加强农业农村法治文化建设的通知》，部署全省农业农村法治文化建设重点目标和工作任务。各地主要通过建立法治景观推动法治文化建设，如法治文化公园、法治文化广场、法治文化长廊等。

二　2022年江苏法治建设的若干建设亮点

2022 年，江苏法治建设在 2021 年法治建设基础上不断优化法治建设领导体制和运行机制，全省上下围绕法治江苏建设、法治政府建设和法治社会建设不断谋篇布局，落实年度法治建设计划，为"十四五"开局之年法治建设提供了有力支撑。在此过程中，江苏法治建设表现出若干建设亮点。

（一）在法治建设过程中不断创新创优，为全省乃至全国提供了法治建设各方面样本

江苏在法治建设各个方面敢于争先，许多地方在全省乃至全国范围内均有独树一帜的法治建设举措。例如，在立法方面，江苏在全国范围内率先出台了一系列创制性法规。2022 年 7 月 29 日，江苏省人大常委会通过了《江苏省行政程序条例》、《江苏省哲学社会科学促进条例》和《江苏省对台经

济文化交流合作促进条例》。这三部地方性法规在全国均属首创。值得注意的是，上述三部地方性法规均是在同一次会议上一起通过的。《江苏省行政程序条例》是全国第一部规范行政程序的地方性法规。该条例分为总则，行政程序主体，管辖、协助与回避，行政程序一般规定，行政规范性文件、行政规划、重大行政决策，行政执法，行政指导，行政协议，行政奖励，矛盾纠纷解决，公众参与，行政程序监督以及附则，共 13 章 166 条。《江苏省哲学社会科学促进条例》是我国首部对哲学社会科学领域进行立法的地方性法规。该条例分为总则、机构与人员、学术研究与学科建设、应用研究与成果转化、传播与普及、保障与激励、监督与管理以及附则，共 8 章 46 条。《江苏省对台经济文化交流合作促进条例》则是对台经济文化合作领域所展开的创制性立法，改变了以往以保障台湾同胞权益为立法对象的立法模式。该条例虽然没有分章，共 46 条，但是在机构设置、经济交流、文化交流以及青年交流合作方面进行全面细致的规定。又如，在执法方面，江苏在细化行政执法规则方面也进行了全国性探索。泰州市司法局与泰州市市场监督管理局共同出台了《市场监管领域首违不罚适用规范》，该标准是全国首部首违不罚地方标准。该规范对市场监管领域首违不罚的术语和定义、处罚原则、裁量规则、首违不罚事项及条件清单、执法程序和要求等方面进行了规定。同时，该规范附录清单对 15 大类 50 种违法行为规定了首违不罚条件。在附录中明确规定，违法行为属于初次且危害后果轻微并及时改正的，适用本规范。对触及安全底线，危害人体健康和人身、财产安全以及其他具有从重处罚情节的违法行为，以及在自然灾害、事故灾难、公共卫生、公共安全等突发事件中实施违法行为的，不适用本规范。

（二）围绕中心工作开展法治建设活动

江苏法治建设始终围绕中心工作开展。在立法领域，加强人大制度建设。2022 年，江苏省人大及其常委会对人大及其常委会议事规则进行修改，同时对代表制度、决定制度等方面进行修改。特别值得注意的是，江苏省人大常委会积极运用决定权，制定具有立法性质的决定，推动某一领域工作开

展，如《关于加强经济工作监督的决定》《关于认真落实中央生态环境保护
督察和全国人大常委会环境保护法执法检查整改要求持续改善生态环境质量
的决定》《关于促进学生全面发展的决定》《关于促进科技人才发展的决定》
《关于加强高标准农田建设的决定》《关于加强省级预算审查监督的决定》
等决定。此外，围绕长三角一体化开展工作，协调立法。2022 年 9 月下旬，
上海、江苏、浙江、安徽三省一市分别审议通过《推进长三角区域社会保
障卡居民服务一卡通规定》，四地规定在主要条款、基本格式上保持一致，
均自 2022 年 10 月 1 日起施行。在司法领域，江苏司法机关围绕高质量发
展、营商环境优化、环境保护、未成年人保护等方面议题开展工作，通过发
布白皮书、典型案例以及专项行动，以司法推动经济社会发展。在普法领
域，江苏围绕"八五"普法积极谋篇布局，建章立制，积极推动各地普法
宣传和法治文化建设。

（三）加强数字法治政府建设

2022 年是江苏统筹推进现代数字政府建设的元年。在 2021 年《省政府
办公厅关于印发江苏省"十四五"数字政府建设规划的通知》基础上，省
政府出台了《省政府关于加快统筹推进数字政府高质量建设的实施意见》。
省政府办公厅进一步印发了《江苏省数字政府建设 2022 年工作要点》，对
数字政府建设任务进行部署。为了推动数字法治政府建设，政法部门纷纷出
台有力措施。苏州市司法局基于公证、行政复议、重大行政决策管理、司法
行政指挥中心等四大业务平台，分别建立大数据应用公证服务平台、智慧复
议平台、重大行政决策网上运行系统、司法行政指挥中心平台，推动数字化
和法治化相结合。① 无锡市从三个方面为依法治市提供信息化保障。一是完
善数字法治政府建设法律和规范性文件，先后出台《无锡市公共数据管理
办法》《无锡市使用财政性资金信息化管理办法》《无锡市使用财政性资金

① 《苏州以业务需求为内核驱动数字法治建设》，江苏政府法制网，http：//sft. jiangsu.
gov. cn/art/2022/6/26/art_ 48513_ 10516118. html。

信息化项目网络安全管理规定》《无锡市推动数字经济提速和数字化转型的实施意见》《关于市域社会治理现代化指挥中心系统建设思路》等文件。二是构建数字法治政府建设数据体系，聚焦立法、执法、司法、普法等方面，新建行政执法监督系统、重大行政决策系统，升级公共法律服务系统，特别是依托无锡市市域社会治理现代化指挥中心系统、无锡城市数据底座，对接省厅行政执法监督系统、行政复议系统、法治监测评价系统、法律援助信息管理系统、司法行政一体化智能平台（社区矫正、安置帮教）、后续照管信息化平台，以及无锡市地方性法规政府规章规范性文件信息管理系统、无锡市调解小助手、无锡普法网等业务系统，实现系统联通。三是强化数字法治政府建设科技支撑，做好大数据分析、挖掘、处理和应用，为法治建设提供决策支持。① 江苏省司法厅专门出台《关于落实统筹推进数字政府（智慧法治）高质量建设的实施方案》，明确完善数字政府（智慧法治）体系框架、不断增强全面依法治省能力、积极营造良法善治公平法治环境、有力提升公共法律服务惠民质效、充分释放社会治理机制创新效能、切实发挥信息数据赋能增效作用、积极构建网络安全预警防控体系、建立健全统筹协调推动工作机制等8大类23项重点任务。提出依托数字政府"一朵云、一张网、主平台"主架构，到2025年江苏"智慧法治"建设继续走在全国前列，业务系统覆盖率达到100%，业务数据汇聚率达到100%，业务数据按需共享率达到100%，政务服务"一网通办"率达到100%，非涉密系统等保测评率达到100%，江苏法网服务满意率大于95%，非涉密系统上云率达到95%，基本建成"全面覆盖、深度集成、智能高效、安全可靠"的智慧法治信息化体系。同时，省司法厅成立统筹推进数字政府（智慧法治）高质量建设工作领导小组，负责贯彻落实省委省政府和司法部部署要求，组织推动智慧法治建设各项任务，协调解决有关具体问题。同时，将建立健全项目管理、业务应用、运维服务等机制，强化数据共享和业务协同，推动形成共建共享

---

① 《无锡"三着眼"数字化赋能法治政府建设》，江苏政府法制网，http：//sft.jiangsu. gov.cn/art/2022/4/25/art_ 71919_ 10427944. html。

共用数字生态；加强人才队伍建设，打造实战应用、数据分析、运维保障、网络安全 4 支新军，努力形成智慧法治建设新局面。①

（四）继续做好法治惠民项目实施

法治惠民是江苏法治建设的重要品牌。江苏各级政府纷纷征集并公布法治惠民项目。江苏省委全面依法治省委员会办公室确定了 2022 年江苏省法治惠民实施项目，即新增建设 500 个法律援助工作站点、制定《江苏省公共法律服务条例》、建立完善根治欠薪长效机制、开展无障碍环境建设公益诉讼工作、"法润万家平安同行" 2022 全省公安机关平安法治建设主题巡回宣讲、推动实施省优化营商环境提升行动、文化广场法治惠民 "进社区、进企业、进校园、进乡村" 系列执法服务活动、生态环境损害惩罚性赔偿制度探索、实行省市县三级行政许可事项清单管理、出台全省市场监管领域不予实施强制措施清单。各地依法治市办也相应确定了法治惠民实事项目。盐城市委依法治市办在征集 81 件实事基础上筛选确定了制定出台《盐城市养犬管理条例》、"我为劳资和谐献力"、"云车通" 道路交通事故处理服务新机制、"益心为民" 服务乡村治理、"三叶草" 爱心公证、打造盐城市工伤行政争议预防化解示范点等 30 件实事作为 2022 年盐城市法治惠民实事项目。苏州市委依法治市办发布《2022 年 "关爱民生法治行" 活动实施方案》，明确实施 26 项市级民生法治实事项目。镇江市委依法治市办印发《关于组织实施 2022 年法治惠民实事项目的通知》，公布了 2022 年法治惠民实事项目实施名单。同时，司法行政机关根据本部门情况确定司法行政惠民实事项目。江苏省司法厅经过征集并公布 2022 年司法行政惠民实事项目，即增建 500 个政府法律援助工作站点、新培育 7.4 万名村（社区）"法律明白人"、推动 "援法议事" 城乡基层全覆盖、开展矛盾纠纷 "大排查、大调解、促和谐" 行动、高质量推动涉民生领域行政立法、开展 "产业链+法律

---

① 《省司法厅明确 23 项重点任务推动法治工作数字化智慧化转型》，江苏政府法制网，http：//doj. jiangsu. gov. cn/art/2022/6/2/art_ 48526_ 10469486. html。

服务"联盟行活动、深化公证便民服务、提升公共法律服务质效、强化基层行政执法行为专项监督、加大小微企业精准法律服务力度。各地司法行政部门也结合省司法厅项目公布了2022年司法行政法治惠民实事项目。通过法治惠民实事项目,不断推动法治建设和民生建设有机融合。

（五）抓好普法责任制落实

普法责任制是推动法治建设的重要载体。2022年5月,江苏省委全面依法治省委员会印发《关于进一步健全普法责任制的意见》,强化"谁执法谁普法"普法责任,推行立法制规过程普法,推行"谁管理谁普法""谁服务谁普法",深入构建党委领导、政府主导、人大监督、政协支持、部门各负其责、社会广泛参与、人民群众为主体的全民普法领导体制和工作机制。该意见明确党委工作部门、人大及其常委会工作机构、政府部门、政协机关、审判机关、检察机关、工会、共青团、妇联等群团组织,以及国有企业、教育、科研、文化、医疗卫生、体育等单位在落实普法责任制中的具体责任分工。同时,明确了七项重点工作,即加强政治引领,深入开展习近平法治思想学习宣传;聚焦重点内容,聚力服务开创江苏现代化建设新局面;进一步强化"谁执法谁普法",把普法融入执法、司法过程;推行立法制规过程普法,把普法融入法规规章和规范性文件起草制定环节;推行"谁执法谁普法",把普法融入本系统教育管理监督各方面;推行"谁执法谁普法",把普法融入法律服务领域;大力创新普法工作方式方法,提升全民普法针对性实效性。为了落实此项制度,2022年4月起,按照江苏省委全面依法治省委员会办公室部署,省法宣办、省司法厅联合省委宣传部等牵头实施普法责任制落实情况专项检查活动,省落实普法责任制联席会议33个成员单位对照《江苏省国家机关"谁执法谁普法"普法责任制落实评估标准》,对2021年度普法责任制落实情况进行全面自查、实地评议和集中评议。① 各地进一步落实普法责任制。徐州市委依法治市办制定《关于进一步

---

① 《江苏专项检查普法责任制落实》,《法治日报》2022年7月27日。

健全普法责任制的实施意见》，突出"八个"重点工作。徐州市铜山区进一步出台《铜山区国家机关"谁执法谁普法"普法责任制履职评议实施办法》，并制定《铜山区 2022 年普法月历》，构建"事前提醒""事中督办""事后评议"全流程闭环工作链，压实国家机关普法责任制。常州市鼓楼区制定《关于全面落实"谁执法谁普法"普法责任制实施方案》，成立了"谁执法谁普法"工作领导小组，将"谁执法谁普法"责任制纳入"八五"普法规划，制定普法责任清单，落实普法责任制提醒告示制度，明确各执法部门具体普法责任田。

（六）通过典型案例推动经济社会发展

首先，行政执法部门围绕行政重点领域公布行政执法指导案例。江苏省邮政管理局对 2021 年全省邮政市场行政处罚案件进行梳理，选取部分行政许可类、安全生产类典型案例向邮政、快递企业省公司进行书面通报。江苏省文化和旅游厅在 2021 年公布两批旅游市场行政执法指导案例的基础上，2022 年公布了第三批旅游市场行政执法指导案例，包括不合理低价游、未经许可经营旅行社业务等 15 个案例。苏州市司法局发布第一批 6 个优化营商环境行政执法典型案例，推动改进行政执法方式，优化法治化营商环境。

其次，审判机关围绕经济社会热点问题发布典型案例。2022 年 4 月 19 日，省高院发布 2021 年度推进知识产权诚信体系建设 10 件典型案例，公布对知识产权领域严重违背诚实信用原则和公认商业道德的行为做出的裁判。2022 年 4 月 28 日，江苏省高院筛选出 2021 年度全省法院审结的劳动人事争议十大典型案例，涉及疫情防控时期劳动关系的处理、网络主播劳动关系的认定和女职工、职业病患者特殊权益的保护等人民群众关心的民生热点问题。5 月 16 日，省高院发布涉外、涉港澳台商事典型案例（2018～2021年），推动优化市场化、法治化、国际化营商环境。2022 年 6 月 6 日，省高院发布 2021 年度江苏环境资源审判白皮书及 2021 年度江苏省高院环境资源典型案例。2022 年 6 月 16 日，江苏省高院发布一批助力中小微企业发展优

化营商环境的典型案例。2022年6月24日，江苏省高院发布《江苏法院禁毒工作白皮书（2017—2021）》，并公布6起毒品犯罪典型案例。6月30日，江苏省高级人民法院、中国法学会案例法学研究会江苏研究基地联合发布第四批江苏法院弘扬中华优秀传统文化典型案例。省高院与省消费者权益保护委员会联合发布2021年以来消费者权益保护典型案例。此外，江苏省高院还发布了2021年江苏法院破产审判典型案例。

最后，检察机关围绕重点领域发布典型案例。2022年6月5日，江苏省检察院发布打击破坏长江生态环境犯罪典型案例。2022年6月24日，省检察院举行江苏省检察机关惩治和预防新型毒品犯罪新闻发布会，发布7个典型案例。5月，江苏省检察院发布"依法保障未成年人合法权益工作"典型案例。2022年1月，江苏省检察机关还发布了保障农民工工资支付工作典型案例。7月，省检察院、省住建厅、省残联联合发布无障碍环境建设检察公益诉讼典型案例。11月，省检察院举行江苏省检察机关开展江河湖海生态环境和资源保护公益诉讼工作新闻发布会，发布5个典型案例。此外，徐州铁路运输检察院召开环境资源案件集中管辖五周年新闻发布会，并发布典型案例，总结环境资源检察工作规律，凝聚生态环境司法保护合力，自觉接受社会监督。南京铁路运输检察院召开集中管辖知识产权检察工作新闻发布会并发布典型案例，总结知识产权检察工作，增强社会知识产权保护意识，推动形成依法保护知识产权、服务保障创新驱动发展的良好司法环境和社会氛围。

三 2023年江苏法治建设展望

江苏法治建设进行了周密部署，开展了大量的活动，但是法治建设始终面临着新的任务。特别是2022年中央对各省法治建设进行了督察。2022年7月20~29日，中央依法治国办市县法治建设工作督察第三督察组对江苏省南京市、苏州市、南通市、盐城市及其所辖县市区法治建设工作情况进行督察。其说明市县法治建设工作已经成为当前法治建设的重要领域。同时，7 月 30~31 日，中央依法治国办调研组在江苏就深入学习贯彻习近平法治思想、推动法治工作服务保障经济社会发展进行调研。其也说明法治建设在经济社会发展过程中具有重要地位。因此，对照江苏法治建设规划，结合 2022 年法治建设总体情况，有必要对江苏 2023 年法治建设进行展望。

（一）2023年法治江苏建设展望

《法治江苏建设规划（2021—2025 年）》对 2022 年法治江苏建设提出了若干任务，主要有：（1）强化对权力运行的制约和监督，研究制定江苏省行政程序条例；（2）全面建设现代化诉讼服务机制，2022 年底前全面实现诉讼服务"就近能办、同城通办、异地可办"；（3）完善社区矫正制度，修订《江苏省社区矫正工作条例》；（4）加快公共法律服务实体平台、热线平台、网络平台有机融合，建设覆盖全业务、全时空的法律服务网络，2022 年前在全国率先基本建成现代公共法律服务体系；（5）2022 年底前形成公正权威、统一高效的行政复议工作体制。截至目前，《江苏省行政程序条例》已经制定，《江苏省社区矫正工作条例》正在修订，而现代化诉讼服务机制、现代公共法律服务体系、行政复议工作体制基本形成。2022 年法治江苏建设开局良好，但是法治江苏建设任务依然繁重。2023 年法治江苏建设要继续抓好以下工作。一是学习宣传贯彻党的二十大精神，深刻领会党的二十大对法治建设的决策部署，并将其融入法治江苏建设。二是按照《法治江苏建设规划（2021—2025 年）》分工方案做好 2023 年法治江苏建设任务。尽管《法治江苏建设规划（2021—2025 年）》没有对 2023 年法治江苏建设任务提出具体时间节点，但是其分工方案明确了各部门完成任务的时间节点。这就要求各部门各地区要按照规划要求把握时间节点，科学安排法治建设任务。三是加强市县法治建设工作。目前，中央依法治国办正对市县法治建设工作进行督察。市县法治建设是法治江苏建设的重要落脚点。江苏既要抓好设区市法治建设工作，也要积极推动县市区法治建设工作，实现省市县三级法治建设联动发展的建设格局。

（二）2023年法治政府建设展望

《江苏省贯彻落实〈法治政府建设实施纲要（2021—2025年）〉实施方案》对2022年法治政府建设提出了具体任务要求：（1）建设法规规章行政规范性文件统一公开查询平台，2022年年底前实现省级现行有效地方性法规、政府规章、行政规范性文件统一公开查询；（2）加快推进"互联网+监管"系统、公共信用信息共享平台等信息化系统数据自动对接，2022年年底前实现各方面监管平台数据的联通汇聚。就法规规章行政规范性文件统一公开查询平台而言，江苏省司法厅官方网站提供了地方性法规的链接服务，同时对现行有效规章、行政规范性文件和政策文件提供了查询渠道。就监管平台数据联通而言，江苏省政务办牵头建立省市县三级"互联网+监管"体系，已经建立了覆盖省市县三级风险预警线索处办机制，利用省"互联网+监管"风险预警系统，实时接收国家系统下发和省级部门产生的预警线索，根据线索所属地区和领域自动分发至相关监管部门处办、反馈，实现线索闭环管理，同时推进监管事项清单标准化和规范化，并强化监管数据的归集共享应用。[①] 同时，《江苏省贯彻落实〈法治政府建设实施纲要（2021—2025年）〉实施方案》对2023年完成的法治政府建设任务予以明确：（1）加强行政执法监督机制和能力建设，探索建立常态化执法监督机制，2023年底前基本建成比较完善的覆盖省市县乡的行政执法协调监督工作体系；（2）加强基层政府政务公开工作机制、公开平台、专业队伍建设，到2023年，基层政务公开标准体系基本覆盖基层政府行政权力运行全过程和政务服务全流程；（3）统一行政执法人员资格管理，2023年底前实现除中央垂直管理部门以外行政执法人员资格考试、证件制发、在岗轮训等工作的省级统筹。这些任务要在2023年全部完成。由于法治政府建设是江苏法治建设的主要部分，因此，2023年法治政府建设要从以下方面入手。一是按照时间节点

---

① 沈汝发：《"让数据流动起来创造更大价值"："数字江苏"的实践观察》，《新华每日电讯》2022年6月1日。

完成 2023 年法治政府建设目标。就行政执法监督而言，要加强行政执法监督工作，在总结各地行政执法监督经验基础上，修改 1995 年制定的《江苏省行政执法监督办法》。就基层政务公开标准体系建设而言，要按照 2020 年《省政府办公厅关于全面推进基层政务公开标准化规范化工作的实施意见》，积极推动省市县乡四级政务公开标准化规范化工作。就行政执法人员资格管理而言，要加强行政执法人员证件管理，修改 1995 年制定的《江苏省行政执法证件管理办法》。二是按照《江苏省贯彻落实〈法治政府建设实施纲要（2021—2025 年）〉实施方案》要求，各部门各地区要瞄准法治政府建设各项任务时间节点，统筹协调安排 2023 年法治政府建设任务。三是以省级法治政府建设示范市县创建为抓手，推动各地法治政府建设任务落实。要按照《江苏省法治政府建设示范指标体系》开展创建工作，同时也要结合法治政府建设实施方案各项任务，有效提高全省法治政府建设水平。

（三）2023年法治社会建设展望

《江苏省法治社会建设实施方案（2021—2025 年）》没有明确法治社会建设任务的时间节点，由于法治社会建设在江苏法治建设中具有基础性地位，因此，加强法治社会建设既要注重政府与社会的关系构建，也要发挥线上和线下的结合作用。从 2022 年江苏法治社会建设情况来看，江苏法治社会建设取得了一系列成绩，但是引起关注的社会事件仍然存在，如徐州"丰县生育八孩女子"事件、苏州和服风波、南京玄奘寺供奉侵华日军战犯牌位事件等，其均说明法治社会建设任重而道远。2023 年，江苏法治社会建设要从以下四个方面入手。一是按照法治社会建设实施方案分工方案开展工作。制定法治社会建设实施方案的省级部门和设区市要按照分工方案落实各项重要法治社会建设任务，按照时间节点出台年度法治社会建设措施。二是以市域社会治理现代化建设为抓手，推动社会治理法治化建设。各地要建立市域社会治理现代化指挥中心，完善市域社会治理现代化运行体制，根据城市和乡村特点推动社会治理建设，实现城乡治理融合式发展。三是积极开展法治社会领域创建活动。要积极开展"民主法治示范村（社区）"建设，

推动法治乡村建设。要深化"诚信守法示范企业"建设，推动企业完善规章制度。四是加强网络空间依法治理。要加强网络空间领域立法建章工作，完善网络空间立法和规章制度；提高网络空间领域执法能力，依法打击整治网络违法犯罪，及时处理网络违法行为和不良信息。只有从观念、意识和行为等多个层面采取各种有力措施，才能提高江苏法治社会建设水平。

B.13
江苏党的建设分析与展望

束 锦 黄 科*

摘 要： 中国共产党是中国特色社会主义事业的领导核心，在全面建设社会主义现代化国家新征程上，必须以奋发有为的姿态持续推进党的建设新的伟大工程。2022 年，江苏坚持和加强党的全面领导，贯彻落实新时代党的建设总要求，纵深推进全面从严治党，以党的政治建设为统领，全面加强党的建设，深入推进反腐败斗争，为江苏经济社会高质量发展奠定了坚实的政治基础。在省委的坚强领导下，全省各地在党建领域涌现出诸多创新举措和特色亮点。站在新的历史起点上，进一步提高党的建设质量既是坚持党的自我革命的内在逻辑，也是推动"强富美高"新江苏现代化建设新篇章的实践要求。

关键词： 全面从严治党 政治建设 组织建设 廉洁江苏

全面建设社会主义现代化国家、全面推进中华民族伟大复兴，关键在党。2022 年，江苏坚决扛起"全面从严治党"首先提出地的重大政治责任，始终坚持全面从严治党，勇于自我革命，把党的建设融入各项工作，在前所未有的风险挑战中、在统筹疫情防控和经济社会发展的大战大考中，江苏各级党组织的战斗堡垒作用和广大党员干部的先锋模范作用得到充分彰显。习近平总书记在党的二十大报告中指出："决不能有松劲歇脚、疲劳厌战的

---

* 束锦，江苏省社会科学院马克思主义研究所副所长、研究员；黄科，江苏省社会科学院马克思主义研究所副研究员。

情绪，必须持之以恒推进全面从严治党，深入推进新时代党的建设新的伟大工程，以党的自我革命引领社会革命。"① 这体现了我们党对严峻复杂考验的清醒认识、对以党的自我革命引领社会革命的高度自觉。奋进新征程，江苏要始终牢记习近平总书记的殷殷嘱托，坚持全面从严治党永远在路上、党的自我革命永远在路上，以伟大自我革命引领伟大社会革命，为更好"扛起新使命、谱写新篇章"而团结奋斗。

一 江苏全面加强党的建设的总体做法和实践成效

2022年，江苏坚持以党的政治建设为统领，推动全省各级党组织从严从紧抓好党的各项建设，全省党员干部的政治判断力、政治领悟力、政治执行力不断提高；以党的思想建设为基础，深入学习领会贯彻新时代党的创新理论，广大党员干部的理想信念更加坚定；以大抓基层为导向，不断加强党的组织建设，党的组织体系得到巩固发展；以廉洁江苏建设为抓手，纵深推进党风廉政建设和反腐败斗争，风清气正的政治生态进一步形成和发展。江苏全面加强党的建设取得了明显成效，全省各级党组织的凝聚力、战斗力不断增强，广大党员干部勇于担当作为、善于创新创造。

（一）以党的政治建设为统领，推动全省各级党组织从严管党治党

壹引其纲，万目皆张。旗帜鲜明讲政治是我们党作为马克思主义政党的根本要求。党的百年奋斗史为我们揭示了一个深刻道理，只有全面加强党的政治建设，才能在新时代新征程上取得更加伟大的成就和胜利。政治方向在我们党的生存发展中是第一位的问题，党的政治建设决定了党的建设的根本方向和实际效果，事关党的前途命运和事业兴衰成败。

江苏始终坚持高度的政治自觉和强烈的责任担当，把政治建设摆在首

---

① 习近平：《高举中国特色社会主义伟大旗帜 为全面建设社会主义现代化国家而团结奋斗——在中国共产党第二十次全国代表大会上的报告》，人民出版社，2022，第64页。

位，贯穿党的建设全过程，融入经济社会发展各方面。江苏省委切实担负起全省党的政治建设工作主体责任，层层传导、压紧压实，推动全面从严治党在江苏向纵深发展。党中央集中统一领导是党的领导的最高原则，加强和维护党中央集中统一领导是全党共同的政治责任。① 加强党的政治建设，最重要的是坚决维护党中央权威和集中统一领导。省委持续深入学习《关于新形势下党内政治生活的若干准则》《中共中央关于加强党的政治建设的意见》等党内规章制度，就江苏加强党的政治建设提出明确要求和具体意见，坚决扛起维护党中央权威和集中统一领导的政治责任，把坚决贯彻中央决策部署、确保政令畅通作为鲜明政治要求，推动全省党员干部严格遵守政治纪律和政治规矩。积极引导全省广大党员增强"四个意识"，在政治立场、政治方向、政治原则、政治道路上同以习近平同志为核心的党中央保持高度一致，确保党中央大政方针和决策部署在江苏全面贯彻执行，以体现政治站位的实际行动忠诚拥护"两个确立"，不断提高各级各类党组织和党员干部坚决做到"两个维护"的政治自觉、思想自觉和行动自觉。

（二）以党的思想建设为基础，深入学习贯彻新时代党的创新理论

思想是行动的先导，理论是实践的指南。作为党的基础性建设，坚定理想信念是党的思想建设的首要任务。马克思主义是中国共产党人理想信念的灵魂。习近平新时代中国特色社会主义思想是当代中国马克思主义、21世纪马克思主义，是新时代中国共产党的思想旗帜和行动指南。

江苏历来高度重视党的思想建设，将党的创新理论作为思想武装的重中之重。近年来，江苏建设江苏省中国特色社会主义理论体系研究中心及16家研究基地、29个省重点新型智库，不断强化各类平台的思想引领和凝聚合力作用。2021年底，江苏省习近平新时代中国特色社会主义思想研究中心正式成立，成为全省广大党员干部进一步学习宣传、研究阐释新时代党的创新理论的重要阵地。该中心成立运行以来，坚持以习近平新时代中国特色

---

① 《中共中央关于党的百年奋斗重大成就和历史经验的决议》，人民出版社，2021，第28页。

社会主义思想为指导，紧紧围绕党中央决策部署，立足江苏经济社会发展实际，以重大理论问题阐释、重大现实问题研究、重大实践经验总结为重点，在《人民日报》《光明日报》《经济日报》《红旗文稿》等重要报刊上发表了《始终贯彻党的群众路线》《坚持以中国式现代化推进中华民族伟大复兴》《淬炼自我革命锐利思想武器》《新时代十年伟大变革在中华民族发展史上的里程碑意义》等一系列精品力作，举办了"坚持生态优先绿色发展"等一系列有影响力的理论研讨会。在江苏省社会科学院、江苏省委党校、南京大学等机构设立了一批理论研究基地，在南通市海安市、盐城市大丰区等地设立了一批实践调研基地以及一批宣传普及基地。初步打造出具有重要影响力的新时代党的创新理论研究高地，为新时代江苏党的建设和现代化建设提供了坚强的理论支撑。

加强思想建设要做到不断学习、善于学习。习近平总书记指出："学习理论最有效的办法是读原著、学原文、悟原理，强读强记，常学常新，往深里走、往实里走、往心里走，把自己摆进去、把职责摆进去、把工作摆进去，做到学、思、用贯通，知、信、行统一。"① 2022 年 4 月，江苏专门印发《关于推动党史学习教育常态化长效化的实施意见》，引导全省党员干部深入学习贯彻习近平新时代中国特色社会主义思想和党的十九届六中全会精神，有力推动了全省党史学习教育常态化、长效化。2022 年 6 月，《习近平谈治国理政》第四卷出版发行，该著作集中展现了马克思主义中国化的最新成果，是全面系统反映习近平新时代中国特色社会主义思想的权威著作。江苏省委高度重视《习近平谈治国理政》第四卷的学习宣传教育工作，及时印发《省委宣传部、省委组织部关于做好〈习近平谈治国理政〉第四卷学习教育工作的通知》并就相关事宜做出具体部署安排。江苏把《习近平谈治国理政》第四卷列入党员干部必读书目，在各级党委（党组）理论学习中心组的示范带动下，全省各级党组织和党校（行政学院）、干部学院、高校、党委讲师团、新时代文明实践中心、社科理论界等有关部门和平台通

---

① 习近平：《坚持用马克思主义及其中国化创新理论武装全党》，《求是》2021 年第 22 期。

过开展专题学习、教学培训、宣传宣讲、研讨交流、理论阐释等多种方式在全省营造了学习宣传《习近平谈治国理政》第四卷的浓厚氛围，切实推动全省上下更加深入地学习贯彻习近平新时代中国特色社会主义思想并努力把学习成果转化为"扛起新使命、谱写新篇章"的工作举措和实际成效。

（三）以大抓基层为鲜明导向，不断加强党的组织体系建设

2022年，江苏坚定执行新时代党的组织路线，认真贯彻地方党委和党组工作条例，坚持以大抓基层为鲜明导向，以提升组织力为重点，推动党的组织和党的工作全覆盖，持续健全和建强组织体系，奋力把各级党委建设成坚决听从党中央指挥的坚强组织，把各领域基层党组织建设成实现党的全面领导的重要基础。

严密的组织体系是我们党的优势所在，坚强的基层组织是我们党的力量所在。根据江苏省委组织部2022年7月发布的党内统计数据，江苏共有中国共产党党员549.59万名，其中具有大专及以上学历的党员294.09万名，35岁及以下党员134.25万名；基层党组织26.99万个，其中基层党委1.22万个，总支部2.31万个，支部23.45万个。全省共有党的各级地方委员会109个，全省518个城市街道、719个乡镇、7561个社区（居委会）和13639个行政村已建立党组织，党组织的覆盖率超过99%。全省共有机关基层党组织3.88万个，事业单位基层党组织5.24万个，企业基层党组织9.24万个，社会组织基层党组织0.85万个，党组织基本实现应建尽建。以上数据表明，江苏省党员队伍不断发展壮大，党员队伍结构持续优化，整体素质明显提升，党的组织体系更加坚强有力，彰显了江苏的组织优势和政治优势。

在党的组织建设领域，江苏既有"一年抓几件事"的冲劲，也有"几年抓一件事"的韧劲。在党的组织体系中，党的基层组织是党的肌体的"神经末梢"，是确保党的路线方针政策和决策部署得到贯彻落实的"最后一公里"。2019年以来，江苏大力实施基层党建"五聚焦五落实"三年行动计划，以30个重点项目为牵引，坚持不懈抓基层、打基础、固基本，全省

基层党建工作取得了显著成绩。在此基础上，2022年省委出台《新时代江苏基层党建"五聚焦五落实"深化提升行动计划（2022—2026年）》，确定了34个切口小、有价值、能落地的重点项目，部署实施基层党建"五聚焦五落实"深化提升行动，坚持"基本组织、基本队伍、基本活动、基本制度、基本保障"五位一体、整体推进，进一步推动江苏基层党建全面进步、全面过硬。

2022年，江苏组织推进和大力完善"乡镇（街道）党（工）委—村（社区）党组织—网格（村、居民小组）党组织—党员中心户（楼栋长）"四级组织架构。在新经济组织和新社会组织领域稳步推进互联网企业、律师行业、开发园区、商圈等板块和条线的党建工作，扎实推动党的工作和组织有形覆盖、有效覆盖。在国企领域进一步完善党组织"把方向、管大局、促落实"运行机制，着力推动党建工作与生产经营之间的有机融合。在机关部门领域，深入落实党和国家机关基层组织工作条例，努力破解"灯下黑"问题。在事业单位领域，重点抓好高校、中小学校、公立医院等方面的党建工作。通过基层党建"五聚焦五落实"深化提升行动，江苏党的组织体系更加严密，更加完善。各级基层党组织充分发挥总揽全局、协调各方的优势，以党建引领推动了城乡基层治理水平的提升。

（四）以廉洁江苏建设为抓手，纵深推进党风廉政建设和反腐败斗争

党风廉政建设和反腐败斗争关乎党心民心，反对腐败、建设廉洁政治，维护党的肌体的健康和纯洁，始终是我们党一贯坚持的鲜明政治立场。近年来，江苏以建设人民满意的廉洁江苏为党风廉政建设和反腐败工作的目标指向和具体抓手，激浊扬清、正本清源，持之以恒推动党风政风持续好转。

2022年，江苏始终保持严的主基调，坚持严惩腐败与严密制度、严肃教育紧密结合，一体推进"三不腐"，把反腐败斗争引向深入。江苏坚持严惩腐败不手软，重点查处党的十八大以来不收敛、不收手，问题线索反映集中、群众反映强烈，政治问题和经济问题交织的腐败案件，不敢腐的震慑作用持续发威。坚持制度建设不放松，坚持以案促改、以案促治，制定和完善

"小特精"制度，切实解决案件背后的体制机制问题，使得不能腐的笼子扎得更牢。坚持教育引导不懈怠，通过用好周恩来纪念馆、雨花台烈士陵园、新四军革命历史遗存以及省党风廉政警示教育基地等各类廉政教育资源和定期通报典型案例，深化日常廉政教育，督促各级党组织和广大党员干部以案为鉴、见贤思齐，筑牢拒腐防变的思想防线，增强党员干部不想腐的观念自觉。

江苏坚持驰而不息纠正"四风"，锲而不舍落实中央八项规定精神，坚决纠治贯彻党中央重大决策部署中的形式主义、官僚主义顽疾，严肃整治损害党的形象、群众反映强烈的享乐主义、奢靡之风。根据江苏省纪委监委发布的数据，经过整理分析统计，2022 年以来，截至 9 月底，江苏共查处违反中央八项规定精神问题 3846 起，批评教育帮助和处理 5217 人，其中给予党纪政务处分 4876 人。从问题类型看，查处形式主义、官僚主义问题 1442 起、批评教育帮助和处理 2088 人，查处享乐主义、奢靡之风问题 2404 起、批评教育帮助和处理 3129 人。从人员级别看，批评教育帮助和处理市厅级干部 2 人、县处级干部 272 人、乡科级及以下人员 4943 人。江苏始终坚持查处与治理同向发力，不仅加大典型案例通报曝光力度，而且在查处案件的同时，深入剖析个案背后的政治意识不强、政绩观偏差、发展观扭曲等问题。这种综合施治的方式产生了良好的效果，持续释放了落实中央八项规定精神越往后盯得越紧、执纪越严的强烈信号，推进党风政风和社会风气持续好转。

2022 年，全省纪检监察机关坚决贯彻习近平总书记关于党风廉政建设和反腐败斗争的重要指示精神和党中央决策部署，认真落实省委部署要求，以自我革命精神强化自身建设，规范履行职责，坚定不移正风肃纪反腐，围绕中心服务大局精准监督，高质量推进巡视巡察全覆盖，使得以监督保障执行和以监督促进发展的重要作用进一步发挥，在实践中有力推动了廉洁江苏建设，为全省高质量发展大局提供了有力保障。

二 江苏在党的建设领域的创新举措和特色亮点

2022 年，江苏不仅在各个环节全面推进党的建设，而且在学习宣传贯

彻党的创新理论、新兴领域党建工作、党建引领乡村振兴和廉洁文化建设等诸多领域涌现出不少创新举措并呈现一系列特色亮点。

（一）高扬思想旗帜，多方位推进党的创新理论深入人心

江苏始终坚持把学习宣传贯彻党的创新理论特别是习近平新时代中国特色社会主义思想作为首要政治任务。近年来，江苏不断创新思路、拓展渠道、完善制度，多措并举推动理论武装走深、走实、走心。全省各地通过创建平台、创新模式、创立机制等方式丰富理论传播方法，有效宣传阐释马克思主义中国化的最新理论成果，努力使党的创新理论更好地武装广大党员干部，引导青年群体，同时，也推进了党的创新理论"飞入寻常百姓家"。

基层理论宣讲工作是推动党的创新理论和路线方针政策深入基层、深入群众、深入人心的重要途径。近年来，南京市"梧桐论语"理论宣讲坚持面向基层、深入群众，取得了良好成效。2022年以来，南京市通过整合市级"梧桐论语"理论宣讲团、"一区一品"理论宣讲团，以及市委党史办"南京党史宣讲辅导团"、市总工会"南京市劳模工匠宣讲团"、团市委"青年讲师团"、市妇联"南京市红色巾帼志愿宣讲团"、市关工委"思想道德教育讲师团"、雨花台烈士陵园管理局"雨花英烈事迹宣讲团"、市记协"'蓝莓'新闻工作者宣讲团"等宣讲资源，打造了"梧桐论语"理论宣讲联盟，从而构建了多元融合的理论宣讲队伍体系。2022年，该宣讲联盟的专家学者和"百姓名嘴"纷纷走进机关单位、高等学校、企业园区、街道乡村，围绕习近平新时代中国特色社会主义思想、党的百年奋斗史、中国式现代化道路、抗击新冠肺炎疫情等主题进行理论宣讲，开展互动交流，使理论宣讲"声"入人心，提升了理论宣讲的传播力、引导力和影响力。

我们党一贯重视培养和发展青年党员，青年群体是党的创新理论传播的重要对象。近年来，苏州市昆山市聚焦青年思想政治引领，大力实施"青年讲师团"计划，结合"青年大学习"主题团课，依托"青年学习社"等阵地，对习近平新时代中国特色社会主义思想、党的十九大以及十九届中央

历次全会精神、习近平总书记在庆祝中国共产主义青年团成立100周年大会上的重要讲话精神等开展常态化理论宣讲超530场，覆盖青年近3万人，持续发出青年好声音，传播青春正能量。昆山市积极组织"青年讲师团"成员进学校、进企业、进农村、进社区，对不同领域、不同行业和不同年龄段的青年开展有针对性的宣讲。2022年，昆山市推进实施昆山理论宣讲名师"青苗"培育行动计划，持续擦亮"青年讲师团"品牌，广泛遴选和培育优秀青年宣讲员，创新打造宣讲课程及产品，开展"青春礼赞新时代、青年追梦复兴路"主题宣讲活动，用"青言青语"讲好党的创新理论，引导广大青年听党话、跟党走，积极奉献祖国、服务人民。

（二）探索新兴领域党建工作，织密建强党的基层组织体系

建强党的组织体系，推进党组织有效覆盖是重要前提。近年来，江苏加大非公有制经济组织、社会组织党建工作力度，扩大党组织和党的工作覆盖面，不断织密党的基层组织体系。2022年，江苏切实推进非公企业党组织"五进"工作（党的理论进企业、党的建设进章程、党的骨干进高管、党的工作进班组、党建成效进考核），把党的领导融入企业和组织生产经营发展全过程，确保两新组织正确的发展方向。推进新业态新就业群体党建工作，加强和改进行业协会商会党建工作，探索开展产业链党建，强化社区物业党建联建，以赋能成长为导向，扎实开展两新组织党务工作者专业化建设，持续优化两新党建工作环境。

近年来，依托互联网平台经营的新业态经济发展迅猛，快递、外卖配送、网约车等行业的新就业群体迅速壮大，做好新业态新就业群体党建工作，已经成为党建工作的新趋势和新要求。2022年，江苏以习近平总书记关于加强对新就业群体关注关爱的重要论述为指导，认真做好该领域的党建工作，以快递业党建为突破口，积极开展探索创新，不断扩大党在新兴领域的号召力和影响力。

2022年，江苏在深入推进全面从严治党的过程中，始终坚持制度治党、依规治党，把制度建设贯穿到党的建设各项工作中去。党内法规是管党治党

的重要依据，加强党内法规制度建设是全面从严治党的长远之策、根本之策。江苏历来高度重视党内法规制度建设工作，按照"规范主体、规范行为、规范监督"相统筹相协调原则，以党章为根本遵循，坚持立改废释并举，持续推进党内法规制度建设。2022年3月，江苏专门召开全省党内法规工作会议，推动全省各级党组织切实增强依规治党的自觉性和坚定性，把牢正确政治方向，围绕中心服务大局，高质量推进党内法规制度建设，统筹做好法规制定完善、贯彻执行和宣传教育等各项工作，切实发挥党内法规对全面从严治党的引领保障作用。2022年3月，省级层面出台《关于推进快递业党建工作的指导意见（试行）》，从建立健全快递业党建工作领导体制和工作机制、强化快递企业党组织政治功能、提升快递业党的组织和工作覆盖质量、拓展快递业党组织和党员发挥作用的有效途径、突出抓好头部企业和快递业集聚区党建工作、切实加强对快递业党建工作的组织领导等6个方面提出了明确要求，加强和规范了全省的快递业党建工作，推动了快递行业高质量发展、高效能治理。

当前，在无锡从事快递、外卖、网约车等工作的人口已达12万左右。根据新业态行业特性和新就业群体特征，2022年以来，无锡市系统推进该领域党建工作，构建了以3个行业党群服务中心为主阵地、N个"小蜜蜂驿站"为延伸、各类特色阵地为支撑的"3+N+X"新业态新就业群体党建阵地集群。无锡在市快递产业园和成达物流园，分别打造了全省首个市级快递、道路货运行业党群服务中心，在外卖流量最大的市中心建设了外卖配送行业党群服务中心。在快递员、外卖员和网约车司机途经频率高、便于停车的村（社区）党群服务中心、银行网点、加油站等地点设置了685个"小蜜蜂驿站"，把党建阵地建在新就业群体最需要的地方。无锡市以关心关爱新就业群体为切入点，不断优化党建阵地的政治功能和服务功能，在全方位、精细化服务过程中，增强了新业态新就业群体党员的身份感和认同感，把新就业群体紧紧凝聚在党组织周围。淮安市把党建引领作为凝聚新就业群体、服务新业态企业、推动新经济发展的重要引擎，探索建立"行业+地方"工作责任体系、"实体+功能"组织覆盖体系、"固定+流动"党员管理体系，在织密基层组织网络的基础上，带动新就业群体在助力疫情防控、乡村振兴、基层治理等方面发挥了积极作用。

（三）坚持党建引领乡村振兴，将党的政治优势和组织优势转化为乡村治理效能

农村基层党组织是党在农村全部工作和战斗力的基础，在全面推进乡村振兴中发挥引领作用。近年来，江苏各地积极探索党建引领乡村振兴的实现路径，在实践中开创了各具特色的做法，取得了良好的成效。

近年来，镇江通过党建引领探索乡村振兴之路，取得了一系列丰硕成果。从赵亚夫指导句容市天王镇戴庄村创立"党支部+合作社+农户"模式起，镇江农村地区就开始探索发展"党支部+"的有效做法，逐渐形成了"党建引领、党员带动、村民参与"的富民模式。2021 年，在镇江市委组织部和农业农村局党委的关心支持下，亚夫团队工作室功能性党支部正式成立，党支部以"亚夫精神"为引领，以科技资源为载体，助力小农户生产经营技术推广，为蔬菜、稻米等产业发展提供科技支撑。成立以来，由"全国脱贫攻坚楷模"赵亚夫领衔的亚夫团队工作室功能性党支部成员在句容市的果园里、稻田边为当地农民讲授了一场场"沉浸式微党课"，内容涉及"稻鸭共作""枇杷蜜蜂共作""种养结合绿色循环农业模式"等。截至2022 年 7 月，亚夫团队工作室功能性党支部已经与句容市大华村、东霞村等 11 个村开展结对共建和业务合作，围绕乡村振兴战略培养以党员骨干为主体的技术、产业能手，为推动当地农村产业振兴、人才振兴添劲赋能。

富民强村，是江苏各地巩固拓展脱贫致富奔小康成果，接续推进乡村全面振兴的重要发力点。近年来，盐城市充分发挥党建在乡村振兴中的"引擎"作用，积极探索党建引领富民强村新路径。盐城市大丰区大中街道将党建工作与乡村振兴深度融合、一体推进，以高质量党建引领乡村振兴战略的稳步实施。该地研究制定《抓党建促乡村振兴规划（2021—2025 年）》细则，明确 6 个方面 25 项重点任务，构建了组织部门牵头，纪检、农业农村、村建水利等 10 多个部门参与的工作机制，确保各级党组织和广大党员

干部责任上肩、措施到位、工作提质。大中街道坚持把筑强战斗堡垒作为推动乡村振兴发展的有效抓手，认真组织实施抓党建促乡村振兴典型培树工程，以国家级生态村、全国文明村和"一村一品"示范村——恒北村为培树典型，在全街道形成了以红花苗木、元丰大蒜、老坝粮食等为主的高效农业生产基地。在建强战斗堡垒的基础上，大中街道采取支部引领合作社、支部引领生产基地两种方式，发展壮大村级集体经济。积极引导村党组织书记通过发展电商直播、家庭农场、项目建设等推动党员带头致富、带领致富。通过党组织谋划，深入推进"万企联万村、共走振兴路"行动。截至2022年8月，大丰区大中街道20个村与区内外30多家企业签订共建共享协议，涉及农产品产销合作、规模化种养、农产品冷链等24个项目，总投资达2017万元，预计每年可为村集体经济带来200多万元的收益。

（四）加强廉洁文化建设，营造风清气正的政治生态

"廉者，政之本也"，清廉既是为人之本色，也是为政之本源。廉洁文化是以廉洁从政为载体的文化沉淀，具有固本培元、启智润心的作用。习近平总书记在十九届中央纪委六次全会上强调，领导干部特别是高级干部要带头落实关于加强新时代廉洁文化建设的意见，从思想上固本培元，提高党性觉悟，增强拒腐防变能力。近年来，江苏深挖传统文化资源，厚植廉洁奉公文化基础，推动形成崇廉拒腐的社会风尚。2021年，江苏省纪委监委致力于发掘江苏本土优秀传统文化资源，组织编写了《江苏历代贤吏为官之道》读本，深入挖掘江苏历代贤吏及其优良家风中的廉洁文化元素，启迪党员干部见贤思齐；南京、苏州、扬州、宿迁等地组织出版了《南京历史上的清官》《廉石千秋》《扬州历代贤官》《宿迁历代贤官》等系列读本，引导党员干部为民掌权、廉洁从政。

2022年5月以来，全省各地深入贯彻落实中共中央办公厅印发的《关于加强新时代廉洁文化建设的意见》和省纪委监委具体部署，以开展"510·我要廉"活动为契机，多形式、多途径推动廉洁文化建设走深走实。宿迁市利用省级廉政教育基地彭雪枫纪念馆、朱瑞将军纪念馆和抗日民主根据地廉政建设展览馆等红色教育场馆开展"学革命先辈、传红色基因"宣讲活动，宣

传革命先辈廉洁事迹和崇高品格，学习和传承廉洁风范。泰州市大力弘扬王艮、胡瑗、郑板桥、梅兰芳等历史文化名人的廉洁思想，打造"板桥竹风"廉洁文化品牌，讲好《亲语连廉》清正家风故事，推动京剧《梅兰芳·蓄须记》、淮剧《杨根思》等一批廉洁文化重点题材艺术的创作和推广，帮助广大党员干部涵养政德、拒腐防变，营造廉荣贪耻的社会氛围。

南通廉洁文化资源丰富，历史上清官廉吏代不乏人。2022 年 5 月，南通举办了"清风江海·廉润初心——南通历史名人廉政文化专题展"，展览作品有习近平总书记论廉警句和吕岱、张謇等历史名人的清廉事迹和廉政格言，以及相关廉政题材的书画和剪纸作品。通过挖掘和展示南通历史名人的清廉故事，以文化人、以廉润心，引导广大党员干部以史为鉴、以人为镜，传承先贤们公平、正义、无私、廉洁等优秀品格。

近年来，连云港立足本土特色，围绕"山、海、廉、韵"四个字做文章，重点打造了一批廉洁文化示范阵地。2022 年，连云港专门出台《唱响"山海廉韵"建设廉洁港城 连云港市廉洁文化建设行动计划（2022—2024 年）》，全面整合该市历史、地理、风土人情等方面的廉洁资源，以"山海廉韵"品牌为引领，选取孔望山、花果山、"邓小平和人民在一起"雕塑公园、开山岛王继才先进事迹展馆、刘少奇大树村故居、自清苑、二郎神孝廉文化教育基地、徐圩区史馆、"廉方治未病馆"等 9 个市域内的廉洁文化特色阵地，推动串珠成链、连线成面，绘制颇具特色的"山海廉韵"清风地图，推进了全域廉洁文化建设。连云港的相关做法得到了中央纪委国家监委网站的刊载，在全省乃至全国产生了良好反响。

此外，全省各地纷纷依托具有地方特色的历史文化底蕴，广泛开展党员干部喜闻乐见的廉洁从政、廉洁修身、廉洁齐家教育活动，全方位、多层次推动新时代江苏廉洁文化建设，为江苏省一体推进不敢腐、不能腐、不想腐的基础性工程厚植了坚实的思想文化基础。

三　持续推进新时代党的建设新的伟大工程的江苏篇章

全面从严治党是党永葆生机活力、走好新的赶考之路的必由之路。2023

年是全面贯彻落实党的二十大精神的开局之年，也是"强富美高"新江苏现代化建设的关键之年。展望新征程，江苏要在新的赶考之路上坚定不移全面从严治党，深入推进新时代党的建设新的伟大工程，确保全省广大党员干部更好担负起"扛起新使命、谱写新篇章"时代重任，团结带领8500万江苏人民开创更加美好未来。

（一）始终坚持把党的政治建设摆在首位，不断提升领导干部的政治能力

全面从严治党，最根本的是要加强党的领导。党的二十大报告指出，坚持党的全面领导是坚持和发展中国特色社会主义的必由之路。"把党的政治建设摆在首位"是新时代党的建设的鲜明特征和实践要求。我们党在各个时期都高度重视党的政治建设，形成了讲政治的优良传统。习近平总书记强调，党的政治建设是党的根本性建设，"必须坚持以党的政治建设为统领，坚守自我革命根本政治方向"。① 抓住了这个根本性问题，全党就能团结统一、充满生机，党的事业就蓬勃发展。

毋庸讳言，过去一个时期，党内存在落实党的领导弱化、虚化、淡化、边缘化等问题。有的党员干部在大是大非面前缺乏政治定力和政治鉴别力，一些党员干部将"两个维护""四个意识"停留在口头，少数党员干部无视党的政治纪律和政治规矩，个别党员干部对党中央重大决策部署执行不力，搞上有政策、下有对策，甚至做选择、打折扣、擅自行事，等等。客观地说，这些情况在江苏不同程度的存在或者存在过，这也正是江苏各级党组织和广大党员干部要从王立科、张敬华等案件中引以为戒的深刻教训。实践告诫我们，加强党的政治建设任重道远，必须常抓不懈、紧抓不放。

保证全党服从中央，维护党中央权威和集中统一领导，是马克思主义政党的一贯要求，也是党的政治建设的首要任务。作为习近平总书记全面从严治党的首先提出地，江苏的广大党员干部要进一步增强"四个意识"、坚定

---

① 《习近平谈治国理政》第4卷，外文出版社，2022，第550页。

"四个自信"、把衷心拥护"两个确立"的思想自觉转化为忠诚践行"两个维护"的政治自觉和行动自觉。全省各级党组织要深化对从严管党治党的认识，把维护党中央权威和集中统一领导作为首要的政治准则和根本的政治要求，在思想上高度认同，政治上坚决维护，组织上自觉服从，行动上紧紧跟随。要坚决执行党的政治路线，严格遵守党的政治纪律和政治规矩，确保习近平总书记的重要指示和党中央决策部署在江苏不折不扣地执行。

"软肩膀挑不起硬担子。"在领导干部的所有能力中，政治能力是第一位的。提高广大党员干部的政治能力，是加强党的政治建设的关键。首先，要把牢政治方向，这是提高政治能力的前提。要引导广大党员干部站稳人民立场，坚定理想信念，坚持中国共产党领导，坚持中国特色社会主义制度，做到善于从政治上分析问题、解决问题，在干事创业的过程中做到"不畏浮云遮望眼"。其次，要把握历史大势，这是提高政治能力的基础。站在"两个百年"交汇的历史节点，面对"两个大局"的交织激荡，要引导广大党员干部看清当今世界的形势和格局，把握主要矛盾或矛盾的主要方面，立足基本国情和具体省情，抓住机遇、乘势而上，因势利导、化危为机，更好地推动党和人民事业发展进步。再次，要做到把握全局，这是提高政治能力的关键。"不谋全局者，不足谋一域。"广大党员干部要做到统筹兼顾，注重从全局和战略层面把握和推进党和国家事业，胸怀"两个大局"、牢记"国之大者"，自觉站在党和国家大局上想问题、做决策，把自己的岗位职责放到大局中去思考谋划，避免"一叶障目，不见泰山"。在此基础上，通过政治历练和实践锻炼，使得广大党员干部进一步提高辨别政治是非、驾驭政治局面、防范政治风险的综合能力，锤炼出担当干事的"铁肩膀"和"宽肩膀"，从而更好地推动江苏各项事业的发展。

（二）深入学习贯彻党的二十大精神和习近平新时代中国特色社会主义思想

坚持思想建党理论强党，是中国共产党百年奋斗的重要历史经验。马克思主义是认识世界和改造世界的科学理论，是我们立党兴国的根本指导思

想。用党的创新理论武装全党是党的思想建设的根本任务。

马克思主义是科学理论而不是教条，必须随着时代的进步和实践的变化而不断发展。我们党的历史，就是一部不断推进马克思主义中国化的历史，就是一部不断推进理论创新、进行理论创造的历史。① 加强党的思想建设，要坚持与时俱进，做到以马克思主义中国化时代化最新成果为指导。习近平新时代中国特色社会主义思想，科学回答了中国之问、世界之问、人民之问、时代之问，形成了系统全面、逻辑严密、内涵丰富、内在统一的科学理论体系，是从新时代中国特色社会主义全部实践中产生的理论结晶，是推动新时代党和国家事业不断向前发展的科学指南，是经过实践检验、富有实践伟力的强大思想武器。在当代中国，坚持和发展习近平新时代中国特色社会主义思想，就是真正坚持和发展马克思主义。

江苏承载着习近平总书记和党中央的深切关怀、殷切期望。进入新时代，习近平总书记亲自为江苏擘画了"经济强、百姓富、环境美、社会文明程度高"新江苏的宏伟蓝图；迈进新征程，又赋予江苏"争当表率、争做示范、走在前列"的光荣使命。新时代，江苏经济社会发展取得了历史性成就，"经济强"的实力更加彰显，高质量发展成为鲜明特征；"百姓富"的成果更加丰硕，高品质生活成为新的追求；"环境美"的色彩更加绚丽，美丽江苏的图景照进现实；"社会文明程度高"的标识更加鲜明，人民群众的精神文化生活丰富多彩。这些历史性成就的取得，关键在于有以习近平同志为核心的党中央的坚强领导，关键在于有习近平新时代中国特色社会主义思想的科学指引，关键在于有习近平总书记的亲自擘画。展望未来，习近平新时代中国特色社会主义思想也必将指引江苏在现代化建设新征程中不断夺取新的伟大胜利。

全面从严治党，必须补足精神之"钙"，铸牢思想之"魂"。客观地说，江苏省在党的思想建设方面，还存在一些薄弱环节，特别是在如何使广大党

---

① 《学党史悟思想办实事开新局 以优异成绩迎接建党一百周年》，《人民日报》2021年2月21日。

员干部做到学思用贯通、知信行统一，如何使党的创新理论入脑入心、见行见效等方面还需要进一步加强。因此，无论从理论逻辑还是从实践要求来看，当前和今后一个时期的首要政治任务，就是认真学习宣传党的二十大精神，深入学习贯彻习近平新时代中国特色社会主义思想。要深入学习党的二十大报告和《习近平谈治国理政》等权威著作，及时跟进学习领会党的创新理论的最新成果，切实把习近平新时代中国特色社会主义思想转化为坚定理想、锤炼党性和指导实践、推动工作的强大力量。首先，要完善党委（党组）中心组学习制度，建立健全领导干部上讲台制度，创新开展基层党员冬训，建好用好机关讲堂、青年学堂和"学习强国""党员大学习""青年大学习"等学习平台。其次，要充分用好江苏省习近平新时代中国特色社会主义思想研究中心等理论研究平台，发挥好社科基金、新型智库的作用，深化重大理论和现实问题研究，深入研究阐释习近平新时代中国特色社会主义思想的重大意义、核心要义、精神实质、实践要求，深入研究总结习近平新时代中国特色社会主义思想在江苏的生动实践，以扎实的理论研究支撑理论武装。再次，要围绕学习贯彻党的二十大和重大会议精神组织集中宣讲，深入基层广泛开展主题宣讲活动，发挥好领导干部、专家学者、先进典型、"党课名师""百姓名嘴"的作用，持续发挥"马克思主义·青年说"、"青年讲师团"以及"劳模工匠进校园思政教师进企业""巾帼党课讲师联盟"的品牌效应，推动党的创新理论在江苏落地生根。通过以上途径，坚持不懈用习近平新时代中国特色社会主义思想凝心铸魂，不断提升全省党员干部的思想理论素养，从而更好地指导实践、推动工作。

（三）贯彻落实新时代党的组织路线，持续加强党的组织体系建设

党的力量来自组织。习近平总书记指出，党的全面领导、党的全部工作要靠党的坚强组织体系去实现。在党的组织体系中，党中央是大脑和中枢，具有定于一尊、一锤定音的权威，这样才能"如身使臂，如臂使指"。党的地方组织的根本任务是确保党中央决策部署贯彻落实，做到令行禁止。

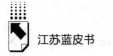

在新的历史起点上，江苏要全面贯彻落实新时代党的组织路线，进一步发挥好党的组织优势，把全省各级党组织锻造得更加坚强有力，不断健全上下贯通、执行有力的组织体系，增强各级党组织的政治功能和组织力凝聚力。要认真贯彻执行地方党委和党组工作条例，着力把各级党委（党组）建设成为坚决听从党中央指挥、管理严格、监督有力、班子团结、风气纯正的坚强组织。

"欲筑室者，先治其基。"作为党组织体系中的基础环节，党的基层组织是党的全部工作和战斗力的基础，是党的全面领导得以贯彻落实的重要载体。习近平总书记在党的二十大报告中指出，要"增强党组织政治功能和组织功能"，"坚持大抓基层的鲜明导向，抓党建促乡村振兴，加强城市社区党建工作，推进以党建引领基层治理，持续整顿软弱涣散基层党组织，把基层党组织建设成为有效实现党的领导的坚强战斗堡垒"。① 江苏省基层党组织建设具有良好基础，但是也存在一些短板。有的地方基层党组织的组织力和推动力不够强、部分基层党组织在制度建设和运行上还不够规范、有些农村党组织带头人在乡村振兴中的"领头雁"作用还不够明显、个别农村基层党组织存在软弱涣散的现象等。因此，要继续实施基层党建"五聚焦五落实"深化提升行动，持续推动基层党组织全面进步、全面过硬。要注重将党的组织优势转化为实际治理效能，深化党建引领基层治理。推广党建引领城市基层治理的"仙林经验"，健全干部下沉、共驻共建、党员志愿者等制度，深化党建引领网格治理、"红色物业"等做法。推进党建引领乡村振兴，深化拓展"支部+电商""支部+合作社""支部+家庭农场"等发展模式，引导农村基层党组织带头人充分发挥"领头雁"作用，推动村级集体经济提质增效。

在夯实基层组织的基础上，要继续统筹做好国企、机关、高校、两新组织等领域的党建工作，从而将江苏省的党组织体系进一步织密、进一步建

---

① 习近平：《高举中国特色社会主义伟大旗帜 为全面建设社会主义现代化国家而团结奋斗——在中国共产党第二十次全国代表大会上的报告》，人民出版社，2022，第67页。

强。尤其要注重不断扩大党在新兴领域和新就业群体中的影响力、号召力，进一步深化江苏省"百人万里行"体验式调研成果的转化工作，通过把加强思想引导和做好凝聚服务紧密结合起来，全面加强新业态新就业群体党建工作。

贯彻新时代党的组织路线，党员干部是关键因素；推进江苏现代化建设，党员干部是中坚力量。在新的历史起点上，推进江苏的各项事业迈上新台阶，必须要努力造就一支忠诚干净担当的高素质干部队伍。首先，要坚持以政治标准为统领，贯穿干部的"育选管用"各个环节，在此基础上坚持德才兼备、以德为先，做到以事择人、人岗相适。在选拔任用环节，要进一步总结提炼江苏省干部任前政治体检的经验做法，将"政治健康"作为江苏省领导干部的刚性标准和底线要求。其次，要深入实施新时代干部现代化建设能力提升工程。勇挑大梁，必须拥有过硬的干事创业本领和能力，只有"铁肩膀"才能挑起"重担子"。根据新发展阶段的特点，要着重培养党员干部特别是年轻干部适应现代化建设的战略思维能力、应对现代化风险挑战的斗争能力、推动现代化发展的改革创新能力和引领现代化发展的专业技术能力。再次，要提振干事创业精气神，激励党员干部担当作为。要认真落实"三个区分开来"的要求，深化完善江苏省鼓励激励、容错纠错、能上能下"三项机制"，做到政治上激励干部、工作上支持干部、待遇上保障干部、心理上关怀干部，从而鼓励各级党员干部勇担当、善作为。通过以上举措，着力打造一支堪当现代化建设重任的新时代干部队伍，为江苏推进现代化建设事业凝聚坚实力量。

（四）驰而不息一体推进"三不腐"和廉洁江苏建设

腐败侵蚀党的肌体，侵害群众利益，影响党群关系，对党的事业和形象造成严重损害，我们党历来与腐败现象水火不容。反腐倡廉是我们党一贯坚持的政治立场，也是我们党推进自我革命的必然要求。习近平总书记在党的二十大报告中深刻指出："腐败是危害党的生命力和战斗力的最大毒瘤，反腐败是最彻底的自我革命。只要存在腐败问题产生的土壤和条件，反腐败斗争就一刻不能停,必须永远吹冲锋号。"① 新时代,习近平总书记和党中央时刻保持解决大党独有难题的清醒和坚定,时刻保持推进党的自我革命的高度自觉,坚定不移正风肃纪反腐,全面从严治党取得显著成效。当前,反腐败斗争取得压倒性胜利并全面巩固,党风政风焕然一新,但是,腐败和反腐败之间的较量还在激烈进行,反腐败斗争形势依然严峻复杂。

在充分肯定江苏省党风廉政建设和反腐败斗争成绩的同时,必须清醒看到,全省范围内违反中央八项规定精神问题仍然时有发生,享乐主义、奢靡之风在江苏省禁而未绝,形式主义、官僚主义问题在一些地方一些领域仍然较为突出;一些群众反映强烈的问题还没有从根本上得到解决,损害群众利益的事件还时有发生;不收敛不收手现象仍然在一定范围内存在,贪腐方式日趋隐形隐蔽,并呈现一些新的阶段性特征。

逆水行舟用力撑,一篙松劲退千寻。在新的历史起点上,面对新征程新任务新要求,江苏省要继续坚持严的主基调不动摇,坚持发扬"钉钉子"精神加强作风建设,坚持以零容忍态度惩治腐败,坚持纠正一切损害群众利益的腐败行为和不正之风,坚持不懈把全面从严治党向纵深推进。要保持反腐败政治定力,提高一体推进不敢腐、不能腐、不想腐的能力和水平,继续打好党风廉政建设和反腐败斗争这场攻坚战、持久战,着力建设政治清明、政府清廉、干部清正、人民满意的廉洁江苏。

"三不腐"是环环相扣、相互促进的有机整体。不敢腐,侧重于惩治和威慑,解决的是腐败成本问题;不能腐,侧重于制约和监督,解决的是腐败机会问题;不想腐,侧重于教育和引导,解决的是腐败动机问题。一体推进"三不腐",必须坚持三者同时发力、同向发力、综合发力,把不敢腐的强大震慑效能、不能腐的刚性制度约束和不想腐的思想教育优势融为一体,推动各项措施相互配合、相互促进、相得益彰。首先,要强化不敢腐的震慑。坚持无禁区、全覆盖、零容忍,铁腕惩处各类腐败现象和不正之风。要巩固

---

① 习近平:《高举中国特色社会主义伟大旗帜 为全面建设社会主义现代化国家而团结奋斗——在中国共产党第二十次全国代表大会上的报告》,人民出版社,2022,第69页。

拓展落实中央八项规定精神成果，健全完善改进作风长效机制，坚决防止享乐主义、奢靡之风反弹，持之以恒纠治形式主义、官僚主义顽疾，坚决整治群众身边腐败和作风问题，对贪腐始终保持高压震慑态势。其次，要扎牢不能腐的笼子。以党内监督为主导完善监督体系，推动纪律监督、组织监督、巡视监督、审计监督、统计监督统筹衔接，深化巡视巡察上下联动。深入贯彻落实中央关于加强对"一把手"和领导班子监督的意见以及江苏省实施意见，以有效监督真正把"关键少数"管住管好，进一步完善领导干部个人财产报告情况核查制度，着力从体制机制上铲除腐败滋生的土壤。再次，要增强不想腐的自觉。要全面加强党员干部思想政治建设，引导党员干部筑牢拒腐防变的思想堤坝。继续发挥全省党风廉政警示教育基地和各级廉政教育基地作用，用好严重违纪违法领导干部忏悔书等"活教材"，以案为戒、警钟长鸣。深入开展政德、法纪和家风教育，进一步弘扬江苏崇文厚德、尊礼重教的文化传统，及时总结和推广江苏各地廉洁文化建设典型案例，提升江苏廉洁文化的软实力，持续营造江苏风清气正的政治生态。

风好扬帆正当时，奋楫远航向未来。党的二十大开启了全面建设社会主义现代化国家的崭新篇章，"强富美高"新江苏现代化建设也迈进了新征程。在新的历史起点上，江苏要全面贯彻落实党的二十大精神，坚决扛起"全面从严治党"首先提出地的重大政治责任，大力弘扬伟大建党精神，踔厉奋发、勇毅前行，以高质量党建开辟江苏各项事业发展新天地，为奋力谱写"强富美高"新江苏现代化建设新篇章提供坚强的政治保证。

B.14
江苏大运河文化带建设状况分析与展望

李洁 朱珊*

摘 要： 大运河是中华文明的重要标识，是江苏的"美丽中轴"。2022年
大运河文化带（江苏段）建设纵深推进，长江国家文化公园
（江苏段）起步建设，各项规划正在逐步贯彻落实，大运河文化
带建设取得了长足的进步。新时期江苏省要利用好大运河文化带
建设的新机遇，回应人民群众建设幸福河、致富河的新期待，在
江苏域内建设好两大国家文化公园，最大限度凸显大运河文化带
建设的"人民性"，多举措进一步推进大运河遗产的保护，强化
塑造大运河（江苏段）和谐优美的景观风貌，打造大运河（江
苏段）幸福宜居家园，大力推动增创大运河深层生态优势，逐
步提升大运河文化带文旅融合的发展质量。未来江苏应该在传承
大运河文脉、打造大运河国家文化公园、实现区域和项目协同、
建设全国绿色航运标杆、引领乡村振兴等方面发挥更大的作用。

关键词： 大运河文化带 生态修复 美丽中轴

2020年11月习近平总书记在江苏考察大运河时指出："千百年来，运
河滋养两岸城市和人民，是运河两岸人民的致富河、幸福河。希望大家共同

---

* 李洁，江苏省社会科学院经济研究所副研究员，大运河文化带建设研究院研究员；朱珊，江
苏省社会科学院研究员。

保护好大运河，使运河永远造福人民。"① 江苏作为中国大运河河道最长、文化遗存最多、保存状况最好和利用率最高的省份，省委、省政府高度重视大运河文化带建设。2022 年在省大运河文化带和大运河长江国家文化公园建设工作领导小组坚强领导下，江苏深入贯彻落实习近平总书记关于大运河文化保护传承利用重要批示指示，扛起全国大运河文化带重点建设区的使命担当，全力推进各项工作，在遗产保护、文旅融合、生态修复、绿色航运、民生建设方面多点发力，聚焦打造江苏"美丽中轴"，让流淌千年的文化遗产焕发全新生机。

一 2022年江苏省大运河文化带建设的成绩

2022 年是大运河（江苏段）建设纵深推进的关键时间，江苏多举措扎实推进大运河文化带建设迈出新步伐。江苏省正式印发《2022 年省重大项目清单》，总投资 5590 亿元，其中多个重大项目聚焦大运河文化带建设工程。在重大产业一栏下现代服务业"文化体育"第一个就是江苏大运河文化带建设工程，包括淮安中国水工科技馆（筹）、扬州大运河（北护城河）文旅集聚区、淮安大运河"百里画廊"一期、扬州明清古城保护暨文旅示范区建设、苏州桃花坞历史文化片区保护利用二期工程、无锡惠山古镇文旅综合开发、常州江南运河"舜山舜水"保护利用等 7 个项目。在基础设施一栏下交通"干线航道整治提升工程"中也包含大量京杭运河航道的整治工程，包括京杭运河施桥船闸至长江口门段航道整治工程、京杭运河江苏段绿色现代航运综合整治工程江南/北段等。

（一）多措并举推动大运河遗产的保护利用

遗产保护是大运河文化带建设最为重要的基础性工作。2022 年江苏致力

---

① 《千年运河 水韵华章（新时代画卷·江河奔腾看中国）》，光明网，https：//m.gmw.cn/baijia/2022-10/07/36068693.html。

于各项文物和非物质文化遗产的分级分类保护落实。2022 年出台《大运河江苏段核心监控区域国土空间管控暂行办法》，成位全国首个运河国土空间管理规定。继续推进大运河沿线遗产资源的调查和发掘工作，继续实施常州寺墩、新沂花厅、镇江铁瓮城、苏州草鞋山等遗址考古发掘研究，2019~2022 年共投入资金 7 亿元，专项支持宿迁龙王庙、淮安板闸遗址、扬州盐宗庙等 500 余个文物保护展示项目。省住建厅等部门加强大运河沿线风貌管控、修复，结合"紫金奖·建筑及环境设计大赛"、开展建筑文化讲堂等活动加强对大运河历史文化的挖掘和阐释。在非遗保护传承方面，加强丹剧、山歌剧、通剧、童子戏等濒危剧种保护传承，为改善濒临失传剧种的生存发展状况，2022 年江苏在戏曲百戏（昆山）盛典期间组织培训，助推这些剧种的青年演员更好更快成长。在大运河非遗保护传承方面。目前已经建设非遗创意基地 12 个、非遗旅游体验基地 10 个、文化生态保护实验区 9 个，创新开展无限定空间非遗进景区活动，首批认定省级试点项目 22 个，推动大运河非遗走进现代生活。

（二）阐释弘扬大运河文化，推进大运河文旅融合

江苏以阐释弘扬大运河文化为己任，精心打造数个大运河文化宣传项目，编写《中国大运河故事系列丛书》并于 2022 年出版第一辑 7 本，连续举办"中国大运河文化讲堂"第二讲和第三讲；上线运行中国大运河全媒体平台，在 2022 世界运河城市论坛上，由江苏省文投集团负责实施、江苏省规划设计集团参与并开发完成的"大运河国家文化公园数字云平台"建设成果发布，一个数字化、虚拟化、可视化、智能化的云端大运河国家文化公园正式亮相。举办各类大运河文化主题展会，2022 年 6 月 27 日，"2022世界运河城市论坛"在江苏扬州运河大剧院开幕。国内外运河城市代表、运河领域专家学者以"线上+线下"的形式汇聚一堂，共议大运河城市遗产保护和可持续发展的相关议题。2022 年一系列大运系列体育赛事拉开序幕，6 月 28 日，"大运河"杯青少年击剑系列赛（夏季赛）暨扬州市"U 系列"青少年击剑俱乐部精英赛在宋夹城体育休闲公园球类综合馆拉开序幕。8 月6 日，2022 大运河自行车系列赛（南京浦口站）拉开战幕。2022 年 8 月 7

日，大运河小铁人三项系列赛（常州站）在常州举行。多项大运河主题相关的文旅项目融入百姓生活，推动运河文化交流互鉴。

（三）推动增创大运河深层生态优势

经过多年的生态环境治理，大运河沿线地区流域生态环境得到了明显改善。近年来，大运河江苏段生态岸线比例上升 4.6 个百分点，2022 年大运河沿线断面优Ⅲ比例为 100%，水环境质量明显高于全省平均水平。江苏大力防控大运河水污染问题，2022 年完成"千吨万人"及以下饮用水源地环境问题排查整治，切实保障群众饮水安全。组织开展水污染物平衡核算，推动水环境基础设施建设。推进农业面源污染综合治理，开展池塘生态化改造，加强养殖尾水集中处理。加强船舶港口水污染防治，强化断面周边船舶停靠管控，做好船舶污染物接收、储运、处置的监管。不断推进生态空间管控，2022 年初出台《江苏省国家级生态保护红线规划》《江苏省生态空间管控区域规划》，在大运河区域划定 4292 个环境管控单元。严格生态环境执法，实行"绿盾"系列行动，共发现 84 个涉及自然保护区的重点问题，已经全部完成整改。推进生态系统保护，推动山水林田湖草一体化生态保护和修复。目前，大运河文化带区域已完成 44 个县（市、区）生物多样性本底调查，共记录物种数 4751 种，其中珍稀濒危物种 116 种，分别占全省的69% 和 70.3%。坚持山水林田湖草系统修复，目前贾汪、金坛等地大部分生态保护修复工程已经完工，苏锡常等地建成生态安全缓冲区。2022 年江苏省在大运河沿线建成全国生态文明建设示范县市 15 个，"两山"实践创新基地 4 个，占全省总数的一半。

（四）建设高水平绿色现代航运

江苏致力于京杭运河绿色现代航运建设，奋力谱写大运河文化带交通篇章。大运河江苏段以全线 8 省市 12% 的面积，集聚了全线 16% 的常住人口，贡献了全线 24% 的地区生产总值。相关文件已经将大运河江苏段作为我国交通强国的试点建设段，2022 年京杭运河现代航运综合整治工程已全面开

工建设。江苏高度重视大运河航运文化建设，在苏州、扬州、淮安进行绿色现代航运先导段的示范建设，将航运文化融入市民宜居生活，新建桥头公园，开辟文化广场，精修沿线景观小品，美化桥梁亮化夜景，设置了一批市民休闲场所和便民设施。在大运河沿线高质量完成绿色现代航运示范区工程。全面实施400总吨以下船舶生活垃圾、生活污水、含油污水防污设施改造，目前400总吨以下船舶已全部完成改造，并覆盖所有江苏籍船舶；京杭运河沿线码头、服务区和船闸船舶污染物接收设施实现"无死角"安置，船舶污水从"达标排放"向"零排放"迈进。大运河江苏段重视建设"会呼吸的堤岸"。坚持节约优先、保护优先、自然恢复为主，从源头上实施科学合理的人工干预。最大限度地保持大运河原有的自然岸线，避免过度人工化改造，限制硬质化堤岸护坡。在邵伯船闸下游湖区段和长江口门段建设会呼吸的堤岸、护岸下部结构设置鱼巢，通过建设河湖生态缓冲带、生态安全缓冲区等，提高自然生态系统对污染物的净化降解功能，稳定生态服务功能。

（五）强化大运河江苏段河道水系治理管护

2022年，自江苏出台《关于推进全省幸福河湖建设的指导意见》《江苏省幸福河湖评价办法（试行）》之后，相关部门开始指导各地开展幸福河湖建设，宿迁黄河故道（城区段）成功创建淮河流域"幸福河湖"，为全省提供了样板和示范。水利部门有序推进大运河沿线重点湖泊退圩（渔）还湖，累计恢复自由水面110平方公里。推进洪泽湖系统治理，清理住家船7000条，近2万名住船渔民上岸安居。管理保护好水利遗产是江苏水利部门的重要工作，一方面积极申报国家级、世界级水利遗产，另一方面积极探索遗产保护利用的新理论新实践，不断推动运河水文化深度融入现代水利工程。2022年江都水利枢纽风景区入选"国家水利风景区高质量发展标杆景区"；在大运河沿线建成19个省级以上水情教育基地并投入使用，打造水文化传播弘扬的实境课堂。推动《最美运河地标》上线国家文化公园数字云平台，开发全国首个"云上水景漫游"服务程序，让百姓足不出户即可欣赏到水美运河动人景象。

二　江苏省大运河文化带建设的新机遇

（一）回应人民群众建设幸福河、致富河的新期待

习近平总书记在江苏考察大运河时指出："千百年来，运河滋养两岸城市和人民，是运河两岸人民的致富河、幸福河。希望大家共同保护好大运河，使运河永远造福人民。"[①] 这一重要讲话对江苏在更高起点上不遗余力统筹保护好、传承好、利用好大运河文化资源，在大运河文化带建设中不断提升人民的幸福感、获得感意义重大，也是大运河江苏段文化带建设的根本遵循。人民群众是大运河历史文化的缔造者，碧波千里的大运河至今依然被沿线百姓使用，在人民群众的生活中发挥着重要作用，是沿线百姓的生存依托；流淌千年的大运河记录了沿线人民群众世代生活的习惯和阅历，寄托了沿线居民的情感与期望。大运河文化带建设须深入理解和把握大运河的"人民性"，体现大运河"出人民建造、归人民共享、承人民期望"的根本属性，满足两岸群众对幸福生活的愿景。具体而言，在大运河江苏段遗产保护中，应保护好人民群众在长期的生产与生活中创造的独特区域文化，呈现多元文化的本来样貌。一是让大运河文化为民所用，挖掘、提升大运河水闸、船闸、堤坝、码头、桥梁及其周边环境共生的遗产美学内涵；发扬其精神和社会价值，使其真正成为中华民族道德、信念和精神的载体；阐释其科学技术价值，根据古代水利工程的现状有计划有针对性地采取保护措施，做好运河水利系统化的人才培养、科研规划。二是维护文化遗产发展的可持续性。要创新系统性保护机制，重视沿线区域保护合作，形成多层次、多形式的协同保护管理平台，推动遗产保护数字化平台建设，加强平台数据的跨区域、跨层级、跨部门共享，推动形成强大合力；强化大运河遗产认识、保

[①] 《千年运河　水韵华章（新时代画卷·江河奔腾看中国）》，光明网，https：//m.gmw.cn/baijia/2022-10/07/36068693.html。

护、利用和发展的整体性思维，多从遗产性质与文化特性上考虑适宜保护思路与方针；探索"活态"保护途径，遗产保护应以人为本，处理好保护与民生的关系，让运河遗产更好地融入社会发展和生产生活。

（二）利用好在江苏建设两大国家文化公园的重大机遇

2022年1月3日，国家文化公园建设工作领导小组部署启动长江国家文化公园建设工作。建设国家文化公园，是党中央的重大决策部署，也是推动新时代文化繁荣发展的重大工程。水韵江苏，江河交汇，长江和大运河都是江苏闪耀的江河资源，能传达共通的文化精华。江苏应抓住两大国家公园在江苏建设的重大战略机遇，高质量完成大运河文化带和长江国家文化公园建设使命。长江与大运河在江苏境内纵横交织，两条水道呈现不同的文化特色，形成文化特色互补的文化展示空间。在建设中应尽快明确两大国家文化公园的空间定位，大运河国家文化公园应凸显水韵江苏的文旅特色，打造可观可体验的特色游览线路，从苏南到苏北呈现不同的运河水乡文旅特色，将江苏温润、精细、柔美的韵味贯穿文化公园设计建设。尽快建立适应两个国家文化公园发展的管理体制和机构，设计好运营方案和相应的配套政策。

三 大运河文化带江苏段建设面临的瓶颈

（一）大运河沿线风貌管控仍然存在难度

《大运河文化保护传承利用规划纲要》要求大运河沿线风貌与与国家发展规划和国土空间规划相关要求精准衔接。尽管江苏在大运河沿线风貌管理上做了很多工作，但仍然有诸多不足。一是遗产保护覆盖面需要进一步扩大，目前大运河历史文化遗产仍然采用自下而上的申报模式，立足全域的遗产保护顶层设计尚未完善，统筹保护力度不足，一些具有重要价值的历史文化资源尚未纳入保护体系。二是近现代和现当代的大运河遗产保护不足。保护体系重视古代和文物的局部保护，对近现代和新中国成立以来的历史文化

遗产保护不够，存在跨省域和跨界区域遗产保护重视不够的现象。三是遗产
环境风貌保护利用不到位。部分区域对历史文化保护与城市发展的关系理解
不到位，对传统风貌营造原理和技术的研究不够深入导致大运河历史文化遗
产的修缮质量不高，一些区域没有对大运河沿线进行合理的业态功能定位导
致遗产可利用区域长期闲置，没有充分发挥大运河历史文化遗产在传承文
脉，塑造城市风貌和促进转型发展方面的重要作用。

（二）大运河文化遗产的保护传承利用尚未形成高质量发展新路

目前，江苏大运河文化带建设与建立以文化为引领，统筹推进大运河沿
线文化、生态、经济和社会建设的综合发展要求还有比较大的距离，大运河
文化对周边区域的牵引和带动作用还不甚明显。就江苏省现有的"1+1+6+
11"完善的规划体系贯彻落实情况而言，部门间沟通协调机制尚未完备，
区域之间的建设发展不均衡，不少城市的文化遗产保护，生态保护治理等方
面的要求没有执行到位，在新冠肺炎疫情的影响下，有些地方的建设进度还
比较落后，还有些政策需要进一步强化落实，仍然需要建设一批标志性的高
水准文化项目。大运河主题文化旅游线路整合不够充分，推动运河文旅资源
转化为文旅精品，特别是落实打造世界级运河文化遗产旅游廊道的要求，还
需要下更大功夫。

（三）"美丽中轴"建设依然存在短板

经过多年努力，大运河生态保护工作取得了显著的成效，但是也需要对
目前大运河生态环境优化存在的压力有清醒的认识。目前大运河水质量改善
仍处于压力叠加、负重前行的关键期；大运河区域开发强度很高，生态空间
管控的压力较大。生物多样性保护工作的成效还不显著，受到来自产业、农
业、水利安全等多方面的压力，生态脆弱性和敏感性不断增加，生态修复表
面化、虚无化问题仍然存在。有些区段的大运河水质很难在长期确保达到优
类标准，支流水质较差等问题依然存在，水体污染问题的综合性原因需要进
一步明晰并寻求最优的解决方案。区域防洪与大运河生态景观建设的矛盾依

然存在，大运河区域防洪排涝能力需要进一步强化提升，且涉河建设项目的
管控仍需进一步加强。

（四）大运河文化带（江苏段）文旅融合发展仍需克服瓶颈

一是文旅融合产业链上游文化内容挖掘转化不足。目前大运河文旅融合
发展仍处于初级阶段，上下游产业链配套不成熟，文化内容挖掘、研究、阐
释有待深化，文化资源和内容活化利用的形式和途径比较单一，供给下游文
旅融合产品开发的文化 IP 不足，文旅融合产品盈利尚未充分实现。二是文
旅融合产业链下游产品消费体验质量不高，同质化现象较严重，缺乏特色
化、有深度、高质量的产品。现有文旅融合产品的消费延展性不足，场馆、
景点游客黏性不足，游客停留时间较短，很难形成持续性消费。三是文旅融
合全产业链协同发展机制不完善。基于文旅融合的部门协作机制有待形成。
大运河沿线一些河道、河堤、遗址受到交通、住建、物流、水利等条口管理
的限制，面临展示风貌受限、生态岸线受损、亲水空间供给不足的问题。省
内各市文旅融合的协作机制不完善。存在文旅发展意识和措施方面的地方差
异，时常出现跨区域文旅资源权属争议和"空头管理"的现象。

四 深入推进大运河文化带（江苏段）建设的路径

（一）最大限度凸显大运河文化带建设的"人民性"

大运河是与人民群众休戚与共的宝贵历史遗产，人民群众是大运河的建
设者，大运河文化遗产展示目的在于让人民群众认知身处环境与大运河的密
切联系，深入了解这一伟大的历史文化遗产；大运流域数量众多的非遗和传
统习俗是两岸人民创造和延续的文化力量，是大运河文化"人民性"最根
本体现。传承弘扬大运河文化的精神内涵，坚定人民群众的文化自信，满足
人民对美好精神生活的新期待是大运河文化建设凸显"人民性"的重要途
径。让人民群众理解、认同大运河文化，并能够实实在在从大运河文化中获
益是自觉传承和弘扬这一宝贵历史遗产的前提。碧波千里的大运河至今依然

被沿线百姓共享使用，在人民群众的生活中发挥着重要作用，是沿线百姓生存依托；流淌千年的大运河记录了沿线人民群众世代生活的习惯和阅历，寄托了沿线居民的情感与愿望。大运河文化带江苏段建设须深入理解和把握大运河的"人民性"，明确其"由人民建造、归人民共享、承人民期望"的根本属性，满足两岸群众对生活富裕、和美幸福的愿景。对于生活在大运河沿线的广大人民群众而言，水清岸绿、生态宜居、人水和谐是最基本的民生诉求。

（二）多举措进一步推进大运河遗产的保护

应不断完善大运河文化遗产保护统筹协调以及审批、督查、专家咨询等多项机制，理顺大运河遗产保护法规与水利、交通、城建等法规的关系，加快制定遗产本体及周边环境保护、展示、整治的相关技术导则。强化工程项目事前评估、考古前置规定的执行。结合区域文明探源工程，全面调查大运河文化遗产现状，主导并构建全国统一的大运河遗产监控平台。进一步完善大运河沿线各级各类文物和文化遗产的分类、管理、标识建设工作。为全国重点文物以及珍贵文化文物遗产划定精确的空间坐标和地理坐标。进一步加强基层文物管理队伍建设，统计资料显示江苏省的文化遗产保护管理从业人员数量低于全国平均水平，应当进一步加强文化遗产保护管理和人才队伍建设，落实文化遗产保护员制度。进一步加强对破坏各级文化遗产案件的查处力度，充分发挥公益诉讼的作用。建立健全大运河沿线联合执法、综合执法机制，探索建立文物保护系统大运河执法交流合作机制，及时发现和查处大运河沿线文物违法行为并定期通报典型案例，确保高效能执法提升大运河区域文化遗产合法保护的法治化水平。

（三）强化塑造大运河（江苏段）和谐优美的景观风貌

进一步强调大运河沿线国土空间管控约束，进一步细化具体管控措施，将大运河（江苏段）文化保护传承要求纳入国土空间总体规划。结合城乡实际，统筹优化大运河两岸的滨河生态空间范围和监控区域，不断优化沿河生产、生活和生态空间布局。打造符合主体功能的各类开发活动，控制开发规模和强度。进一步深化风貌管控要求，为建设最向往、最精彩、最美丽、最繁华的大运河江苏段提供规范和指引。逐步构建高品质运河空间，指导大运河沿线城市地区、历史文化街区、城市公共空间等不同地段开展详规编制的相关工作，重视运河沿线重点区段的空间形态、高度体量、风貌特色等控制引导，塑造富有地域特色的大运河建筑风格，突出大运河与历史古城古镇古村交相辉映的特色。处理好大运河文化遗产保护与利用的关系，杜绝开发性破坏；因地制宜，尊重南北地区客观差异，避免千城一面；风貌提升，加强新旧空间区别管控。大运河沿线风貌塑造以民生需求为出发点，最大限度提升城乡空间功能品质，建设两岸人民的生态宜居生活带。

（四）打造大运河（江苏段）幸福宜居家园

大运河不仅应该成为两岸人民安居乐业的家园，更要成为人民心中的精神寄托。在提炼升华大运河文化的当代价值和时代精神中引导人民理解城河共生的发展历史，涵养社会主义核心价值观，让大运河成为沿河居民的情感纽带，不断增强人民的文化自觉和文化自信。利用沿河建设美丽乡村的珍贵契机，打造彰显大运河文化内涵、乡村传统肌理和景观格局的村落集群，引导民众传承大运河文脉、留住运河乡愁，建设现代幸福家园。让大运河成为两岸人民产业致富的重要依托。鼓励大运河沿线地区加快发展高效、清洁、低碳、循环的绿色产业，做大做强战略性新兴产业，全面实施乡村振兴战略，优化大运河沿线老字号传承保护和创新发展环境，提升历史经典产业发展水平，促进传统手工艺与现代创意产业深度融合，鼓励和支持沿线地区培育壮大文化产业。让大运河成为一条兴业富民的致富河，成为两岸的老百姓的财富来源和生活依托。建设大运河沿线成为百姓的游憩乐园，高标准规划建设大运河沿线旅游风景道路，建设水上游览专用码头、生态骑行车道和人行步道等休闲慢行绿道系统，加快发展健身休闲产业，开展中医药、养老和乡村旅游，建设康养基地，特色民宿和特色小镇，培育旅游精品线路。

（五）大力推动增创大运河深层生态优势

在持续改善运河水质的基础上，突出水生态保护修复，水质修复目标从水质改善向水生态健康转变，全面提升大运河区域污水收集治理效率，从源头减少工业、船舶、农业面源、城镇生活等污染。实施退渔退圩还湖、河道清淤改造等保护修复工程，加强河湖水系连通，恢复水生生物通道，重现土著鱼类或水生植物，提升生物多样性水平。打造生态护坡，建成会呼吸的堤。最大限度地保持大运河原有的自然岸线，避免过度人工化改造，限制硬质化堤岸护坡。在大运河增加河岸水体交换、营造生物栖息生境，促进人与自然和谐共生。通过河湖生态缓冲带、生态安全缓冲区等，提高自然生态系统对污染物的净化降解功能，稳定生态服务功能。优化滨水空间，生态友好岸线。在大运河两侧宜绿化地段建设绿色廊道，尊重林草生长自然规律，将大面积、过密的单一种植改为本土化、多层次的种植，扩大林地辐射范围，营造鸟类栖息生境，丰富区域生物多样性。因地制宜打造一批独具运河特色、生态效益显著的水利风景区。在大运河沿线的城市、农村等地域单元因地制宜探索建设不同模式的生态节点，持续提升生物多样性保护水平，从而使大运河焕发勃勃生机。发挥大运河沿线连线织网、融汇交流的重要作用，加快大运河国家文化公园江苏段、长江国家文化公园江苏段、淮河、黄河故道地区联动发展。统筹规划、分期部署、分段实施、分类推进大运河文化带江苏段山水林田湖草生态一体化保护修复。根据生态系统退化、受损程度和恢复力合理选择适宜的保育保护、自然恢复、辅助再生或者生态重建措施。按照精明增长的城市扩张原则，推进城市双修，建设海绵型城市，让城市与外围山水林田湖草形成完整的生态体系，将耕地、林地、草地整治与建设用地布局优化相结合，打造规模集中的连片生态空间；加强生态保护修复过程监测、效果评估和适应性管理，布局山水林田湖草一体化保护修复野外保护站点、监测监控点，建设保护修复监管平台。

（六）提升大运河文化带文旅融合的发展质量

提升文旅融合产品内涵。立足大运河文化带（江苏段）丰厚的历史积淀，积极探索文化元素的艺术表达，鼓励沿运城市大运河专题艺术创作。深挖大运河故事元素，注重文化与科技深度融合，创新使用"声""光"

"电""画"等高度集成化与智能数字系统追求最佳视觉表达，打造科技含量高、视听沉浸感强的旅游演艺产品。壮大旅游演艺经营主体，鼓励发展中小型、主题性、特色类、定制类旅游演艺项目；支持条件成熟的旅游演艺项目向艺术教育、文创设计、展览展示、餐饮住宿、休闲娱乐等综合配套业态转型；支持大运河沿线各类文艺院团、演出制作机构与演出中介机构、演出场所等以多种形式参与旅游演艺项目。完善文化旅游服务供给，深化文旅融合景观体验。丰富和活化消费者的文化体验，鼓励沿运地区景区和大运河文旅企业将本地大运河文化精彩文化故事、历史遗迹等开发成数字化、沉浸式、互动性旅游产品，提供更多特色体验项目，推出丰富多彩的文旅消费场景，引爆夜间经济新热点。加快集散换乘于一体的游客服务中心、酒店民宿、泊车港湾等功能性配套设施建设，合理设计吃住行游购娱等文旅服务配套设施，延长游客消费链条。开发大运河沿线地区"旅游+农业""旅游+体育""旅游+中医康养"等业态。加快发展聚焦文旅融合的"新业态、新模式"企业，积极招引世界级文旅企业、区域总部企业落户大运河沿线文化产业基地，培育省内文旅融合自主品牌优势企业。强化"水韵江苏"品牌塑造，突出创新创意，运用地方原创 IP 打造特色鲜明、可深度体验的大运河文旅融合示范区和世界级旅游目的地。在大运河文旅融合发展中将城市文化、艺术和时尚元素进行融合，将厚重历史变为可亲可感的文旅项目，打造更多具有先导性、示范性的现象级文创产品。

五　大运河文化带（江苏段）建设的前景展望

（一）加快形成"美丽江苏中轴线"的空间治理格局

大运河文化带江苏段空间布局要体现国土空间规划与"美丽江苏"目标的相洽性，空间布局中的"一轴"要形成大运河文化资源要素的空间有机组合，实现大运河文化价值和精神内涵活态传承，贯通绿色生态廊道，彰显文旅品牌价值，打造一条流光溢彩的"水韵江苏"中轴线。"四核"要注重"水韵"特色的运河城市景观建设，聚焦淮扬、吴、楚汉文化高地建设，延续城市文脉，打造历史文化主题空间，强化运河城市间及其周边区域的自然风景过渡和文化空间联系。以"扬州、淮安"为核心城市带动淮扬运河片区发展，突出该片区南水北调、生态保护、绿色航运等优势特色；以"苏州"为核心带动江南运河片区发展，突出该片区绿色生态产业、科技创新、智慧空间、城乡融合的绝佳优势；以徐州为核心带动中运河片区发展，突出该片区在环境生态治理、城市景观重塑、文化产业发展等方面的比较优势，形成多片区优势互补、分工有序、功能衔接的协同发展格局。在"多支流"区域，构建以大运河为纽带的城乡聚落，提升宜居品质，建设运河美好家园。

（二）进一步推动江苏大运河文脉传承弘扬

推动编写完成大运河沿线列入中国传统村落名录的村和历史文化名镇的镇村志。支持高等院校、社会组织和民间力量围绕中央及省委、省政府推动大运河文化带建设的战略部署，开展大运河文化相关课题研究，对其中的优秀成果提供出版资助。深入挖掘大运河文化的精神特质，积极传播大运河文化创新发展理念，在传承弘扬中讲好大运河的故事。科学、系统、客观地展示大运河文化的价值内涵，着力彰显大运河的千年底蕴、时代价值和当代形象。用好大运河国家文化公园数字云平台资源库，凝聚大运河相关专业学者及机构资源，不断丰富大运河国家文化公园数字云平台资源库。汇集大运河沿线的专家、学者资源，共同开展大运河沿线地区文化影像记录工作，进一步提升大运河文化的社会影响力和品牌号召力。积极争取举办国家级大运河文化发展论坛，加强运河题材文艺精品创作，编撰推出"中国大运河故事"等一批好书。

（三）精心打造大运河国家文化公园

高品质建设国家文化公园重点建设区。抓好管控保护、主题展示、文旅融合、传统利用四类主题功能区建设，精心建设系列核心展示园、集中展示

带和特色展示点，布局打造一批多功能运河文化空间。高水准打造大运河历史文化博物馆，尤其是水工科技馆和其他特色博物馆。依托大运河沿线博物馆馆藏文物、数字资源及研究成果，充分利用互联网、大数据等技术，有效整合文博机构、专业机构和市场力量，打造智慧博物馆、不可移动文物在线展示平台、数字非遗体验馆等。推进大运河沿线昆曲、古琴艺术、宋锦织造技艺、雕版印刷技艺、剪纸等联合国教科文组织人类非遗项目的品牌化打造。做好苏剧、锡剧、扬剧、淮剧、淮海戏、徐州梆子、柳琴戏等戏曲类非遗项目的重点保护。开展非遗曲艺书场试点工作，加强苏州评弹、扬州评话、扬州弹词、徐州琴书、南京白局等曲艺类非遗项目的传承传播。支持大运河沿线设区市建设地方非物质文化遗产馆，保护传承利用好非物质文化遗产。

（四）在区域和项目协同中高效推进大运河文化带建设

统筹加强区域协同。将大运河文化带和长江国家文化公园建设一体统筹，加强与美丽江苏建设、沿海地区高质量发展等重点工作、重要规划的有效衔接，进一步深化研究论证，统筹推进江海河湖协调融合，形成高质量发展的区域新格局。聚焦建设世界级运河遗产旅游廊道，协调省有关部门和各地共同推进，尤其是在文化遗产保护展示、文旅融合发展、公共服务配套设施等重大项目建设中积极探索部门协同和区域协同的机制。在大运河生态修复保护中创新工作机制，加强生态环境执法和监测协同联动，大力推进非现场执法监管，整合现有的多部门多类别相关监管平台，创新应用场景和模式。定期联合自然资源、住建、交通运输、水利等部门，以大运河沿线为重点，扎实推进水陆协同等专项执法行动。成立跨市界、省界联合执法队伍。

（五）建设大运河（江苏段）成为全国绿色航运的标杆

持续打造畅通运河，促进航运全面、快速、协调、高质量发展。进一步发挥好京杭运河江苏段作为国家水运主通道的功能，构建干支相连、通江达海的干线航道网络体系。提高航运设施管养技术水平，加快应急保障体系建设，大力发展智慧航运，不断提高航运安全水平、健全现代治理体系、提升现代治理能力，努力实现大运河航运功能新提升。全面建设绿色航道，贯彻节能低碳、资源节约、生态环保等绿色理念，拓展向岸空间，提升港容港貌，打造绿色廊道，推进运输结构调整，实现京杭运河全流域的绿色发展。提升沿线绿化景观水平，打造生态绿色廊道。完善江苏航运文化展示体系，切实提升京杭运河的综合影响力和国际竞争力，推进航运文化与水利、旅游深度融合。建设一批闸史陈列室、航标展示馆，探索开展航运文化游览、实地参观、科普教育等活动，加大运河航运文化国际传播力度。

（六）努力打造幸福运河全国样板

打造生态宜居水环境，凸显先进水文化，在大运河水利建设中突出河湖系统治理和生态环境复苏，争取在大运河沿线城市建成区基本建成幸福河湖。不断完善大运河水利工程体系，优化防洪排涝布局；完善调水配水工程体系，提高水资源保障能力，不断满足人民群众对美好生活的期盼，擦亮幸福成色。挖掘阐释弘扬水文化，深入挖掘弘扬运河文化的当代价值和时代特色，推动遗产管理保护和活态利用，抓好水利风景区、水情教育基地、节水教育基地等大运河水文化载体建设，打造一批水文化地标工程，增加百姓休闲空间，讲好运河水故事，让水文化的精神激励人，让水文化的魅力感染人。在大运河沿线城市建设全民健身公共服务体系。广泛开展大运河主题全民健身赛事活动，努力将大运河沿线打造成为休闲运动的时尚长廊、全民健身的健康长廊。提升大运河休闲文化品质内涵。充分挖掘运河沿线城市的文化资源，结合城市的历史文化底蕴，打造既有深厚底蕴又有丰富内涵的体育文化产品。

（七）塑造大运河工业遗产传承利用的典范

落实《江苏省贯彻〈推进工业文化发展实施方案（2021—2025 年）〉行动计划》，结合实际加强目标任务推进，力争创出工业文化发展和工业遗产保护利用的"江苏特色"。鼓励和支持大运河沿线城市标志性工业遗产建

设，推动全省各地加强工业遗产分级分类保护利用工作。积极探索工业遗产活化利用途径。倡导绿色发展理念，鼓励各地特别是大运河沿岸地区利用工业博物馆、工业遗址、产业园区等资源发展工业旅游，抓好精品工业旅游区的建设和示范推广工作，努力打造各具特色的工业旅游特色基地（线路）。建设一批具有社会公益功能的工业旅游示范点；鼓励各地对于影响力大、文化内涵丰富，体现人文精神的工业遗产及名人故居，充分挖掘潜能，在保持建筑风貌不变的前提下，对一些有保护价值的历史厂区进行统一规划和建设，采取多种方式加以保护利用。努力打造江苏工业遗产品牌。

（八）进一步发挥大运河文化引领乡村振兴的作用

以大运河文化带建设为契机加快推进沿线农业农村现代化建设。一是持续推进农耕文化保护与传承。继续挖掘大运河文化带农耕文化的历史和内涵，传承精耕细作的农耕文化，展现传统文化的当代价值。同时加大已有农业文化遗产的保护传承力度，开展重要农业文化遗产系列宣传。二是推动沿线特色农业产业发展。围绕区域传统农业发展壮大，不断延伸农业产业链条，拓展农业多种功能，展现农业多重价值，多措并举延伸农业产业链、利益链、价值链，助力当地农民增收和村集体经济发展。三是加快运河沿线乡村建设。指导督促沿线有关市县按照国家乡村建设行动方案和省有关工作部署要求，细化农村基础设施建设、农村人居环境整治、农村基本公共服务能力提升等重点任务实施方案，加快乡村建设，促进乡村宜居宜业。建设美丽田园乡村，打造彰显大运河文化内涵的美丽宜居村落，展现大运河文化带江苏段乡村独特生态魅力。建设一批大运河文化小镇，注重村镇公共建筑与大运河景观风格相配，保护自然机理与传统民居，建设运河村庄美丽庭院。保护传承特色乡村区域民族、乡土、时代等特色传统元素和符号，活化利用传统文化标识，推动非物质文化遗产活态传承，振兴优秀传统乡村文化。完善以城带乡联动机制，推动文化资源向乡村流动。

Abstract

The book of *Analysis and Prospect of Jiangsu Development* (*2023*) is an important institutionalized work for Jiangsu Academy of Social Sciences to strengthen decision-making consultation service. This book contains 14 reports, which are divided into 1 general report and 13 special reports. Taking the development of Jiangsu in 2022 as the main line, this book covers the fields of economy, society, culture and so on. This book combines theoretical research and data analysis to make a high-level summary and in-depth analysis of major social reality problems in Jiangsu, with comprehensive content, multiple perspectives and detailed data. It is not only a summary and Prospect of Jiangsu's economic, social and cultural work, but also a scientific basis for relevant departments to improve the level of governance.

Keywords: Economy; Society; Culture; Jiangsu Province

Contents

I General Report

Abstract: In 2022, facing the complex international situation and the huge pressure of economic downturn, as well as the impact of frequent outbreaks of domestic epidemics, Jiangsu Province will effectively coordinate epidemic prevention and control and economic and social development, effectively implement economic stabilization policies and measures, and accelerate the recovery of production and living order. In 2023, it is recommended to focus on the following key tasks: improving quality, increasing efficiency and stabilizing growth, promoting coordinated development between urban and rural areas and regions, promoting the development of an open economy for the overall situation, continuously improving people's well-being, and keeping the bottom line of safe development. Therefore, Jiangsu should optimize the business environment and stimulate the vitality of the main body; Promote high-level opening up and serve to build a new development pattern; Build a major innovation platform and improve the efficiency of the innovation system; Increase financial support and prevent financial risks; We will make greater efforts to ensure and improve people's wellbeing, and promote greater tangible progress in common prosperity.

Keywords: JiangSu; Economic and Social Situation; High-quality Development; People's Wellbeing

Ⅱ   Economic Topics

B.2   Analysis and Prospect of Jiangsu as an Important "Ballast"
in the National Macroeconomic Performance

Lv Yonggang, Li Hui and Shen Yu / 044

Abstract: Jiangsu implements the requirements of the central government and establishes a strategic consciousness of being an important "ballast" for the national economy, Build the responsibility system and power matrix of "play a pivotal role", Formulate precise policies to solve the difficulties of market players, play a key role of stable investment in stabilizing the economy, Strengthen the support and guidance of scientific and technological innovation to the economic performance, Build a strong manufacturing province and a strong industry main engine, Taking digital economy as the key increment of transformation and development, Take optimizing the business environment as a reliable basis for stable growth, the provincial economy achieved steady growth. Facing the challenges beyond expectations in 2022, Rapid recovery of Jiangsu's economic growth shows its development resilience, High tech industry becomes a strong support for stable growth, Advanced manufacturing cluster becomes a reliable foundation for stabilizing the macroeconomic performance, The key role of stable investment in stabilizing the economy is highlighted, Ensuring market entities and consolidating the foundation of economic development. Looking ahead, Jiangsu will become a province strong in science and education, manufacturing and digital economy, Continuously expand domestic demand, will inject more powerful momentum to become an important "ballast" of the national macroeconomic market.

Keywords: Macro-economy; Physical Economy; "Ballast"; Dare to Challenge the Girder

B.3　Analysis and Prospect of Jiangsu Industrial Operation

Shen Hongting，*Hu Guoliang* ／ 065

Abstract：Jiangsu is a big province of real economy. Under the macro background of a new round of global scientific and technological revolution and rapid development of industrial reform，the continuous evolution of the new pneumonia epidemic，and the accelerated restructuring of the supply chain of the industrial chain，Jiangsu's industrial development has achieved good results，maintained its leading position in the country，and its international competitiveness has been further enhanced，but it is still at the middle and low end of the global industrial chain. There are core technologies that are constrained by others，and the basic manufacturing level is backward The supply of key components and some resource elements is insufficient. Facing the major adjustment of the global manufacturing pattern and the major changes in the economic development environment at home and abroad，Jiangsu should scientifically grasp the strategic opportunities and risk challenges of industrial development. In the new development period，in order to effectively cope with many unstable factors，Jiangsu should not only maintain the relative scale advantage of the manufacturing industry，orderly promote the diversification of the manufacturing supply chain layout，but also comprehensively implement the forging of the long board of the industrial chain，focus on building a good industrial ecology，constantly consolidate Jiangsu's manufacturing leading edge，and strive to break through the key bottlenecks that restrict the upgrading of the industrial base and the modernization of the industrial chain.

Keywords：Jiangsu；Industrial Operation；Present Situation；Future Prospects

B. 4　Analysis and Prospect of Agricultural Development in

　　　Jiangsu province

Gao Shan, *Cao Mingxia* / 084

Abstract: Jiangsu Province firmly holds the "basic plate" of agricultural development to promote steady economic and social progress. According to the latest statistical data, the agricultural development of Jiangsu Province presents the following characteristics, including economic productivity growth, optimization of production conditions, improvement of science and technology, stable supply and demand market, and perfect business system, and so on. In the face of the complex and volatile macro environment at home and abroad, it should focus on grasping major opportunities such as restructuring the economic pattern, high-quality development and taking the lead in realizing agricultural modernization. It also should actively respond to the spread of New Coronary Pneumonia, international conflicts, imbalances in product structure and market fluctuations, weak industrial competitiveness and many other challenges. The grey theory prediction model is used to forecast the agricultural economic output value, grain and important agricultural product production capacity and farmers' income in Jiangsu Province in 2023 and 2035. With the goal of improving "two rates", helping "double carbon" and accelerating "double cycle", it puts forward the general idea of building a strong agricultural province and realizing agricultural modernization, as well as the path suggestions for high-quality development.

Keywords: Agricultural Modernization; High-quality Development; Food Security

B. 5　Analysis and Prospect of Jiangsu Service Industry Development

Hou Xiangpeng / 107

Abstract: In 2022, despite the adverse impact of multiple global

uncertainties and domestic epidemic prevention and control, Jiangsu's service industry will remain stable and show an obvious recovery development trend. Among them, the logistics industry has strong resilience, and the tourism industry is significantly affected by the epidemic. Jiangsu's service industry has shown new characteristics in terms of policy relief for the benefit of enterprises and the people, the emergence of new business types and new models, and the release of the development potential of the digital economy. However, it still needs to further strengthen its development in terms of open access to the industry, cultivation of market players, and deep integration of the two industries. In the future, thanks to the national strategic opportunities, government policy promotion and the wide application of new technologies and new models, Jiangsu's service industry still has a lot of potential. It can promote the high-quality development of the service industry from the aspects of implementing relevant plans, continuing policy support, expanding the level of openness, implementing classified policy development and conserving the business environment.

Keywords: Jiangsu; Service Industry; Restorative Development; High Quality Development

B.6 The Analysis and Prospect of the Development of the Open Economy in Jiangsu Province

Chen Simeng / 130

Abstract: In 2022, Jiangsu's open economy will rise against the trend and make good progress in foreign trade, foreign investment, overseas investment and open carriers. On the one hand, this is the inertia of Jiangsu's opening up and development, which has accumulated advantages for many years; On the other hand, the government's policy combination in stabilizing foreign trade and foreign capital has played a better role in promoting. However, the current open economy has deficiencies in core technology, logistics level, resource integration, foreign investment, digital application, etc. Looking forward to the future, Jiangsu's open economy is facing some new environments. There are still some institutional constraints for the further development of Jiangsu's open economy, such as the maintenance of fair market order, the construction of modern logistics system, and the smooth flow of factors across regions. Therefore, Jiangsu should take the lead in forming new advantages of institutional opening, mainly including: first, further optimize the open economic management policy; Second, further clarify the boundaries between administration and service; Third, we should further stimulate the new vitality and momentum of the open economy; Fourth, further strengthen the institutional innovation of open carriers; Fifth, we should further create a high-level open environment.

Keywords: Jiangsu; Opening Economy; Institutional Opening Advantages

B.7   Analysis and Prospect of Domestic Demand Development

in Jiangsu

Zhan Zhaolei, Cheng Jie / 149

Abstract: Expanding domestic demand is an important strategic basis for promoting high-quality economic development. Jiangsu has taken expanding domestic demand as an important driving force for development, constantly improved the policy system, and achieved remarkable results. The scale of domestic demand has been steadily expanded, the structure has been continuously optimized, the domestic demand power has been smoothly transformed, and the internal and external linkage effect has emerged. In the new development stage, the internal and external environment of Jiangsu's economic and social development has undergone profound changes. In the process of promoting high-quality development of domestic demand, opportunities and challenges coexist, advantages and disadvantages coexist. Jiangsu's strategic path to promote high-quality develop-ment of domestic demand includes scale expansion strategy, structure upgrading strategy,

balanced interaction strategy, and policy integration strategy. The corresponding promotion mechanisms include planning guidance mechanism, innovation driven mechanism, demand expansion mechanism, supply guarantee mechanism, expectation adjustment mechanism, evaluation feedback mechanism, etc.

Keywords: Expanding Domestic Demand; High Quality Development; Demand Side Management; The Structural Reform of Supply-side

B. 8　Analysis and Prospect of Jiangsu Digital Economy

Cheng Junjie, Guan Shu / 171

Abstract: Jiangsu's digital economy has always been in the forefront of the country. With the continuous improvement of digital infrastructure construction and top-level design, the scale of the digital economy has expanded rapidly, the integration of the digital economy and the real economy has continued to improve, innovative applications of the digital economy have continued to emerge, and the development gap of the digital economy has gradually narrowed. In the face of some new situations and problems, speeding up the development of Jiangsu's digital economy requires continuous efforts in accelerating the unified planning of digital infrastructure construction, fully releasing the enabling role of industrial Internet, and promoting the construction of smart cities and digital villages.

Keywords: Jiangsu; Digital Economy; High-quality Development

Ⅲ　Social and Cultural Topics

B. 9　Analysis and Prospect of Construction of Common

　　Prosperityin Jiangsu

Zhang Wei, Hou Mengting and Bao Yu / 193

Abstract: Jiangsu is in line with the requirements of General Secretary Xi

Jinping on solidly promoting common prosperity and actively exploring the Jiangsu road of common prosperity. Outstanding achievements have been made in improving productivity, promoting coordinated regional development, consolidating the achievements of poverty alleviation, and improving public services. However, against the development goal of "two competitions and one front row", there is still a certain gap between Jiangsu and achieving common prosperity, which is highlighted by the lack of obvious effect on enriching the people, imperfect regional co construction, and incomplete people's livelihood sharing. In 2023, Jiangsu will consolidate the economic foundation of promoting common prosperity with high-quality development, ensure the sharing of development achievements by the whole people with a view to enriching people's income and fair distribution, and complement the practical weaknesses of promoting common prosperity with rural revitalization and regional coordination, so as to improve the level of security and enrich cultural life to ensure the actual effect of common prosperity, and strive to build a Jiangsu model of building a modern society of common prosperity.

Keywords: Jiangsu; Common Prosperity; Achievements; Policy Guarantee

B.10 Analysis and Prospect of Social Construction in Jiangsu

Sun Yunhong, Chen Yunlong / 216

Abstract: In 2022, Jiangsu focused on people's livelihood, actively promoted social construction, steadily improved people's livelihood and public services, significantly improved social governance, and made new achievements in social construction. Sustained and high-quality economic and social development and continuous improvement of people's living standards; constantly made innovations in social governance mechanisms, and significantly improved the effectiveness of social governance. Building a home-based community institutions which coordinated with the old-age service system, old-age service has been high-quality development; to implement the strategy of giving priority to employment and promote fuller and

higher quality employment; continuously deepen the education reform in the new era and built a strong education province with high standards; remarkable progress has been made in building the emergency management system and capacity, and the ability to prevent risks has been continuously enhanced. In the new era and on the new journey, Jiangsu must fully practice the "people-centered" development philosophy, focusing on solving the problems of inadequate and unbalanced development and people's worries and aspirations, making up for the shortcomings in social construction, improving the social governance system, building a high-quality and balanced public service system, and actively striving to make people'ssense of happiness more sustainable, sense of gaining more fulfilling, and sense of security more secure.

Keywords: Social Construction; Public Service System; High Quality Balanced; Jiangsu

B.11 The Study of Analyzing and Outlooking of Urban-Rural Integrated Development in Jiang-su Province

Zhao Jinchun, Gu Chunlei and Zhang Liang / 238

Abstract: By building an indicator measurement system which included four perspectives, such as, "economic integration", "spatial integration", "infrastructure integration" and "public service integration" to evaluate the overall status, spatial differences and evolution trend of Urban-Rural Integrated Development in Jiangsu's counties level. The results show that the comprehensive index of Urban-Rural Integration in Jiangsu Counties has risen from 0. 832 in 2010 to 1. 079 in 2020. The Urban-Rural Integration among the three regions shows obvious spatial "Echelon" characteristics, and the URI level has a temporal and spatial difference of 3 -5 years in sequence. The average variance contribution rate of Urban-Rural Economic Integration to Urban-Rural Integration is 29. 2%, higher than that of Spatial Integration (21. 4%), Infrastructure Integration (24. 0%) and Public

Service Integration (25. 4%) . The integration of urban and rural " New infrastructure", represented by digital technology, digital economy and transportation infrastructure, has increasingly made significant contributions to the power of county-level URI in the new era. However, the lack of endogenous power of rural industries, the "Hollowing Out", and the gap between urban and rural infrastructure and public services are still the major problems that constrain Jiangsu's efforts to promote the high-level URI. There are still institutional barriers in the fields of urban resources going to the countryside, such as, rural asset resource marketization, rural residential environment, and new urbanization. In view of this, Jiangsu should consolidate the status of rural main function, gather high-quality development elements, get through the "Pain points" and "Blockages" of the system, explore the new regime of "Urban and Rural Amphibious" group social security policy, exploring the "Jiang-su Path" of county-level Urban and Rural high-level integrated development in the process of modernization.

Keywords: Rural Comprehensive Revitalization; Urban-Rural Integration (URI); Motive Force Reform; Regime Innovation; Policy Guarantee

B . 12   Analysis and Prospect of the Construction of the Rule of

Law in Jiangsu Province

Qian Ningfeng, Lin Hai and Xu Jing / 265

Abstract: 2022 is the first year that the rule of law plan of the 14th Five Year Plan period in Jiangsu was formally implemented. All departments and regions in Jiangsu have actively formulated the plan for the construction of the rule of law this year in accordance with the rule of law plan, and implemented various tasks of the construction of the rule of law in terms of leadership, scientific legislation, strict law enforcement, fair justice, and the people's compliance with the law. They have achieved fruitful results, which has provided a strong legal guarantee for the smooth convening of the Tenth National Congress of the Communist Party of

China. Jiangsu has constantly innovated and created excellence in the process of rule of law construction, providing samples in all aspects of rule of law construction for the whole province and even the whole country; carry out the activities of building the rule of law around the central work; strengthening the construction of digital government ruled by law; we will continue to implement projects that benefit the people under the rule of law; implement the responsibility system for popularizing the law; promote economic and social development through typical cases. In 2023, Jiangsu's rule of law construction should implement the spirit of the 20th National Congress of the Communist Party of China, plan a layout in three aspects: rule of law Jiangsu construction, rule of law government construction and rule of law society construction, and implement the regular rule of law construction and annual rule of law construction tasks.

Keywords: Rule of Law Construction; Jiangsu Ruled by Law; Goverment Ruled by Law; Society Ruled by Law

B.13 The Analysis and Prospect of Party Building in Jiangsu

Shu Jin, Huang Ke / 291

Abstract: The CPC is the leading core of the cause of socialism with Chinese characteristics. On the new journey of building a socialist modern country in an all-round way, it must continue to push forward the new great project of party building with a vigorous attitude. In 2022, Jiangsu will adhere to and strengthen the overall leadership of the Party, implement the general requirements of the Party's construction in the new era, deeply promote the comprehensive and strict governance of the Party, take the political construction of the Party as the leadership, comprehensively strengthen the Party's construction, and deeply promote the anti-corruption struggle, laying a solid political foundation for the high-quality development of Jiangsu's economy and society. Under the strong leadership of the provincial party committee, many innovative measures and distinctive highlights have emerged in the field of party building across the province. Standing at a new historical starting point, further improving the quality of the Party's construction is not only the internal logic of adhering to the Party's self revolution, but also the practical requirement of promoting the new chapter of the modernization of new Jiangsu Province, which is "strong, rich, beautiful and high".

Keywords: Exercise Full and Strict Governance over the Party; Political Construction; Organization Building; Incorruptible Jiangsu

B . 14 Analysis and Prospect of the Construction of Jiangsu Grand Canal Cultural Belt

Li Jie, Zhu Shan / 312

Abstract: The Grand Canal is an important symbol of Chinese civilization and the "beautiful axis" of Jiangsu. In 2022, the construction of the Grand Canal Cultural Belt (Jiangsu Section) will be advanced in depth. The construction of the Yangtze River National Cultural Park (Jiangsu Section) will start. Various plans are being implemented gradually. The construction of the Grand Canal Cultural Belt has made great progress. In the new era, Jiangsu Province should make good use of the new opportunities of the construction of the Grand Canal Cultural Belt, respond to the new expectations of the people to build the Happy River and the Rich River, build two major national cultural parks in Jiangsu, maximize the "people's character" of the construction of the Grand Canal Cultural Belt, take multiple measures to further promote the protection of the Grand Canal heritage, and strengthen the shaping of the harmonious and beautiful landscape of the Grand Canal (Jiangsu section), Build a happy and livable home of the Grand Canal (Jiangsu section), vigorously promote the creation of deep ecological advantages of the Grand Canal, and gradually improve the development quality of cultural and tourism integration of the Grand Canal. In the future, we should play a greater role in inheriting the cultural context of the Grand Canal, building the Grand

江苏蓝皮书

Canal National Cultural Park, achieving regional and project coordination, building a national green shipping benchmark, and leading rural revitalization.

Keywords: Grand Canal Cultural Belt; Ecological Restoration; Beautiful Axis

社会科学文献出版社

皮 书

智库成果出版与传播平台

❖ 皮书定义 ❖

皮书是对中国与世界发展状况和热点问题进行年度监测，以专业的角度、专家的视野和实证研究方法，针对某一领域或区域现状与发展态势展开分析和预测，具备前沿性、原创性、实证性、连续性、时效性等特点的公开出版物，由一系列权威研究报告组成。

❖ 皮书作者 ❖

皮书系列报告作者以国内外一流研究机构、知名高校等重点智库的研究人员为主，多为相关领域一流专家学者，他们的观点代表了当下学界对中国与世界的现实和未来最高水平的解读与分析。截至2022年底，皮书研创机构逾千家，报告作者累计超过10万人。

❖ 皮书荣誉 ❖

皮书作为中国社会科学院基础理论研究与应用对策研究融合发展的代表性成果，不仅是哲学社会科学工作者服务中国特色社会主义现代化建设的重要成果，更是助力中国特色新型智库建设、构建中国特色哲学社会科学"三大体系"的重要平台。皮书系列先后被列入"十二五""十三五""十四五"时期国家重点出版物出版专项规划项目；2013~2023年，重点皮书列入中国社会科学院国家哲学社会科学创新工程项目。

皮书网

（网址：www.pishu.cn）

发布皮书研创资讯，传播皮书精彩内容
引领皮书出版潮流，打造皮书服务平台

栏目设置

◆ **关于皮书**

何谓皮书、皮书分类、皮书大事记、
皮书荣誉、皮书出版第一人、皮书编辑部

◆ **最新资讯**

通知公告、新闻动态、媒体聚焦、
网站专题、视频直播、下载专区

◆ **皮书研创**

皮书规范、皮书选题、皮书出版、
皮书研究、研创团队

◆ **皮书评奖评价**

指标体系、皮书评价、皮书评奖

◆ **皮书研究院理事会**

理事会章程、理事单位、个人理事、高级
研究员、理事会秘书处、入会指南

所获荣誉

◆ 2008 年、2011 年、2014 年，皮书网均
在全国新闻出版业网站荣誉评选中获得
"最具商业价值网站"称号；

◆ 2012 年，获得"出版业网站百强"称号。

网库合一

2014年，皮书网与皮书数据库端口合
一，实现资源共享，搭建智库成果融合创
新平台。

皮书网　　　　"皮书说"　　　　皮书微博
　　　　　　　微信公众号

权威报告·连续出版·独家资源

皮书数据库
ANNUAL REPORT(YEARBOOK)
DATABASE

分析解读当下中国发展变迁的高端智库平台

所获荣誉

- 2020年，入选全国新闻出版深度融合发展创新案例
- 2019年，入选国家新闻出版署数字出版精品遴选推荐计划
- 2016年，入选"十三五"国家重点电子出版物出版规划骨干工程
- 2013年，荣获"中国出版政府奖·网络出版物奖"提名奖
- 连续多年荣获中国数字出版博览会"数字出版·优秀品牌"奖

皮书数据库　　　　"社科数托邦"
　　　　　　　　　　微信公众号

成为用户

　　登录网址www.pishu.com.cn访问皮书数据库网站或下载皮书数据库APP，通过手机号码验证或邮箱验证即可成为皮书数据库用户。

用户福利

- 已注册用户购书后可免费获赠100元皮书数据库充值卡。刮开充值卡涂层获取充值密码，登录并进入"会员中心"—"在线充值"—"充值卡充值"，充值成功即可购买和查看数据库内容。
- 用户福利最终解释权归社会科学文献出版社所有。

数据库服务热线：400-008-6695
数据库服务QQ：2475522410
数据库服务邮箱：database@ssap.cn
图书销售热线：010-59367070/7028
图书服务QQ：1265056568
图书服务邮箱：duzhe@ssap.cn

社会科学文献出版社　皮书系列
SOCIAL SCIENCES ACADEMIC PRESS (CHINA)

卡号：552432928552
密码：

S 基本子库
UB DATABASE

中国社会发展数据库（下设 12 个专题子库）

紧扣人口、政治、外交、法律、教育、医疗卫生、资源环境等 12 个社会发展领域的前沿和热点，全面整合专业著作、智库报告、学术资讯、调研数据等类型资源，帮助用户追踪中国社会发展动态、研究社会发展战略与政策、了解社会热点问题、分析社会发展趋势。

中国经济发展数据库（下设 12 专题子库）

内容涵盖宏观经济、产业经济、工业经济、农业经济、财政金融、房地产经济、城市经济、商业贸易等 12 个重点经济领域，为把握经济运行态势、洞察经济发展规律、研判经济发展趋势、进行经济调控决策提供参考和依据。

中国行业发展数据库（下设 17 个专题子库）

以中国国民经济行业分类为依据，覆盖金融业、旅游业、交通运输业、能源矿产业、制造业等 100 多个行业，跟踪分析国民经济相关行业市场运行状况和政策导向，汇集行业发展前沿资讯，为投资、从业及各种经济决策提供理论支撑和实践指导。

中国区域发展数据库（下设 4 个专题子库）

对中国特定区域内的经济、社会、文化等领域现状与发展情况进行深度分析和预测，涉及省级行政区、城市群、城市、农村等不同维度，研究层级至县及县以下行政区，为学者研究地方经济社会宏观态势、经验模式、发展案例提供支撑，为地方政府决策提供参考。

中国文化传媒数据库（下设 18 个专题子库）

内容覆盖文化产业、新闻传播、电影娱乐、文学艺术、群众文化、图书情报等 18 个重点研究领域，聚焦文化传媒领域发展前沿、热点话题、行业实践，服务用户的教学科研、文化投资、企业规划等需要。

世界经济与国际关系数据库（下设 6 个专题子库）

整合世界经济、国际政治、世界文化与科技、全球性问题、国际组织与国际法、区域研究 6 大领域研究成果，对世界经济形势、国际形势进行连续性深度分析，对年度热点问题进行专题解读，为研判全球发展趋势提供事实和数据支持。

法律声明